노장으로 읽는
선어록 (상)

노장으로 읽는 선어록

상

이은윤 — 저

민족사

들어가는 말

선(禪)과 노장은 '무용지용(無用之用)'을 통해 새로운 가치창조(value orientation)를 이끈다. 선가의 해탈과 노장의 초월은 실용적 측면에서는 별 쓸모가 없는 것 같지만 그 '쓸모 없음의 큰 쓸모'가 정신적 양식이 된다.

나이 70이 훨씬 넘어 한가로움을 얻어 젊은 날 읽고 싶었던 『노자』・『장자』를 숙독했다. 덕분에 오랜 종교기자 경력에서 소경 벽 더듬은 식으로 익혔던 '산은 산이요, 물은 물이로다' 같은 선구들을 새삼 이해할 수 있었다. 그리고 선과 노장이 아주 가깝게 이웃하고 있음도 확인했다.

이 책은 본격적인 학문적 천착이 아니라 선어록을 『노자』・『장자』와 함께 읽은 독후감 같은 것이다. 어리석은 소견으로는 선공부를 하는 데 선어록이나 불교 경전 밖의 『노자』・『장자』 같은 외전(外典)들도 숙독할 필요가 있다는 생각이다.

이 책은 선림의 몇 개 중요 화두를 노장사상과 연결해 읽어보는 시도를 해 본 것이다. 오늘의 시대정신에 유용한 측면을 찾아보려는 욕심으로 여러 이야기를 중언부언했다. 그러다 보니 종교적 중심부에 주변부로 인문 교양·문화예술 분야·경제 문제 등에도 참고할 만한 측면을 덧붙이게 됐다. 선과 노장의 핵심인 직관과 간이(簡易) 철학은 책의 주변부에도 활용될 만한 측면이 없지 않을까 싶은 생각이 들었다.

출세 지향의 현실 종속과 내면적 정신 독립이라는 이중성 속에서 헤매다가 그만 떠나야 할 시간을 맞았다. 이제 평상심으로 돌아가 삶의 행로에서 부지불식 간에 쌓인 격물치지(格物致知)의 소양으로 책이나 좀 읽다가 '거상대기진(居常待其盡)'해야 할 것 같다. 누가 굳이 묘지명을 남기라고 하면 "잠이나 실컷 자겠다"고 할까 한다. 원래 잠보니까.

책의 출판에 육필 원고를 정리하는 등 많은 노고를 해 준 민족사 윤창화 사장님과 사기순 주간, 그리고 직원 여러분께 감사한다.

2019년 7월
저자 씀

상권·차례

제1장

배고프면 밥 먹고 졸리면 잠잔다
(饑來喫飯 困來卽眠)

불교 선종(禪宗)은 신앙과 생활의 완전한 통일을 지향한다. 선종의 성불은 일상생활 속에서 초월적 심령의 경지를 간직하는 게 바로 부처가 되는 길이다.

　당·송 대에 중국화한 불교로 크게 흥기했던 선종은 돈오성불(頓悟成佛)의 깃발 아래서 부처를 꾸짖고 조사를 매도했으며, 모든 사람이 불성을 가지고 있음을 강조하면서 '산은 산이요, 물은 물이로다(山只是山 水只是水)'라는 법문을 쏟아냈다. 또 구름 속의 성스러운 세계로부터 세속 일상생활 속으로 돌아올 것(聖入凡)을 촉구했다. 평상심이 곧 도(平常心是道)라는 법문으로 요약된 신앙과 생활의 통일은 선종의 핵심 종지(宗旨)다. 역대 선사들의 일생 동안 법문이 '평상심시도'를 설파했다고 해도 지나친 말이 아니다.

　물을 긷고 땔나무를 하는 것을 비롯한 일상의 그 어느 것 하나 심오한 진리 아님이 없다. 말하고 침묵하고 움직이고 고요히 앉아 있는 것 모두가 불법 진리 아님이 없다. 부처가 된 자와 되지 못한 자 간의 외형적 차이는 전혀 없다. 일상생활 속의 '초월적 마음' 유무만이 오직 부처와 중생의 차이점이다.

노장으로 읽는
선어록 (상)

1. 밥 먹는 게 진짜 수행이다

배고프면 밥을 먹고 졸리면 잠을 잔다
(饑來喫飯 困來即眠)

이토록 자명한 사실이 또 있을까! 세 살 먹은 아이도 잘 아는 이 치다. 결론부터 말해본다. 이 화두를 노자와 장자의 문법(文法)으로 바꿔보면 한마디로 '자연을 따르는 무위법이 곧 불법 진리이고 도다'라는 의미심장한 법문이다. 배고프면 밥 먹는 것은 인간이 태어날 때 하늘로부터 품수한 자연스런 생리적인 본능인 동시에 천연대도다. 때문에 밥 먹는 게 천인합일(天人合一)을 이루는 숭고한 도덕적 행위인데도 하찮은 일상사로 여긴다. '기래끽반'은 성인의 도와 덕을 우리가 부지불식간에 실천하고 있고 깨달음의 경계에 도달해 있다는 엄청난 의미를 가지고 있기도 하다.

선사들은 '기래끽반'의 의의를 구차하게 설명하지 않는다. 선(禪)은 배고플 때 밥 먹는 것 그 자체로 좋을 뿐이다. 이미 깨칠 수 있는 문턱에 와 있기 때문이다.

'배고프면 밥 먹는다'를 실존철학의 태두 하이데거(1889~1976)의 문법으로 표현해 보자.

'세상 사람은 먹습니다'가 된다.(한병철 저, 『선불교의 철학』, p.53) 존재한다는 것은 바로 식욕이 있다는 것이다. 물론 그가 말하는 '세상 사람'은 온갖 작위적인 행동과 영웅주의로부터 자유로운 일상의 정신(평상심)을 지닌다. 그래서 '기래끽반'은 선사상의 핵심인 평상심과 생명의 철리(哲理)를 압축한 법문이라고 할 수 있다.

"배고프면 밥 먹는 게 수행이다"라는 법문은 언뜻 들으면 냉소적인 이죽거림 같고 사람을 놀리는 허튼 농담 같기도 하다. 세 살 먹은 아이도 잘 아는 이치라 그런가 싶다. 그런데 한자로는 여덟 글자에 불과한 이 화두 속에 선불교의 전체적인 내용과 종풍(宗風)이 다 들어 있다.

먹지 않으면 죽는다.

이름 깨나 있는 하버드대, 옥스퍼드대 교수가 이런 말을 하면 그 이치를 다 알면서도 무릎을 탁 치면서 귀를 기울일지 모르겠다. 그런데 선림(禪林)의 내로라 하는 선사들이 먼 옛날부터 수행이니 깨달음이니 하는 것이 별다른 게 아니라 배고프면 밥 먹고 졸리면 잠 자는 것이라고 설파했던 우리네 평범한 일상 속의 진리를 법문하면 시큰둥하게 여긴다. 동서고금의 인류가 하나같이 안고 있는 고질병의 하나는 '평범함'을 우습게 여기는 것이다. 그러나 모든 종교 사상과 종교 철학이 돌아가는 귀착점은 평범하고 담백한 '평담(平淡)'이다.

한 학인이 운문문언 선사(864~947)에게 물었다.

문: (수행자의) 가장 시급한 일이 무엇입니까?

답: (밥을) 먹으라.(喫)

'끽'이라는 한 글자로 불법 대의를 드러내 보였다. 선불교 5가7종 (五家七宗)의 한 종파인 운문종 개산조이기도 한 운문 선사의 유명한 '일자선(一字禪)'이다. 어떤 말이 "밥을 먹으라"는 말보다 더 많은 내재성을 포함할 수 있겠는가!

운문의 '끽' 한 글자는 불법 대의와 수행의 요체를 내함한 '팔만대장경'이다. "밥을 먹으라"가 함축한 내재성은 일찍이 장자가 설파한 자연의 필연성, 즉 명(命)이기도 하다. 장자는 "배고픔과 목마름, 추위나 더위는 사물의 변화이고 자연법칙의 운행(飢渴寒暑是事之變 命之行也)"이라고 했다.(『장자』「덕충부」)

배고프면 밥 먹고 졸리면 잠자는 것은 인간의 힘으로는 어찌 할 수 없는 법칙으로 수용해야 한다는 얘기다. '기래끽반 곤래즉면'은 노장의 어법을 빌려 말하면 "자연을 따르는 무위법이 곧 도다"라는 설법이다. 이른바 무위자연의 도다. 선림에서는 불법을 흔히 '무위법'이라고도 한다.

동아시아 불교를 대표하는 선종의 어록 등에 전해오는 선구(禪句)는 하나같이 간단명료하다. 운문 선사는 "어떤 것이 부처입니까?"라는 학인의 물음에 "마른 똥막대기(乾屎橛)다"라는 한마디로 답했다. '간시궐'은 세 글자나 되지만 앞에서 본 것처럼 때로는 한 글자로 압축해 방대한 팔만대장경의 불법 진리를 밝힌다. 선사들의 법문이기도 한 선구의 단순함은 요사이 젊은이들이 스마트폰에 사용하는 낯선 줄임말 같은 것이 아니라 희귀한 풍요로움과 충만함을 간직한 단순함이다. 우리는 이러한 선구들에서 때로는 묵은 체증이 확 뚫리는 듯한 통쾌함을 느낀다.

대주혜해 선사 도영(道影)

어느 날 계율에 밝은 원(源) 율사라는 이가 조사선의 태두 마조 대사(709~788)의 법제자인 대주혜해 선사(생몰 미상)를 찾아와 물었다.

> 문: 화상께서도 도를 닦으실 때 노력을 기울이십니까?
>
> 답: 그렇다.
>
> 문: 어떤 노력을 기울이십니까?
>
> 답: 배고프면 밥을 먹고 졸리면 잠을 잔다.(饑來喫飯 困來即眠)
>
> 문: 사람들 모두가 그러하니 스님처럼 수행한다 하겠습니다.
>
> 답: 그렇지 않다.
>
> 문: 뭐가 다르단 말입니까?
>
> 답: 그들은 밥 먹을 때 밥 먹는 데 전념하지 않고 백천 가지 분별심을 일으키고 잠 잘 때 천만 가지 계교(計較)를 일으킨다. 그것이 밥 먹는 데만 몰두하는 나와 다른 점이다.(율사가 입이 막혀 더 이상 묻지 못했다.)
>
> – 『경덕전등록』 권6

화두 '기래끽반'을 탄생시킨 유명한 선문답이다. 얘기인즉 싱겁기

노장으로 읽는
선어록 (상)

짝이 없고 조롱조의 빈정거림 같다. 대선사의 수행이란 게 장좌불와(長坐不臥)나 무문관 참선도 아니고 겨우 밥 먹고 잠자는 것이라니…. 이 무슨 잠꼬대인가!

시시하게 밥 먹는 얘기 가지고 그러느냐고 할지도 모르겠다. 그러나 뜸을 들였으니 엄청난 얘기를 좀 해야겠다.

'기래끽반'은 일상생활 전부를 도(道)로 삼는 선풍(禪風)을 대표하는 화두이고 선사상이다. 곧 세간의 일상생활 외에 불법이 따로 없다는 얘기다. 특별히 기특한 일을 도모하거나 비상한 일을 조작하지 않고 일상의 생활에서 도를 실행하는 평상심을 드러낸 것이 기래끽반이다. 이 화두가 최초로 등장한 선어록은 북종(北宗) 숭산보적 선사(651~739)의 제자인 나찬(일명 명찬)이 읊조린 〈남악나찬 화강가〉다.

> 나는 하늘에 태어나는 것을 기쁘게 생각하지도 않고 복전(福田)을 좋아하지도 않는다. 배고프면 밥 먹고 졸리면 잠 잔다.(饑來喫飯 困來即眠)
>
> – 『경덕전등록』 권30

마조 대사의 법사(法嗣)인 금우 화상(생몰 미상)도 밥 먹는 일을 중요한 수행이라고 일깨웠다.

> 금우는 식사 때마다 발우를 들고 한바탕 춤을 추고는 크게 웃은 다음 "보살들아, 어서 와 공양을 하시게"라고 외쳤다.
>
> – 『벽암록』 74칙

이들이 역설하는 '밥 먹고 잠 자라'는 법문은 감각적 욕구에 쉽게 탐닉하라는 얘기가 결코 아니다. 사람이 밥을 먹는지 밥이 사람을 먹는지 알 수 없는 경지에 이른 물아일체의 수행을 당부하는 간절한 호소다. 망아(忘我)의 경지에서 밥과 사람이 하나가 되어 주체와 객체가 모두 사라진 곳, 다시 말해 자아가 비어 있고 대상도 비어 있는 진공(眞空) 상태에 도달해야 진정한 해탈이고 깨침이다. 그런 경계에 이르기 위해서는 밥이 사람을 먹을 때까지 계속 먹어야 한다. 이것이 주객이 하나가 되어 나와 만물이 하나로 돌아가는 만물여아동체(萬物與我同體)이고 아불일체(我佛一體)의 '우주정신'이다.

원래 내가 바로 부처지 부처가 따로 있지 않다. 돈오 남종선의 실질적인 개산조인 6조 혜능 대사는 그래서 '중생이 곧 부처(衆生是佛)' 임을 누누이 강조했다.

돈오 남종선의 기라성 같은 종장(宗匠)들 또한 '기래끽반' 법문을 거듭 되풀이했다. 선불교 임제종 개산조이며 한국 선불교(조계종)의 정통 법맥인 임제의현 선사(?~867)의 법문:

나는 똥오줌을 누고 옷을 입고 배고프면 밥을 먹으며 졸리면 잠을 잔다.(屙屎送尿 着衣喫飯 困來即眠) 어리석은 자들은 나를 비웃지만 현명한 사람들은 나를 이해한다.

ー「임제어록」

한 수행승이 장사경잠 선사(?~868)를 찾아가 물었다.

문: 평상심이란 어떤 것입니까?

답: 자고 싶을 때 자고 앉고 싶을 때 앉는 것이다.(要眠即眠 要坐即坐)

문: 그 뜻을 잘 모르겠습니다.

답: 더우면 부채질 하고 추우면 화롯불을 쬐는 것이다.(熱即取涼
寒即向火)

– 『경덕전등록』 권10

자연은 위대한 사원이다. 노자와 장자의 경우 자연이 곧 도(道)고 진리다. 배고프면 밥 먹는 것은 자연의 숨소리고 생명의 약동이다.

도는 곧 자연이다.(道法自然)

– 『노자』 25장

노자의 '도법자연'은 흔히 "자연은 도를 본받는다"로 해석되는데 자연의 본성이 곧 도라는 얘기다. 자연이 도보다 상위개념으로 별도로 존재하는 것이 아니라 도=자연의 등식 관계라는 것이다. 『노자』 해석의 고전적 대가인 왕필은 '도법자연'을 "도는 자연으로써 본성을 삼는다"고 주석했다. 필자는 이를 좀 더 발전시켜 도가 곧 자연이고, 자연이 곧 도라는 뜻으로 보고 "도는 곧 자연이다"로 해석했다.

하이데거는 "우리가 소박한 자연의 소리를 들을 수 있는 능력을 회복할 때 우리의 삶이 진정으로 충만해질 수 있다"고 했다. 하버드를 나온 엘리트이면서 숲속 호수가로 들어가 자연에 묻혀 살았던 『월든』의 저자 헨리 데이빗 소로우는 "자연을 놓아두고 천국을 이야기 하다니! 그것은 지구를 모독하는 것이 아니고 무엇이겠는가?"라고 외쳤다. 그에 따르면 "인간은 자연 속에서만 기쁨과 활력을 경험할 수 있다"는 것이다. 그는 이어 "숲 속에서 인간은 마치 뱀이 허물을 벗듯이 자신의 나이를 완전히 벗어던지고 언제나 어린애 그대로가 된다. 숲속에는 영원한 젊음이 있다"고 술회했다.

선과 노장의 자연관은 거의 일치한다. 철학자 김형효는 "노자의 사유와 불교의 사유가 이웃한다"고 주장한다.(김형효 저, 『사유하는 도덕경』, p.83)

선불교와 노장사상, 하이데거는 스마트폰과 자동차 같은 정교한 인위적 문명에 빠져든 문명적·향락적 삶보다는 하늘과 대지, 사물들과 공감하는 소박한 삶을 지향한다. 하이데거는 선불교를 서양에 소개한 일본의 선학자 스즈키 다이세쓰(鈴木大拙)의 책을 읽고 "내가 말하려 했던 것이 이 책에 다 있다"고 고백한 바 있다.(박찬국 저, 『삶은 왜 짐이 되었는가』, p.258)

그는 또 중국인과 함께 『도덕경』 일부를 독일어로 번역한 적이 있고 강연에서 『장자』 구절들을 여러 차례 인용하기도 했다. 김형효는 "놀랍게도 하이데거의 사상이 노장사상이나 선불교와 같은 동양사상에 근접해 있다"고 했다.

배꼽시계

1960년대까지만 해도 농촌에는 시계 없는 집이 많았다. 그래서 일명 '배꼽시계'를 사용했다. 배꼽시계는 기계문명의 시계가 아니다.

시골 농부들은 시계를 살 돈도 없고 논에서 김을 매는데 시계를 손목에 찰 수도 없었다. 그런 상황에서 배꼽시계는 정말로 유용했다. 가장 요긴한 것은 점심, 새참 등의 시간을 알려주는 데 아주 정확했다는 것이다. 아침부터 일하다가 배고픈 허기를 느끼면 12시 점심때가 된 것이다. 시계를 보나마나 정오다. 이처럼 배꼽시계는 정확한 식사 시간을 알려주었다.

농부들은 "배꼽시계가 점심때가 되었으니 밥을 가져오라"고 했다. 오늘의 도시 샐러리맨들은 시계를 보고 점심시간이 됐다면서 밥을 먹으러 나간다. 배꼽시계는 인간문명이 만든 시계가 아니라 자연의 운행 방식을 따르는 무위적인 시계다. 이름도 예쁘다. 시계 모양이 대체로 배꼽처럼 둥근 모양이다. 배고프면 밥을 먹는 게 바로 자연의 섭리다. 배꼽시계는 자연 섭리의 대변자다. 배고프니 밥을 먹으라고 채근한다.

배고픈데 안 먹으면 죽는다. 배가 고픈가? 그렇다면 살아 있는 것이다. 우리는 배꼽시계를 통해서도 배고프면 밥을 먹는 우주섭리를 체감한다. 그래서 들판의 농부들은 배꼽시계가 울린다는 '은유'로 점심밥을 재촉했다.

깜깜한 칠흑 속에서는 야광이 없는 기계 시계는 아무 쓸모가 없다. 그러나 배꼽시계는 칠흑 같은 어둠 속에서도 시계 역할을 한다. 캄캄한 어머니 뱃속의 태아는 배꼽을 통해 태반의 영양을 섭취해 산다. 그때 배꼽은 배고픈 시간을 알아 태반의 밥을 빨아먹는다. 그러니까 배꼽은 인간문명이 물들기 이전의 원초적인 시계였고 '생명줄'이었다.

배꼽시계는 자연 대도의 시계다. 우리를 살려주고 있는 자연 대도는 배꼽시계를 통해서도 배고프면 밥을 먹는 섭리를 깨우쳐 준다.

배고픈 설움 − 〈키몬과 페로〉

"설움 설움 하지만 배고픈 설움이 제일 크다."

우리네 민생의 한 맺힌 속담이다. 1960년대 통일벼를 재배해 배고픔을 해결하기 전까지 흔히 듣던 말이다.

바로크 미술의 거장 루벤스(1577~1640)의 그림 〈키몬과 페로〉는 배고픔을 형이하학적인 가난의 한에서 형이상학적인 종교 차원으로 승화시켰다. 이 그림은 네덜란드 암스테르담 국립 미술관 입구에 대표적 소장품으로 전시되어 있다. 검은 죄수복을 입은 노인이 딸 같은 젊은 여인의 젖을 빨고 있어 '포르노'를 연상케 한다. 그러나 네덜란드 국민들은 이 그림 앞에서 숙연히 고개를 숙인다.

그림의 주인공 키몬과 페로는 아버지와 딸 사이로 실존했던 인물이다. 아버지가 딸의 젖을 빨다니…. 쯧쯧. 외설을 넘어 패륜적이라고 할 만도 하다. 그러나 그림에 얽힌 사연을 알고 나면 고개를 숙일 수밖에 없다.

키몬은 식민지 푸에르토리코의 독립을 위해 투쟁하다가 국왕의 노여움을 사 교수형에 처해지고 일체의 음식물 투입이 금지되었다. 해산한 지 얼마 안 된 딸 페로는 굶어 죽어가는 아버지의 임종 직

루벤스 작 「키몬과 페로」
네덜란드 국립 암스테르담미술관
소장
—
감옥에서 굶어 죽어가는 아버지
키몬을 면회간 딸 페로가 가슴을
풀어헤치고 젖을 물려 빨아먹게
하고 있다.

전 면회를 갔다. 페로는 아버지를 보자마자 가슴을 풀어헤치고 젖
꼭지를 물렸다. 아버지는 딸의 젖을 꿀꺽꿀꺽 빨아 먹었다. 부녀간
의 숭고한 헌신과 사랑이었다.

  배고픔은 형이하적으로는 육체적·생리적 절박함이지만 형이상학
적으로는 자연의 섭리다. 굶어 죽어가는 키몬에게 딸 페로가 젖을
물린 것은 형이하의 배고픔을 달래기 위한 것만이 아니라 자연의
섭리를 따르는 도인의 덕행이며 숭고한 자비행이고 기독교의 사랑
을 실천한 종교 행위다. 음식물 투입이 금지되어 굶어 죽어가는 아

버지에게 딸이 할 수 있는 지극한 헌신은 젖을 물려주는 것 이상의 것이 있을 수 없다.

배고플 때 밥을 먹는 것은 생리적 본능인 동시에 자연 섭리를 따르는 평상심이다. 언제나 변함없이 늘 반복되는 평상심은 태어날 때 이미 하늘로부터 품수한 인간의 천연스런 본성이다. 그래서 평상심을 따르는 것이 수행이고 깨달음의 실천이 될 수 있는 것이다.

밥 먹는 것을 천격스러운 형이하적 행위로 치부해서는 안 된다. 선은 배고플 때 밥 먹는 것에 엄청난 의미를 부여한다. 선사들은 '기래끽반'의 의미를 구차하게 설명하지 않는다. 왜냐하면 우리는 무의식적으로 '기래끽반'을 통해 평상심을 따르고 있고 깨침의 경계에 도달해 있기 때문이다. 그래서 선은 밥 먹는 그 자체로 좋을 뿐이다.

거상대기진(居常待其盡)
변함없는 이치를 따라 살다가 목숨이 다하는 날을 기꺼이 맞고자 한다

|

거상대기진(居常待其盡), '호계삼소(虎溪三笑)'의 주인공 중 한 사람인 도연명의 시구(詩句)다. '상(常)'은 늘 변함없는 이치, 즉 상리(常理)를 뜻한다. 말을 바꾸면 배고프면 밥 먹는 자연의 섭리다. 도연명은 자신의 인생관을 '상'이라는 단 한 글자로 압축했다.

혜원(불교)·도연명(유교)·육수정(도교) 세 사람이 혜원의 절 강서성 여산 동림사에서 만나 담론을 했다. 혜원은 만남이 끝난 후 두 사람을 전송하다가 여흥이 넘쳐 자기도 모르는 사이에 절 앞 개울 호

계 밖까지 나갔다. 혜원이 호계 밖은 절대 안 나가겠다는 자신의 금기를 깼다고 하자 모두 함께 크게 웃었다. '호계'는 여산의 호랑이가 혜원의 개울 밖을 나가지 않겠다는 서원을 알고 혜원이 호계 밖을 나가려 하면 크게 포효해 경고음을 울렸다고 해서 붙은 이름이다.

전원시인으로 중국 고대 대문호인 도연명의 인생관을 함축한 상리를 따라 사는 삶, '거상(居常)'이란 바로 배고프면 밥 먹는 도리를 다하는 삶이다. 밥 먹는 이치가 얼마나 큰 뜻을 가지는 지를 새삼 일깨워 주는 도연명의 시구다.

배가 고픈가? 그렇다면 살아 있는 사람이다. 죽은 사람은 배가 고프지 않다. 배고픔이 없다면 어찌 살아 있는 생명이라 할 수 있겠는가? 육신의 삶이 있으면 밥을 먹어 생명을 유지하기 마련이다. 음식은 불교의 자비와도 같은 것이다. 베풀수록 본인과 상대방이 너그러워지고 즐거워진다.

선은 평범함 속에 깃든 진리를 보는 데 뛰어난 기량을 가지고 있다. 그래서 배고프면 밥 먹는 데서도 심오한 선리(禪理)를 깨칠 수 있다.

2. 백운수단 선사의 사홍서원

임제종 양기파 선장인 백운수단 선사(1025~1072)가 상당해 법문했다. 석가모니에게 '사홍서원(四弘誓願)'이 있는데 나에게도 사홍서원이 있다. 나의 사홍서원은,

배고프면 밥 먹고(饑來要喫飯)
추우면 옷 껴입고(寒到即添衣)
졸리면 다리 뻗고 자고(困時伸脚睡)
더우면 부채질 한다.(熱處愛風吹)

― 『선종등록석해』 「백운수단」

석가모니 사홍서원은 모든 부처와 보살들이 소원하는 수행 목적의 달성을 다짐하는 네 가지 맹세이다. 모든 불교법회에서는 지금도

노장으로 읽는
선어록 (상)

이 서원을 의식의 하나로 독송한다.

> 중생을 다 건지오리다.(衆生無邊誓願度)
> 번뇌를 다 끊으오리다.(煩惱無盡誓願斷)
> 법문을 다 배우오리다.(法門無量誓願學)
> 불도를 다 이루오리다.(佛道無上誓願成)

백운 선사는 저 높이 떠 있는 거창한 사홍서원을 일상의 밥 먹고 잠자는 일로 끌어내렸다. 시쳇말로 '생활 불교'라고나 할까. 시시껄렁하기 짝이 없다. 그 정도의 법문은 불문(佛門)의 웬만한 초보자도 할 수 있지 않느냐고 반문할지 모르겠다.

배가 고픈데도 헛트림을 하면서 점잔을 빼는 '도덕적 허기 효과'라는 게 있다. 그러나 배가 고픈데도 도덕적 효과를 위해 끝까지 밥 안 먹고 버틸 사람은 없다. 아무리 성인군자라도 밥 먹는 자연성(자연적 본능)을 벗어날 수 없다.

굶주림과 추위를 이겨내는 절개가 꼿꼿했던 저 유명한 도연명(365~427)도 배고픔을 늘 탄식했다.

> 여름날은 내내 굶주림 안고 지내고(夏日長抱飢)
> 추운 밤엔 덮고 잘 이불도 없다.(寒夜無被眠)
> 저녁 되면 닭 울기를 생각하고(造夕思鷄鳴)
> 새벽 오면 해가 저물기를 바란다.(及晨願烏遷)
> — 도연명의 〈원한의 楚調로 방주부와 동지들에게 보여줌〉 중

시 속의 '여름 날 굶주림'이라는 직접적인 묘사와 "저녁 되면 닭 울기를 기다리고…"라는 함축적 표현이 모두 배고픔과 추위에 대한 핍진하고 절박한 현실을 탄식하고 있다. 그는 또 62세에 지은 〈깨달음이 있어서 지음(有會而作)〉이라는 시에서 굶주림을 참는 '도덕적 허기 효과'를 통렬히 비판했다. 시에 다음과 같은 구절이 있다.

죽을 나눠주던 사람을 항상 좋게 여기며(常善粥者心)
소매로 얼굴 가리고 온 자가 잘못이라 생각하네.(深念蒙袂者)

시 감상을 위해 우선 '몽메자(蒙袂者)' 고사를 소개한다.

'몽메자'는 『예기』 「단궁 하」에 나오는 고사다. 제나라 큰 기근 때 검오가 길거리에서 음식을 만들어 굶주린 사람들을 먹였다. 이때 어떤 굶주린 사람이 옷소매로 얼굴을 가리고 비틀거리며 왔다. 검오가 왼손엔 음식, 오른손엔 마실 것을 들고 "저런! 어서 와서 먹어라"라고 했다. 굶주린 자는 "그 따위 무례한 대접을 하는 음식은 먹지를 않아서 이 지경이 되었소"라며 죽을 사양했다. 검오가 사과했지만 그는 끝내 먹지 않고 굶어 죽었다.

도연명은 이 시에서 곤궁에 굳센 절개가 무엇인지를 잘못 아는 무지와 생명을 경시하는 부질없는 죽음을 통렬히 비판하고 있다. 그는 〈권농(勸農)〉이라는 시에서 "멀리 『서경』 「주서」에서도 여덟 가지 정책 중 먹는 것을 우선했다"고 했다.(김창환 저, 『도연명의 사상과 문학』, p.241)

근대 이후 국가 권력의 성패는 대부분 경제가 가름한다. "문제는 경제야, 바보야"가 정치적 금언이 된 것도 이 때문이다. 경제란 아주 원시적으로 말하면 밥 먹고 잠자는 문제다. 먹지 않고 쉬지(잠자지) 않으면 죽는다. 아무리 이념의 불과 칼날을 휘둘러도 민생의 시급하고 절실한 관심은 당장 먹고 자는 문제다. 밥이 그만큼 중요하다. 밥을 못 먹으면 도덕도, 윤리도, 명예도 다 소용없다. 따라서 배고플 때 밥을 먹는 일이야말로 형이상하를 막론하고 절체절명의 의미를 갖는다.

'기래끽반'은 일상 속으로 침잠해 지금, 여기(Now and Here)를 강조하는 선불교 정신을 드러낸 대표적 웅변이다. 선이 거듭 역설하는 일상성(日常性)은 온갖 출세 지향적 행동과 영웅주의로부터 자유로운 일상의 정신을 말한다.

본래적 일상성, 배고프면 밥 먹고, 졸리면 잠자는 일이 선불교의 실존 방식이다. 본래적 일상성이란 세속적인 자아를 상실한 망아(忘我)의 상태인 본래성이다. '실존'이란 삶 전체를 문제 삼는 인간만의 독특한 존재 방식이다. 선불교의 '배고프면 밥 먹는' 일상성은 아주 깊은 철학적 일상성이다. 이런 일상성을 체득한 것이 선불교의 깨달음이다.

도는 만물에 보편적으로 내재하면서 일상생활 속에서 실행되고 있는데도 사람들이 모를 뿐이다. 세상 사람은 밥을 먹는다. 그런데 밥 먹는 것이 도의 실현이고 견성(見性) 해탈의 길임을 아예 모르거나 무시한다.

선가와 노장이 부처를 '마른 똥막대기'라 하고 '도는 오줌·똥 속에도 있다'고 말하는 이른바 도무소부재론(道無所不在論)을 곱씹어 봐야 한다. 선과 실존철학은 지금 여기에서 일상적으로 깨어나는 깨달음(초월)을 강조한다. 그와 같은 깨달음은 깊숙이 내재해 있는 본래의 성품 관조가 그 지름길이다. 다시 말해 익숙한 '여기(일상생활)' 속으로 뛰어드는 게 깨침의 지름길이다. 특별한 '저기(외계)'를 찾아 밖에서 그 길을 찾고자 하면 끝내 길을 잃고 만다. 한마디로 '내면 성찰', 밥 먹는 이치를 깨닫는 게 수행이다. 노자가 거듭 당부한 "거피취차(去彼取此: 저것을 버리고 이것을 취하라)"도 이런 것이다.

조선조 중기 화엄사 대화엄 종주(宗主)로 법화를 폈고 승병을 이끌기도 했던 중관해안 선사(1567~?)의 선시 한 수를 보자.

> 배고프면 밥 먹고 피곤하면 잠자니(饑來喫飯倦來眠)
> 다만 현묘하고 현묘하다.(只此修行玄更玄)
> 세상 사람 일러줘도 믿지 않고(世與說人渾不信)
> 문득 마음 밖을 따라나서 부처를 찾는다네.(却從心外覓金仙)

선과 노장은 인간의 본성에 내재된 기본적인 욕망을 결코 부정하지 않는다. 그들은 본성에 따를 것을 주장하기 때문에 기본적인 욕망인 '기래끽반'을 부정할 수가 없다. 배고프면 밥 먹는 것은 본성에 내재된 기본 욕망이다.

『장자』「대종사」편은 좌망(坐忘: 해탈)에 이르기 위한 방법으로 '이형(離形: 육체를 떠남)'과 '거지(去知: 지성적 지혜 제거)' 두 가지를 제시한다. 장자의 '이형'은 육체를 통째로 포기한다는 뜻이 아니라 세속의 삶에서 야기된 탐욕을 제거한다는 뜻이다. 불교의 탐욕 금기나 장자의 '이형 거지'는 배고프면 밥 먹는 자연 본성의 욕망이 아니라 탐욕을 제거하라는 얘기다.

몸이 원하는 것과 마음이 가는 길을 하나로 일치시키는 공부가 수행이다. 삼시 세끼 밥 잘 먹고 하루의 3분의 1을 잠 잘 자는 것이도 닦는 일이다. 마음 밖에서 부처를 찾지 말고 자신의 마음을 오롯이 간수하라는 게 중관 선사의 게송이 보내는 간곡한 당부다.

게송에 나오는 '현갱현(玄更玄)'은 『노자』 제1장의 도를 설하는 가운데 나오는 '현지우현(玄之又玄)'의 다른 표현이고 뜻하는 바도 같다. 도는 "오묘하고 오묘하다"는 뜻인데 주석자들은 이를 흔히 '중현(重玄)'이라고 하기도 한다.

3. 굶주린 백성은 하느님에게도
대들 권리가 있다

좀 불손하게 들릴지 모르겠다. 감히 하느님(부처)에게 대든다니···.

그러나 '한소식' 한 역대 선사들은 거침없이 "부처도 조사도 죽여 버려라(殺佛殺祖)"라 하고 부처를 '마른 똥막대기'라고 매도한다. 막 말 수준을 넘어섰다. 언뜻 듣기엔 폭언이고 욕설이다.

덕산선감 선사(782~865)는 "12분교 교학(팔만대장경)은 귀신 장부에 지나지 않으며 종기에 흐르는 고름을 닦아내는 데나 쓰는 휴지일 뿐이다"라고 했다. 운문 선사는 "석가모니가 '천상천하 유아독존'이라고 했다는데 당시 내가 그 옆에 있었다면 한 방에 때려죽여 살 덩이를 개밥으로나 던져 주었을 것"이라는 사자후를 토했다. 이 정도면 대드는 정도가 아니라 인격적인 살인이고 무자비한 언어폭력이다. 그러나 선림은 이들을 다시없는 '부처님의 효자'라고 칭송하면서 대선장(大禪匠)으로 받든다.

겉으로 보기엔 참으로 맹랑하다. 그러나 부처를 우상화해서 자력 성불의 근본 종지(宗旨)를 훼손하는 어리석음을 일깨우기 위한 친절한 법문이라는 것을 알고 나면 찬사를 보내지 않을 수 없다. '기래 끽반'을 거듭 당부하는 선사들의 법문도 부처를 욕하고 조사를 꾸짖는 가불매조(呵佛罵祖)에 버금가는 냉소 같고 조롱 같다. 살불살조를 외친 임제나 성스러운 부처와 경전에 폭언을 서슴지 않은 덕산과 운문은 지금에도 모두가 그들의 법력을 믿어 의심치 않는 조사선문의 큰스님들이다. 허튼 소리 같고 농담 같은 '기래끽반' 또한 선림의 수승한 법문으로 받들며 깨침의 길라잡이 역할을 하는 '화두'로 가슴에 품는다.

'기래끽반'은 자연적이고 본능적인 욕망이다. 자연의 섭리다. 그래서 긍정된다. 불가(佛家)에서 3독의 첫째로 금기시 하는 탐욕 억제 방법은 '무욕'이다. 무욕은 자연적이고 본능적인 욕망을 없애는 것이 아니라 기교적이고 교활한 욕망을 없애는 것이다.

뱃속이 느끼는 배고픔은 인간 문명의 가치체계가 물들지 않은 순수한 본래면목(本來面目)의 상징이다. 선은 이러한 본래면목을 소중히 여기며 수행의 도달 목표로 삼는다. '기래끽반' 같은 자연스런 순수 본능은 선수행의 억제 대상이 아니다. 그래서 배고프면 밥 먹는 것은 소중한 수행 방법의 하나가 된다.

노자는 "내가 (황제·대통령이) 무욕해지면 백성들은 저절로 순박해진다(我無欲 而民自朴)"고 했다.(『노자』 57장) 이때의 무욕 또한 인위적이고 계교적인 욕망의 억제를 뜻한다. '계교적'이란 사물과 현상을 비교해 빈부·귀천 등으로 구분하는 분별심으로부터 야기되는 '상대적

빈곤'에서 느끼는 부(富)의 욕망 같은 것을 말한다. 노자의 무욕 역시 분별심으로 야기되는 욕망의 억제이지 천연스런 인간 본모습의 자연 본능 억제가 아니다. 이 점에서도 선과 노장은 같은 맥락이다.

선사들의 거침없는 '가불매조'는 도에 굶주린 수행자들의 배고픔을 달래주기 위한 친절한 쓴 소리, 한자어로는 '고구정녕(苦口丁寧)'이다. 선과 노장은 세속적인 가치들(공명·부귀·권세·명예 등등)을 버리고 거기로부터 벗어나려 하지만 이 세상 자체를 버리지는 않는다. 장자는 말한다.

속세와 함께 한다.(與世俗處)

선도 '텅 빈 산 사람도 없는데, 계곡물 흐르고 꽃 핀 세계(空山無人 水流花開)'를 선가 3대 경계의 하나로 귀히 여기며 찬미, 수용한다. 이는 세상을 떠난 도피 지향이 아니라 자연 대도의 운행 질서에서 나타난 삼라만상의 천연스런 존재 가치를 인정하는 대긍정이다. 그래서 선불교는 "푸른 대나무가 모두 부처님 법신이고 울긋불긋한 들꽃들도 반야 아님이 없다(青青翠竹盡是法身 旭旭黃花無非般若)"라고 설한다. 이른바 '현성공안(現成公案)'이라는 것으로 삼라만상의 존재 가치와 이유를 있는 그대로 긍정하는 현실세계의 포용이다.

선과 노장의 이러한 출세간적 정신은 종교에서 세상을 등지는 세속 도피와는 다르다. 장자는 '소요유(逍遙遊)'를 통해 인간 세계 속에서 자유롭게 노니는 정신적 초월, 현실 초월을 지향한다. 선과 노장은 인간 생명의 심연에는 비극적인 불안과 분노가 짙게 스며있지만 그 고난을 정신적으로 승화시키는 '초탈'을 강조한다.

자음(自吟: 혼자 읊다)

가고 오는 것 도 아님 없고(去來無非道)
잡고 놓음 모두 다 선일세.(執放都是禪)
봄바람에 푸른 풀밭 언덕에서(春風芳草岸)
다리 뻗고 한가롭게 낮잠 잔다.(伸脚打閑眠)

구한말 해담치익 선사(1862~1942)의 게송이다. 깨달음은 어디에
서나 가능하다. 봄바람 부는 언덕에서 다리 쭉 뻗고 달게 낮잠 한
숨 자는 게 오늘의 내 수행이다. 가부좌 틀고 선방에 앉아 있는 것
만이 선수행이 아니다. 왜냐하면 도는 모든 곳에 두루 퍼져 있기 때
문이다. 게송 중의 집방(執放)은 파주(把住)와 방행(放行)을 말한 것이
다. 선학은 부정(否定)·무(無)를 '파주'라 하고 긍정(肯定)·유(有)를 '방
행'이라 한다. 선림은 학인 제접에서 파주와 방행을 자유롭게 구사
하는 선사의 기봉(機鋒)을 높이 평가한다.
　선과 노장은 몸이 세속의 공간을 벗어난 것을 '해탈(nirvaṇa)'로
보지 않는다. 문제는 마음에 있다. 몸이 히말라야 꼭대기에 있어도
마음이 세속에 물들지 않아야 한다. 청정 무위한 마음을 유지하는
것이 참된 수행이다. 다리를 뻗고 있어도, 어디에 있어도 상관없다.
　배는 태어나면서부터 직접 가지고 있는 자연성, 즉 자연의 운행
원리를 대표하는 신체 부위다. 천부적인 자연성을 대표하는 배는
배고프면 오로지 배를 채우려는 자연적 본성에만 충실한다. 우리의
삶이나 나라의 통치도 이러한 배의 운행원리를 모델로 하자는 것이

선과 노장의 주장이다.

배는 지배욕이나 탐욕 같은 자의식이 전혀 없다. 그저 '배부르다', '배고프다'의 두 가지 본능만을 가지고 있다. 배부르면 배는 아무런 다른 생각을 하지 않는다. 배가 고프면 배를 채우려는 본능을 따라 먹는다.

인간의 경우 지능적 분별심이 일어나기 전의 자연적 본성과 본능은 일치한다. 동물의 경우는 본성이 곧 본능이다. 그러나 인간은 본능적 생존력이 미미하여 그것을 보충하기 위한 지능의 유위성(有爲性)에 도움을 청한다. 본능이 지능적인 분별심에 의존하는 순간 인간의 본성과 본능에 괴리가 생긴다.

때가 되면 배가 고프고 밥을 먹으면 배가 불러진다. 만물 역시 때가 되면 나타났다가 때가 되면 사라지는 것과 배의 작용은 아주 유사하다. 배가 편해야 마음도 편안해진다. 반대로 마음이 편치 않으면 배가 불편해져 소화가 안 된다. 배는 마음의 편안함을 가리키는 지표와도 같다.

눈이 지배 의지와 지식의 원동력인 데 반해 배는 자의식이 없고 호-불호만 아는 이른바 '무지(無知)의 지(知)'만이 있을 뿐이다. 선과 노장은 갈등과 대립을 유발하고 탐욕을 발동시키는 지능적 분별심이 만들어 놓은 '지식'을 단호히 거부하고 금기시 한다. 식욕은 자연스런 생리적 욕구다. 배고프면 밥을 먹는 것은 자연성을 따르는 '무위자연'이다. 그래서 노자는 "성인의 나라 다스림은 백성들이 망상 분별하는 마음을 버리게 하고 배를 채워준다(聖人之治 虛其心 實其腹)"고 했다.(『노자』 3장)

"굶주린 백성은 하느님에게도 대들 권리가 있다"는 말이 있게 된 것은 기래끽반의 자연성이 어떠한 것보다도 우선하는 '도'이고 생명의 본성이 하는 작용이기 때문에 하느님도 거역할 수 없다는 얘기다. 배고프면 밥 먹는 자연성은 하늘이 부여한 본능이다. 따라서 배를 채워주지 못하는 굶주림은 하늘 스스로의 자가당착이며 모순이므로 배고픈 백성은 하느님에게도 대들 수 있다는 것이다.

4. 노장의 기래끽반

노자는 밥을 먹어 배를 채우는 일을 도덕적·미학적·정치적 차원에서 높이 평가하면서 거듭 강조했다. 배를 채우는 일은 도덕적·미학적으로는 자연스러운 내면의 실력을 갖추는 보신양기(保身養氣)이고 소박한 자연미를 심미하는 표상이며 정치적으론 치국의 제1 과제라는 것이다. 그래서 노자는 배를 위하는 '위복(爲腹)'과 백성의 배를 채워 육체의 골격을 강하게 하는 '실기복(實其腹)'을 하나의 도덕적 지표로 제시했다.

> 그러므로 무위자연의 도를 체득한 성인은 배를 채우는 데 주력하지 감각적인 쾌락을 추구하지 않는다.
>
> (是以聖人爲腹 不爲目)
>
> － 『노자』 12장

노장으로 읽는
선어록 (상)

배는 음식물을 능동적·주체적으로 소화해 영양분을 공급함으로써 사물을 부리는 입장이다. 그러나 눈을 즐겁게 하고 귀를 즐겁게 하는 성색의 쾌락 추구는 사물에 부림을 당하는 피동적·노예적 입장이라는 게 노자의 설법 요지다. 배고프면 밥을 먹는 것은 문명 개입 이전의 자연 섭리를 따르는 몸을 보존하고 자기를 기르는 일이다. 반면에 5색·5음·5미(味)를 분별하는 문명적 가치가 개입된 쾌락을 추구함은 몸을 해치고 정신을 타락시키는 비도덕적 행위일 뿐이라는 것이다. 이목구비를 통한 감각적 쾌락과 허식의 추구는 인간이 자기 주체성을 상실한 사물의 노예로 전락하는 불행의 원인이다.

왕필은 이 대목을 "위복은 물(物)로써 자기를 기르는 것이며 위목은 물로써 자기를 부리게 하는 것"이라고 주석했다. 『노자』 12장은 '위복'의 강조에 앞서 "5색의 화려한 빛깔은 사람의 눈을 멀게 하고 5음의 화려한 음률은 사람의 귀를 멀게 한다"고 전제하고 배와 눈·귀를 대비시켜 배를 위할 것을 간곡히 설득했다.

배는 자연·자유로운 인간, 물로써 자기를 기르는 이물양기(以物養己)의 능동적 주체성을 상징한다. 반면 눈과 귀는 노예적 인간, 물이 자기를 부리게 하는 이물역기(以物役己)의 피동적 노예 근성을 상징한다. 그래서 노자는 배가 눈·귀에 비해 우위적 가치를 갖는다고 보았다.

사물과 시간에 부림을 당하는 '이물역기'는 사물로부터 인간이 소외됨을 의미한다. '이물역기'가 되지 않으려면 마음을 비우고 허정한 무지무욕(無知無欲)의 상태가 되어야 한다.

'시간이 없다'는 말을 입에 달고 다니는 사람이 많다. 이 말은 핑

계와 변명의 대명사이기도 하다. 이는 '나는 시간의 노예'라는 바보스러운 자기 비하이고 무능의 과시(?)일 수 있다. 시간과 사물을 부리는 사람이 되어야지 부림을 당하는 사람이 되어서는 안 된다. 시간을 부리는 사람이 바로 초월자고 깨달은 사람이다. 임제 선사가 강조하는 "수처작주 입처개진(隨處作主 立處皆眞: 어디서건 주체적인 사람이 되면 서 있는 곳 모두가 진리의 땅이다)"도 바로 이런 것이다.

> 본래의 소박한바탕을 나타내고 자연의 순박함을 간직하라.
> 사심을 죽이고 욕심을 적게 하라.
>
> (見素抱樸 少私寡欲)
>
> — 『노자』 19장

노자 설법의 '위복'과 '실기복'에 대한 결론이라고 할 수 있다. '소박함'은 미학적 표현을 빌어 색으로 나타내면 수묵화의 묵색(墨色)이다. 『노자』 12장은 "우리가 아름답다고 감탄하고 찬미하는 것이 지나치면 생명까지 해치는 추함으로 바뀔 수도 있다"고 했다.

먹색은 하늘의 색깔인 현색(玄色)을 인간이 구체화시킨 색이다. 우리말로는 '거무스름하다' 정도로 옮길 수 있고 영어 표현에서는 '어둔 청색(dark blue)'이라 한다. 깊고 오묘하다는 도를 굳이 색으로 표현한다면 '현색'이다. 『노자』 1장의 도를 설명한 "오묘하고도 오묘하다(玄之又玄)"에서 유래, 곧 하늘·도·자연 등을 상징하는 색깔이다. 스님들의 옷을 흔히 먹물 옷이라 하는데 지난날에는 스님들이 먹물을 들인 옷감으로 법의(法衣)를 해 입었고, 지금도 먹물 염색 옷을 입는 스님들이 있다. 먹물 옷을 입는 뜻은 하늘의 도를 따르는 무리라는 함의를 내포하고 있다. 먹물 옷은 '나는 도인이요'라는 엄청난 자긍심이 배어 있는 옷이다.

배고파 밥을 먹는 것은 우주적 본능이며 자연을 따르는 무위이다. 무위자연의 도를 기본 종지로 하는 노자와 장자는 배를 긍정적으로 보고 아주 중시한다. '기래끽반'은 생명의 본성이 하는 작용으로 어떤 인위적 조작도 문명적 가치도 끼어들지 않은 무위(無爲)라는 것이다.

장자는 "본성의 움직임을 '무위'라 이른다(性之動謂無爲)"고 했고 노자의 수행은 배를 위하고 눈을 버리는 '위복거목(爲腹去目)'을 위주로 한다. 노자가 배를 긍정적으로 보는 이유는 문화적 가치체계가 적용되기 이전의 공간이기 때문이다. 배는 우리의 기본적이고도 직접적인 생존 조건이 담겨 있는 곳이다. 노장이 말하는 배는 한마디로 인간의 본바탕 마음자리다. 배는 신체의 어떤 부분보다도 무차별적이며 훨씬 더 직접적이다. 배는 타고난 그대로의 자연 상태를 간직한 곳으로서 그대로가 곧 무위며 인위적 가치체계가 스며들지 못하는 부분이다. 배가 고프거나 부르다는 판단은 어떤 체계를 근거로 한 판단이 아니라 아주 직접적이다. 간단히 말해 자연성의 대표적인 상징이다.

배는 내(內)·자성·정신적 자아·내실을, 눈은 외(外)·사물·육체적 자아·외화(外華)를 각각 상징한다. 좀 더 구체화시키면 배는 질박하고 욕심이 없는 생활과 내적 자아를, 눈은 기교와 거짓, 외적 사물을 상징한다. 배는 바로 내 몸 안에 있는 '이것[此]'이지만 눈은 밖을 향해 뚫려 있으면서 저 멀리 있는 것을 본다. 즉 눈은 늘 밖에 있는 '저것(彼)'을 향해 열려 있다. 가치 체계·이상 등은 몸 안을 벗어나 저 멀리 있는 것들이다. 노자는 저 멀리의 가치 체계나 이상을 생각하고 목표하지 말고 우리의 몸, 우리를 둘러싸고 있는 자연 세계의 운행 원리를 모델로 하여 소박하게 살자고 호소한다. 이것이 그가 거듭 강조하는 "저것을 버리고 이것을 취하라"는 거피취차(去彼取此)이고 선가의 '평상심시도(平常心是道)'와 같은 맥락인 노자의 인생관이다.

자연에는 시비가 없다. 크나큰 긍정이 있을 뿐이다. 그러므로 삶의 중심을 자연으로 삼으면 사람의 시비(是非)는 잔재주에 불과할 뿐이다. 우리는 모든 것을 긍정할 때 마음이 편해진다. 크나큰 긍정은 사람의 삶을 즐겁게 한다. 자신의 삶을 크나큰 긍정으로 충분히 즐기는 것이 올바른 삶의 길이고 노장이 가고자 한 길이다. 선불교 또한 이와 같다.

> 배고픔과 목마름, 추위와 더위는 모두 사물의 변화이고 불가항력적인 자연법칙의 운행이다. 그런 변화들이 인간 본성의 조화를 어지럽힐 수 없고 마음에 끼어들 수도 없다. 마음을 편안하게 하고 달관하여 즐거움을 잃지 않게 한다. 낮과 밤으로 하여금 끊임없이 만물과 함께 봄의 기운을 간직하게 해야 한다.
> – 『장자』 「덕충부」

장자는 운명의 필연과 마주하여 마음의 평정과 조화를 잃지 말고 나아가서 만물과 더불어 봄기운의 따스함을 함께 즐기는 정신적

노장으로 읽는
선어록 (상)

인 자유를 체험해야 한다고 주장한다.

도를 찾는 사람이 자기 본성(본래면목·본지풍광)을 깨달아 볼 것을 보고 들을 것을 들음에 마음이 몹시 기쁘다. 타향을 떠돌던 나그네가 고향으로 돌아와 보니 고향 산수의 열에 아홉이 없어졌지만 그래도 마음이 몹시 기쁜 것이다. 이것이 운문 선사가 설파한 '날마다 좋은 날(日日是好日)'이다.

사람의 본심은 해와 달 같은데 이욕이 다 먹어버린다.

(本心如日月 利欲蝕之既)

황산곡(1045~1105)의 시구다. 그는 선불교 임제종 황룡파의 거사로 선종 법맥 계보에 회당조심(1025~1100) 선사의 법제자로 올라 있는 강서시파(江西詩派)를 이끈 송대 문단의 거목이다. 그의 시구는 사람이 이해 다툼으로 물욕이 불꽃처럼 일어나 신성한 달(본래면목·본심)을 태우고 만다. 그래서 천리(天理)는 괴멸한다는 것이다.

『장자』「서무귀」편은 "눈이 밝으면 외부 대상에 끌리기 쉬워 위태롭고, 귀가 너무 잘 들려도 대상에 이끌려 위태로우며 마음도 너무 지식만 추구하면 대상에 끄달려 위태롭다"고 했다.

우리의 몸과 그 몸에 붙어 있는 이치들이 바로 자연이며 도의 각인이다. 도와 자연은 가공되고 조작된 가치 이전의 생명력이다. 바로 배가 우리 신체 중의 대표적인 자연성을 가지고 있다. 부연하면 먹으면 싸고 추우면 어는 이치가 바로 자연이고 도다.

살다가 생명이 다해 죽는 생사도 자연이고 무위다. 보약을 먹으

며 오래 살겠다고 발버둥치는 것은 '유위'다. 유독 사람만이 무엇이
든 제 뜻대로 하려 한다. 무위를 유위로 바꾸려는 유일한 존재가
인간이다. 자연스러운 무위를 거부하는 인간의 조작, 작위는 결코
성공할 수 없다.

생로병사의 해탈은 살다가 죽을 때가 되면 죽는 '무위자연법'밖에
는 없다. 불교나 노장이나 『주역』이나 생사 해탈법으로 삶과 죽음은
똑같은 것이라는 생사일여(生死一如)의 인식을 가질 것을 설법한다.

본능에 내맡겨 부드러워져 어린아이처럼 순수할 수 있는가?
(專氣致柔 能嬰兒乎)

－『노자』 10장

죽은 후의 세계는 아무도 모른다. 죽었다가 살아 돌아와 그 세계
의 진상을 밝힌 사람이 없기 때문이다. 예수의 부활은 신학적인 이
야기일 뿐이다. 그러나 삶의 세계는 우리 모두가 체험하고 있기에
어떻게 사는 것이 올바른 삶이고 편안한 삶인가를 말할 수 있다. 위
에 인용한 노자의 말이 이러한 삶의 한 지침이 될 수 있다.

하상공은 『노자』 10장을 다음과 같이 주석했다.

"전기(專氣)는 정기를 전일하게 지켜 혼란하게 하지 않는 것이다.
여기서 '기'는 생리적 본능이고 '전'은 내맡긴다는 의미다. 전기
는 자연스런 본능에 맡기고 '마음의 작용[人爲]'을 보태지 않는
다는 것을 말한다."

노장으로 읽는
선어록 (상)

하상공의 주석을 좀 더 쉽게 '기래끽반'과 연결해 풀이하면 '기래 끽반'처럼 생리적 본능에 충실하며 변화에 적응하는 삶이 자연스럽고 편안한 삶이라는 얘기다. 왕필은 『노자』 12장의 "성인은 배를 위하지 눈을 위하지 않는다"를 다음과 같이 해설했다.

배를 위하는 자는 사물로써 자신을 기르지만 눈을 위하는 자는 사물로써 자신을 부린다. 그래서 성인은 눈을 위하지 않는다고 했다.

『노자』는 12장에 앞서 3장에서 "성인의 나라 다스림은 백성의 망상 분별하는 마음을 비우게 하고 배를 채워준다(聖人之治 虛其心 實其腹)"고 했다. 『노자』·『장자』의 주석 대가인 명나라 감산덕청 선사(1546~1623)는 노자의 이 말을 다음과 같이 해석했다.

성인의 다스림은 먼저 망상 분별하는 마음을 놓아버리도록 가르친다. 헤아리고 취사선택하는 마음을 뿌리째 뽑아야 한다. 그래서 백성의 마음을 비워준다고 한 것이다. 이런 연후에 백성이 배부르고 편안하면 자족하게 되어 마음이 밖의 어느 것도 흠모하지 않게 되는 것이다. 이에 백성의 배를 채워준다고 한 것이다.

『노자』 3장은 정치철학 강의이지만 도가·불가의 시중(示衆) 설법으로 볼 수도 있다. 돈오 남종선의 제3대 조사 승찬 대사(?~606)는 그의 유명한 저술 『신심명(信心銘)』에서 "지극한 도에 도달하는 것은 어려운 일이 아니다. 오직 취사선택하는 분별심을 버리기만 하면 된다(至道無難 唯嫌揀擇)"고 했다. 감산의 『노자』 주석과 승찬 조사의 설법은 전적으로 같은 맥락이다. 여기서도 선과 노장의 설법은 이웃하고 있다.

노자의 '거피취차(去彼取此)'나 선가의 '평상심시도(平常心是道)'는 저 멀리 있는 이상이나 이념을 실현하려 하지 말고 '배고프면 밥 먹는' 지금-여기 일상의 삶에 충실하고 그 속에 내재하는 자연 섭리와 우주정신을 회광반조(回光反照)하자고 한다. 노장과 선은 우리가 태어나면서부터 직접 가지고 있는 자연성, 즉 자연의 운행 원리를 모델로 해서 인생을 살고 나라를 통치하라고 거듭 강조한다. 그래서 선가는 "딛고 서 있는 발아래를 주의 깊게 살피라(照顧脚下)"는 화두를 중요 공안(公案)의 하나로 참구한다.

배고프면 밥 먹는 일은 생리적인 필요를 따르는 갓난아이의 자연스러운 마음이며 후천적인 영향을 받지 않은 영아의 본심이기도 하다. 왕필은 『노자』 3장의 '실기복(實其腹)'과 '강기골(强其骨)'을 다음과 같이 주석했다.

배는 먹는 것만을 생각함으로 인위적인 사량(思量) 분별을 하지 않고 다만 자연스런 생리적 본능에 충실할 뿐이다. 뼈는 자의식이 없는 무지(無知)의 상징으로 그 뼈를 강하게 하여 삶의 근간으로 삼는다.

배는 생각을 하지 않는다. 뼈는 자의식이 없다. 왕필은 배와 뼈는 사량 분별을 하지 않으므로 무지의 상징으로 보았다. 왕필은 노자가 말하는 마음과 뜻[意]은 자의식이 있는 인간의 의식을 뜻하고 배와 뼈는 자의식이 없는 인간의 자연성을 상징한다고 본 것 같다. 인간의 마음은 늘 사량(분별)하는 지혜를 품으려고 한다. 그런 지혜가 질투와 수치심을 잉태시키면서 취사선택하는 차별과 주·객간의 대립을 일으킨다.

배는 먹은 후의 찌꺼기를 대장·직장을 통해 배출하는 '버림'의 통로를 가지지만 눈은 밖의 것을 끌어들여 쌓아놓는 '퇴적'의 철옹성을 치고 있다. 불가의 '공(空)'과 도가의 '무(無)'는 전적으로 버림의 미학이다. 선과 노장은 거듭거듭 마음을 비우고, 잔꾀(지혜)를 덜어내는 '비움의 미학'을 강조한다. '비움'이 바로 해탈의 길이고 깨침의 열쇠다.

숨을 쉬는 것은 저마다의 먹성으로 목숨을 이어간다. 허기를 채울 밥상이 바로 우리를 살게 하는 주춧돌임을 아는 순간 구더기 같은 사소한 미물들의 먹성이 흉측하고 더러운 것이 아님을 알 수 있다. 똥을 파먹는 구더기의 먹성도 그 자체로 당당한 실존이다. 여기서도 '부처는 마른 똥 막대기'일 수 있다.

배와 뼈는 타고난 자연 상태 그대로의 것으로서 인위적 가치체계가 스며들지 못하는 부분이다. 달리 말해 배와 뼈는 자연성의 상징이다. 배고프면 밥을 먹는 것은 그래서 자연의 운행 법칙을 따르는 무위법이다.

배고프면 먹고 싶다. 그래서 먹는다. 먹고 난 후는 오줌·똥으로 배설한다. 먹고 자고 생각하고 느끼는 등의 행위는 모두가 만물과 하나 되려는 동작들이다. 『장자』「경상초」는 이를 "생명의 본성이 하는 짓(性之動)"이라 했다. 생명의 본성이 하는 작용들이 곧 무위다. 그래서 장자는 "본성의 움직임을 무위(性之動謂之爲)"로 보았다. '기래 끽반'은 생명의 본성이 하는 작용이고 무위다.

> 본성의 움직임을 무위라 한다. 이 자연의 무위에 인위적인 조작이 끼어들면 모든 것을 잃고 만다.(性之動謂之爲 爲之僞謂之失)
>
> — 『장자』「경상초」

원문의 '위(爲)'는 무위를 뜻한다. '할 위'자는 손톱 조(爪)자 밑에 코끼리 상(象)자를 더한 글자로 '사람이 손톱으로 코끼리를 부린다'는 뜻을 가지고 있다. 즉 인위[爲]를 가리킨다. 무위는 이 같은 인위[有爲]가 없는 자연 그대로를 말한다. 뒤의 거짓 위(僞)자는 사람이 손톱으로 코끼리의 자유로운 본성을 억압하면서 부려먹는 것이 거짓된 일이라는 의미를 담고 있다. 위(僞)는 자연의 위(爲) 즉 무위를 거부하는 인간의 조작으로 거짓 또는 속임수라는 것이다.

『주역』은 만물이 저마다 존재하는 작용을 한마디로 '역(易: 변화)'이라고 잘라 말한다. 그 '역'은 "다하면 변하고 변하면 통하고 통하면 오래 간다(窮則變 變則通 通則久)"고 한다.

노장은 이 '역'을 '위'라 했다. 불가의 '무상(無常)'도 역(易)이고 위(爲)다. 노장과 불교 철학의 핵심은 '관계(인연)'와 '변화(제행무상)'이다. 즉 세계는 음양·유무와 같이 서로 대칭되는 반대 항들이 새끼줄처럼 꼬여서 존재하고 모든 존재는 끊임없이 변화무상하다는 것이다.

노장으로 읽는
선어록 (상)

선림에 회자하는 조주의 '무(無)자 화두'가 설파한 "개에게는 불성이 없다"는 무도 이 같은 노장의 사유에 따르면 '있다[有]'는 절대긍정이 된다. 노장의 유와 무 관계론은 제4장에서 자세히 살펴보겠다.

낮이 되면 일을 하고 밤이 되면 잠을 자는 휴식을 취한다. 때에 맞게 행동한다는 얘기다. 이것이 자연의 변화에 맞추어 살아가는 방식이고 무위자연의 도다. 노자는 이를 암컷처럼 할 수 있겠느냐고 반문한다.

하늘의 문을 열고 닫는 것을 능히 암컷처럼 할 수 있는가?

(天門開闔 能爲雌乎)

－『노자』 10장

여자의 '그것'을 천문 또는 옥정(玉井)이라고 하니 언뜻 들으면 음담패설 같기도 하지만 엄청난 철리(哲理)를 담고 있는 노자의 설법이다. 일반적으로 암컷은 수컷을 포용하는 성질이 있다. 암컷은 수컷을 받아들여 생명체를 탄생시킨다. 암컷처럼 남을 포용하고 그들을 편안하게 살아갈 수 있도록 좋은 정치를 베풀고 속세를 '인정사회'로 만들자는 지엄한 교훈이다. 물·암컷의 성기·계곡 등은 하(夏)나라 문화에 뿌리를 둔 노장 사상의 중요 모티브다.

『노자』 20장은 다음과 같은 말로 끝 구절을 맺는다.

나는 다른 사람과 달리 식모를 귀히 여긴다.

(我獨異於人 而貴食母)

식모의 '식(食)'은 도의 작용으로 만물을 살게 해 주는 자양분·근거의 상징이다. '모(母)'는 도의 상징으로 천지의 어머니, 즉 천도(天道)를 뜻한다. 도를 뜻하는 식모를 귀히 여긴다 함은 도를 음미하는 생활을 귀중하게 여긴다는 말이다. 눈앞의 욕심을 따라 살아가는 사람들과 달리 본래 자연스런 '참생명(氣般)'을 깨달아 외물에 미혹되지 않으면 근심할 것이 없고 아쉬울 것이 없다. 전자는 겉을 꾸민 삶이요, 후자는 본연의 자아를 스스로 사는 삶이다. 왕필의 이 구절 주석;

> 식모란 삶의 뿌리다. 사람들은 삶을 가능케 하는 그 뿌리를 버리고서 말단이나 꾸미는 화려함만을 귀하게 여긴다. 속인들이 도를 등지고 사물을 쫓아가는 것이 마치 어미를 버리고 자식에게 음식을 구하는 꼴이다.

당신이 먹는 그 음식을 맛있어 하시오.(甘其食)

자기가 지금 먹고 있는 음식을 달게 먹고 입고 있는 옷을 멋있다고 여기는 것이 진짜로 만족함을 아는 '지족(知足)'이고 행복한 삶이다. 거룩함은 저 멀리 있지 않다. 자신이 서 있는 바로 여기가 거룩함이 등장하는 원초적 토양이다. 이상적인 삶은 저 멀리 있는 곳의 이상향을 도달하려는 몸부림이 아니라 바로 여기서부터 출발하는 착실한 발걸음이다. 저 먼 곳에 인위적으로 만들어 걸어놓은 기준을 추종하지 말고 바로 지금, 여기에 있는 자신에게 집중해야 한다.

노장으로 읽는
선어록 (상)

자기 자신에 집중하지 않는 사람은 항상 시선이 외부로 향하게 마련이다. 그래서 기준이나 이념을 외부에서 수입해 사용할 줄만 안다. 좋은 것들은 항상 저기에 있고 나를 넘어선 곳에 있다고 생각한다. 이 점을 의식하고 노자는 '감기식(甘其食)'이라고 말한다. '감기식'은 노자가 거듭 강조하는 '지족(『노자』 33·44·46장)'과 '거피취차(去彼取此: 저것을 버리고 이것을 취함)'를 다르게 표현한 것이다.

노장은 저 멀리 설정해 놓은 이상을 향하지 말고 가까이에서 접촉하고 있는 자연적·일상적 직접성에 충실할 것을 강조한다. 이 같은 설법 속에는 본체의 작용으로 나타나는 차이와 다양성, 즉 '현상계의 삼라만상'을 체용일여(體用一如)의 세계관으로 인정하고 수용하자는 깊은 철학이 들어 있다.

선사상도 같은 입장이다. '산은 산이고, 물은 물'이며, 푸른 대나무와 계곡물 소리가 부처의 법신이고 설법이 되는 도리도 바로 이것이다. 선가의 현성공안(現成公案)은 공(空)과 색, 유와 무 양쪽 둘 다를 초월한 절대긍정의 존재론으로 두두물물의 실존을 기꺼이 수용한 것이다.

도와 불법 진리는 어디에나 다 있다. 문만 열면 보이는 산빛[山色]·깨진 기왓장 심지어는 오줌·똥 속에도 진리가 들어 있다는 것이 선과 노장의 공통된 진리관이다. 이른바 '도의 편재론'·'도무소부재론(道無所不在論)'이다. 일부에서는 범신론적이라고 말하지만 실존철학의 존재론과 비슷한 점이 많다.

동곽자가 장자에게 물었다.

문: 도대체 도는 어디에 있습니까?

답: 없는 곳이 없소.

문: 꼭 집어 분명하게 가르쳐 주십시오.

답: 땅강아지나 개미에게 있소.

문: 어찌 그렇게 하찮은 것에 있다는 말입니까?

답: 논밭에 흔히 있는 잡초 가라지나 피 따위에도 있소.

문: 어찌해서 점점 더 낮아집니까?

답: 기왓장이나 벽돌 조각에도 있소.

문: 점점 더 심하게 내려갑니까?

답: 도는 오줌이나 똥에도 있소.

『장자』 「경상초」에 나오는 이야기다. 장자는 이어 그가 말한 바 뜻을 친절히 설명해 주었다.

"사물과 사물 사이에 이것과 저것의 구별이 있음은 상대적인 구별이오. 상대적인 구별은 분별이 없는 절대적인 상태에서 나와 분별되다가 다시 만물 평등의 절대적인 근원으로 돌아가오. 그러나 절대 근원인 도는 가득 찼다 비거나 성했다 쇠하는 등의 변화가 없는 절대 불변이오."

'도무소부재론'을 선명하게 밝힌 장자의 유명한 문답이다. 도나 불법 진리는 밥 먹고 잠자는 '하찮은 일(?)'에도 명명백백히 내재하고 있다는 얘기다. 선림의 중요 어록 중 하나인 『조주어록』에도 『장자』

에 나온 것과 똑 같은 내용의 선문답이 보인다.

> 조주 고불(古佛)이 어느 날 제자 문원과 내기 문답을 했다. 이긴
> 사람이 참깨 떡을 사기로 하고,
> 조주: 나는 당나귀다.
> 문원: 나는 나귀의 안장을 매는 낑거리 끈이다.
> 조주: 나는 나귀 똥이다.
> 문원: 나는 나귀 똥 속의 벌레다.
> 조주: 자네는 똥 속에서 뭘 하자는 건가?
> 문원: 저는 거기서 하안거(夏安居)나 지내겠습니다.
> 조주: 자아? 어서 가서 참깨 떡이나 사와라.
>
> — 김공연 편역, 『조주어록』 p.477

조주는 더 이상 자기를 낮추어 표현할 길이 막히자 "그 속에서
뭘 하는가?"라고 물었다. 문원은 하안거를 끄집어내어 멋진 대답
인 양 자신의 선기(禪機) 진전이 상당한 수준임을 과시했다. 문원은
여기서 패착을 하고 게임에 지고 말았다. 멋진 대답 같지만 차라리
'똥을 먹는다'고 했어야 한다.

문원은 하안거(두뇌)를 똥(대장)보다 우위로 보는 '분별심'을 드러내
고 말았다. 선은 변을 만드는 무분별한 대장의 활동을 사량 분별을
일으키는 두뇌 활동보다 우위로 본다. 선은 분별지(分別智)에 의한
우열·미추와 같은 분별의 차별상을 단호히 거부한다. '하안거'는 생
각을 헤아려 의식적으로 변을 만드는 대장의 활동보다 두뇌의 활동

이 우위라고 계교(計較)한 것이었다. 때문에 문원은 게임에 지고 참깨 떡을 사오는 심부름을 하게 되었던 것이다. 떡은 물론 승자인 조주가 샀다. 장자−동곽자 문답과 똑 같은 맥락의 무차별 평등을 강조하는 만물제동(萬物齊同)의 '도무소부재론'이다.

'표절'이 아니다. 조주쯤 되는 조사급 선사가 선문답에 『장자』를 표절해 선지(禪旨)를 밝혔겠나! 선과 노장의 사상이나 철학이 그만큼 가까이 이웃하고 있기 때문이다. 조주의 '무(無)'자 화두는 지금도 동아시아 선림에 널리 회자되고 있다. 조주쯤 되는 선사들은 불교 경전 밖의 '외전(外典)'들을 두루 섭렵하는 게 당·송대 선승들의 공통된 공부였다. 명나라 때의 감산덕청 선사는 노장의 주석서까지 저술, 왕필·하상공·곽상의 주석서와 어깨를 나란히 하는 명저를 남기기도 했다. 감산 대사는 현재 6조 혜능 조사의 법화 도량인 중국 소주 남화선사(南華禪寺)의 조사당에 혜능과 나란히 소상이 봉안되어 있다.

역대의 저명한 선사들은 『노자』·『장자』 같은 외전을 공부해 독보적인 선사상과 선철학의 깊이와 폭을 넓혔고 중국 문화에 하나의 큰 기둥을 세웠다. 조주 선사의 '무(無) 자' 화두도 노장사상의 한 축인 존재론에서 유와 무를 동시에 초월한 절대긍정을 설파한 논리와 전적으로 같은 맥락의 선지(禪旨)를 설파한 법문이다.

견공(犬公)의 기래끽반

|

개는 밥 먹을 때 어제의 공놀이를 후회하지 않고 잠잘 때 내일의
꼬리치기를 미리 걱정하지 않는다.

모든 번뇌 망상과 사량계교(思量計較)를 털어버리고 오직 일념으
로 밥 먹고 잠자는 개의 '기래끽반'이야말로 도에 다다른 수행의 경
지가 아닐까? 나는 그래서 대주혜해 선사의 간곡한 '기래끽반' 화두
를 풀이한 고상한 염송(拈頌)이나 송고(頌古)로 치장하는 대신 이 같
은 개의 기래끽반으로 주석해 본다.

행복이란 특별한 순간에 느끼는 달콤한 감정이다. 이런 감정은
의외로 밥 먹고 잠자는 것 같은 사소한(?) 것에서 생겨난다는 사실
을 새삼 깨칠 필요가 있다. 개는 밥 먹을 때 오직 밥만 먹을 '뿐'이
다. 선이 거듭 강조하는 '무심이 곧 도(無心是道)'라고 하는 종지도 바
로 이런 것 아닐까? 그래서 선사들은 무심한 기래끽반을 밥 먹듯이
되풀이해 설한다.

개만도 못한 놈.

상스러운 욕설이다. 아마도 수캐의 어미와 자식도 구분 못하는
패륜적인 교접행위 때문에 생긴 듯한 욕설일 것 같다. 사람을 개와
비교한 것은 상식에 반(反)한 일일 수도 있다. 그러나 선은 상식에
는 반하나 이치에는 맞는 반상합도(反常合道)의 역설(paradox)을 통해
불법 진리를 따끔하게 설파한다. 한 행각승이 절에 들러 법당 불상
앞에다 감기로 기침한 가래침을 뱉었다. 주지스님이 노발대발하며

무슨 무엄한 짓이냐고 꾸짖자 "온 천지에 부처님 법신이 두루 계신다는데 부처님이 없는 침 뱉을 곳을 안내해 주시오"라고 하자 주지는 말이 막혀버리고 말았다는 일화가 있다. 이것이 바로 '반상합도'의 역설이다.

선은 일상생활 속에 묻혀 있는 불법 진리를 깊이 관조해 반상합도의 진리를 통쾌하게 설파한다. 노자는 '정언약반(正言若反: 올바른 말은 때로 그 반대로 들린다)'이라는 말로 도리에 맞는 말을 더덕더덕 덧칠된 세속 상식은 그 반대로 받아들인다고 비판했다. 나는 그래서 기래끽반의 참 뜻을 모르면 '개만도 못한 놈'이 될 수 있다고 감히 말해 본 것이다.

공양게(供養偈)

|

원래 절 집안에는 밥 먹을 때 독송하는 '공양게송'이 있다. '진언권공(眞言勸供)'이라고 하는 공양게송을 지금은 들어보기 어렵지만 간혹 공양간에 써서 붙여 놓은 경우가 있다. 오히려 가톨릭이나 개신교 교회에서 밥 먹을 때 감사하는 기도문을 낭송하는 경우가 있다.

억불숭유(抑佛崇儒) 정책을 썼던 조선조까지만 해도 밥 먹을 때 공양게송 독송은 엄숙한 의식(儀式)으로 봉행됐다.

1496년 연산군 때 인목대비의 명에 따라 『육조단경언해』와 함께 국한문 혼용으로 공양게 460개를 정리해 목판 인쇄로 『공양시식문

언해(供養施食文諺解)』를 출간한 사실이 있다.(『가산불교대사림』 권1)

이 음식은
온 우주와 하늘과 땅과
헤아릴 수 없을 만큼의 수많은 수고로움이
가져다준 선물이니
내가 이 음식을 먹을 자격이 있는지
생각하면서 먹게 하소서.
〈중략〉
이 음식을 먹고
모든 것을 이해하고 존경하며
사랑이 충만해지도록 하소서.

— 퇴계 이황

한 방울의 물에도 천지의 은혜가 스며 있고
한 알의 곡식에도 만인의 은혜가 깃들어 있으며
만인의 노고가 담겨 있습니다.
이 은혜로운 음식을 감사히 먹고
맑고 향기로운 삶을 살겠습니다.

— 상도선원 공양게

이 밥이 우리에게 먹혀 생명을 살리듯이
우리도 세상의 밥이 되어 세상을 살리게 하소서.

한 방울의 물에도 천지의 조화가 스며 있고
한 톨의 곡식에도 만인의 땀이 담겨 있으니
감사한 마음으로 먹게 하시고
가난한 이웃을 기억하여 식탐 말게 하소서.
천천히 꼭꼭 씹어서 공손히 먹겠습니다.

– 강원도 화천 시골교회 식사 기도문

이들 식사 기도문은 박찬국 저 『삶은 왜 짐이 되었는가』에서 전재했다. 기도문들은 식사에 대한 감사를 표하고 있지만, '향기로운 삶'과 가난한 이웃에 대한 연민 같은 '우주정신'을 담고 있다. 신앙과 수행이 목적하고 있는 회향(回向)의 종착점도 이와 같은 것이다. 서구 기독교적으로 윤색된 신식 기도문이지만 그 의미가 가볍지만은 않다. 물론 화두 '기래끽반'이 설파하고자 하는 선리와는 많이 다르긴 하지만 밥 먹는 이야기이니 한 번 읽어 볼 만하다.

조사선문의 거물 선장(禪匠)인 백장회해 선사(749~814)의 일화로 이 분절을 끝맺고자 한다.

백장 선사가 어느 날 밭에서 대중 스님들과 함께 울력(運力)을 했다. 이때 어떤 스님이 점심 공양을 알리는 북소리를 듣고는 괭이자루를 번쩍 쳐들고 껄껄 웃다가 공양간으로 달려갔다.
선사가 말했다.
"시원스럽다. 저것이 관음보살이 불법을 깨달아 들어간 법문이다."

선사가 방장실로 돌아와서 그 스님을 불러 물었다.

"아까 무슨 도리를 보았기에 그리했는가?"

"북 소리를 듣고 기꺼이 밥을 먹으러 왔습니다."

선사가 빙그레 웃었다.

그 스님은 배고프면 밥을 먹는 도리를 따른 천진(天眞) 도인이다. 배고플 때 밥을 먹는 짜릿한 행복감, 그것이 바로 불법 도리를 깨달은 '법열(法悅)'이다. 너무 '비약'이라고 할지 모르겠다. 아니다. 백장 선사는 분명히 흐뭇한 웃음으로 그 승려의 깨달음을 긍정했지 않은가!

무위법인 불법이란 배고플 때 거리낌 없이 즐겁게 밥을 먹는 것이다. 밥 먹는 순간 그는 분명히 망아(忘我)의 경계에서 자기가 밥인지, 밥이 자기인지를 모르는 물아일체가 되어 장자가 '호랑나비 꿈(胡蝶夢)'에서 자기를 잊고 나비가 되었던 것 같은 '물화(物化)'의 선경(禪境)을 노닐고 나서 기래끽반의 이치를 깨쳤다. 그래서 백장은 빙그레 웃는 무언의 언어로 그 스님을 긍정했던 것이다. 선림에서는 그런 긍정을 깨달음을 인정해 주는 인가(印可)라 한다.

선가의 기래끽반과 노장의 기래끽반은 자연의 섭리인 무위법을 따른다는 점에서 같은 맥락이다. 배고플 때 밥 먹으라고 부르는 북소리는 그 어떤 법문보다도 살아 있는 생명을 기쁘고 행복하게 해 준다. 귀 밝은 관음보살만이 그 기쁜 소식을 듣고 깊숙한 자신의 내면을 들여다 볼 수 있다.

북소리에 기뻐하는 배고픈 스님, 밥 먹는 사소한 것에서 깨침의 문을 열고 들어갈 수 있었다. 이 때 달려 들어가는 재당(齋堂)의 문은 깨침의 문턱이며 해탈의 징검다리고 극락의 문이다. 배고픔을 못 느끼는 죽은 후의 깨침이나 해탈이 무슨 소용이 있겠는가.

우리는 '지금 여기'에 실존한다. 지금 바로 이 시간이 영원이고 여기가 극락이다. 배고프면 밥 먹는 '참 생명'을 깨달아 날마다 즐거운 날을 살면 그것이 해탈이다. 삶도 제대로 모르거늘 장차 죽은 후의 일을 어찌 걱정한단 말인가!

배고플 때 밥 먹는 순간의 달콤한 행복.

그것은 우리의 존재 밑바탕 심연의 잔잔한 파도이고 환한 아침 햇살 같은 깨침의 열림일 수도 있다.

선은 '지금 여기' 이외에는 어떠한 때도, 어떠한 곳도 없는 특수한 삶의 방식이다. 그래서 선은 당하(當下: 당장 지금)의 깨달음을 요구한다. 우리는 언제나 어떤 한 순간 속에 살고 있다. 때문에 개개의 매 순간이 이미 우리가 얻고자 열망하는 그 목표일 수밖에 없다. 그래서 우리는 배고프면 밥을 먹는다.

노장으로 읽는
선어록 (상)

5. 잠이 보약이다

언덕 가득 구름 안개 다만 적막하여도(一塢雲霞只寂然)

10년 탁발로 세상 멀리했지.(十年甁鉢遠人煙)

회화나무 구멍 많은 봉록을 멀리서도 알아채(遥知槐穴千鍾祿)

소나무 들창 반나절 낮잠과 바꾸지 않는다네.(不博松牕半日眠)

조선조 후기 선승 아암혜장 선사(1772~1811)의 선시 〈산거잡흥(山居雜興: 산에 살며 느끼는 흥겨움)〉 20수 중 제19수다. 아암은 『주역』에 밝았고 강진에 유배 온 정약용과 깊은 교우의 정을 나누면서 두륜산에 주석했던 선객이다.

이 게송의 시안(詩眼)은 '반나절 낮잠(半日眠)'이다. 아암은 이 낮잠을 많은 녹봉(고관대작 자리와 월급)과도 절대 바꾸지 않는다고 했다. 전구(轉句)와 결구(제3·4구)의 대(對)를 이루고 있는 '종록'과 '일면'의

유숙 화, 〈오수삼매〉, 간송미술관 소장
—
고단한 행각 중 잠시 길가에서 낮잠을 자고 있는 스님.

수식어인 '천(千)'과 '반(半)'은 숫자적으로 환산하면 1000대 0.5다. 엄청난 차이다. 세상의 부귀영화를 이렇게 수치화해서 비교한 시작(詩作) 솜씨도 놀랍다. 얼핏 보면 흔한 인간 부귀영화의 허망을 읊조린 시 같다. 그렇긴 하지만 한적한 낮잠을 황금보다도 귀히 여긴 선취(禪趣)가 물씬 풍기는 선시다.

선에서 '낮잠'은 할 일을 다 해 마친 한가로운 도인의 상징이다. '할 일을 다 해 마쳤음'은 깨달아 세속을 초탈한 부처의 경지에 도달해 '성불(成佛)'했음을 뜻한다. 선객들의 낮잠은 한정(閑情)·무욕·여유·행복을 뜻하는 종교적이고도 시적인 상징이기도 하다. 아암이 보여준 평상무사(平常無事)한 선 살림은 '한 소식' 한 도인의 풍모를 보여준다.

아암의 게송은 산 속의 승려 생활이 고관대작의 호화로움을 부러워하지 않고 정신적으로는 비교가 안 될 만큼 몇 천 배 높은 가치를 가지고 있다는 것이다. 대단한 자부심이다. 그는 반나절 낮잠을 결코 왕관과도 바꾸지 않겠다고 한다.

참고로 게송에 나오는 '괴혈(槐穴)'과 '종록(鍾祿)'의 주석을 붙인다.

'괴혈'은 일명 '한단침(邯鄲枕: 한단의 베개)'이라고도 하는 중국 고사다. 한단의 여관집 심부름을 하는 소년이 도사 여몽의 베개를 빌려 베고 회화나무 그늘에서 낮잠을 자다가 인생의 부귀영화를 다 누리는 꿈을 꾸었다. 깨어나서 보니 꿈속의 왕국이 바로 자신이 누워 있던 회화나무 밑둥 구멍의 개미 왕국이었다는 고사다. 인간 부귀영화의 허망을 말한 것이다. 고단한 삶도, 부귀영화도 다 꿈인 것을 깨달았다는 뜻이다. 당나라 때 소설 『남가기』에 나오는 '남가일몽(南

柯一夢)'과 같은 의미를 가진 고사다.

잠은 눈으로 먹는 음식이다. 우리는 먹지 않으면 죽는다. 잠을 자지(쉬지) 않아도 죽는다. '잠이 보약이다'라는 말이 있다. 우리네 육신에 잠보다 더 좋은 보약은 없다. 그래서 나는 내 묘지명(墓誌銘)을 쓰라면 '잠이나 실컷 자겠다'라고 쓸까 한다.

아암 선사는 사람들 위에 군림하면서 목에 힘주고 살기보다는 거친 옷, 투박한 음식으로 산 속 암자에서 마음을 비우고 살면서 졸리면 들창 열고 바람 맞으며 자는 낮잠이 더 달고 고맙다고 한다. 새벽 도량석 하고 거친 풀밭 매었으니 오후가 되면 좀 쉬어야 하지 않겠나. 때로는 맛있는 음식보다 더 맛있는 잠이 간절하다. 이 또한 자연의 섭리다. 고요한 잠 속의 무아지경은 생사의 일대사를 해결한 선경(禪境)일 수도 있다. 때로 무엇보다도 잠이 더 간절한 것은 하늘로부터 품수한 본성이며 귀중한 자성(自性)이다.

가고, 머물고, 앉고, 눕고, 말하고, 침묵하고, 움직이고 조용히 있는 것 모두가 수행이고 깨달음으로 가는 여정이라는 후기 선종의 '전체작용설'은 행주좌와 어묵동정(行住坐臥 語黙動靜) 모두가 천부의 본성에 바탕한 '본체'의 작용이라는 데 근거를 두고 있다. 여기서 잠시 20세기를 대표하는 세계의 석학 버트런드 러셀의 말을 들어볼 필요가 있다.

"인간 만사에서 오랫동안 당연시 해 왔던 문제들에도 때때로 물음표를 달아볼 필요가 있다."

대통령이든 대기업 회장이든 전과 수십 범의 잡범이든 잠에 빠지면 무엇도 손과 마음에 쥐지 않고 있다. 오직 쥐고 있는 게 있다면 잠 속에선 또렷하고 깨어나면 허망한 '꿈자리'뿐이다. 그래서 잠자는 순간은 누구나 무소유의 선심(禪心)이다. 꿈이 삶한테 깨치라고 다그치는 지도 모른다.

선객들의 낮잠은 스스로의 마음에 올리는 예불이며 몸에 바치는 공양이다. 고단한 몸과 번잡한 마음을 추스를 수 있는 하나의 수행 방편일 수도 있다. 물 따라 구름 따라 이 골짜기 저 골짜기로 선지식(善知識)을 찾아 운수 행각하는 고단함은 잠시 바위에 기대고 자는 낮잠을 통해 수행의 원력을 더 북돋을 수 있다. 부처도 잠을 잘 잘 수 있는 비법을 설했다.

> 감각적 욕망이 오염되지 않고 청량하고 집착이 없고 적멸을 성취한 거룩한 자는 언제나 잠을 잘 자네. 모든 집착을 떨치고 마음의 고뇌를 극복하고 마음의 적멸을 성취한 자는 잠을 잘 자네.
>
> – 『중아함경』

깨달음은 거대한 담론이 아니다. 한낮의 고단한 낮잠에도 깨침이 갈마들고 있다. 잠은 몸이 고요한 휴식[禪定]에 드는 '살아 있는 열반'이기도 하다. 잠과 몸이 하나 된 사람은 해탈한 자다. 〈승하좌수도(乘蝦坐睡圖)〉를 그리기도 했던 단원 김홍도는 자신의 당호를 '오수당(午睡堂)', 낮잠 자는 집이라고 했다.

최순우 전 국립중앙박물관장은 단원의 당호 현판을 복제, 서각해서 자신의 당호로 삼기도 했다. 필자도 단원의 오수당 당호를 복사, 서각해서 시골 고향 집에 달아 놓고 있다.

단원의 〈새우를 타고 잠을 자며 바다를 건너는 그림〉은 예부터 전해오는 선화(禪畫) 〈달마절로도강도(達磨折蘆渡江圖)〉를 모티브로 한 그림인데 현실에서는 전혀 불가능한 일을 그린 게 이해하기 어렵긴 하다. 그러나 선적인 발상에서는 가능하다. 시는 설명할 수 없는 것을 설명하고 선은 설명해서는 안 되는 것을 설명한다. 그러나 과학과 상식은 설명할 수 있는 것을 설명할 뿐이다. 이 점에서는 선과 시가 과학보다 한 수 위다.

상식과 과학으로는 그림이 안 되는 것을 그리는 게 선이고 선화다. 선은 세속적인 분별 망상을 일거에 깨부수기 위해 비상식적인 격외(格外)의 '파격'을 서슴지 않는다. 선화는 여름 식물인 파초를 겨울의 '눈' 속에다 그린다. 왕유의 〈원안와설도〉에 나오는 설중파초(雪中芭草)는 계절(시간)의 초월을 뜻하는 선적 발상이다. 여름 식물인 파초를 엄동설한의 눈 속에다 그려 시간을 초월한 불생불멸의 염원을 형상화할 수도 있는 것이 선이다.

꿈이라는 무의식의 현현은 오직 잠 속에서만 가능하다. 꿈은 흔히 긍정적으로는 이상이나 바라는 바 소망을 상징하고 불가·도가에서는 탐욕을 멀리하기 위한 허망함의 비유로 사용된다. 많은 문학 작품과 경전 등에 등장하는 꿈은 긍정과 부정의 두 측면에서 그 나름의 존재 의미를 갖고 있다. 비록 허무할지라도 꿈속에서나마 소원을 성취하는 쾌감은 기분이 좋다.

그래서 꿈은 노장이 거듭 역설하는 '쓸모없음의 쓸모(無用之用)'의 귀중한 보배일 수도 있다. 선과 노장은 '무용지용'을 통한 새로운 가치창조(value orientation)를 이끈다. 불교의 해탈, 노장의 초월은 실용적 측면에서는 별 쓸모가 없는 것 같지만 그 쓸모없음의 큰 쓸모가 정신적 양식이 된다.

『장자』「소요유」편은 끝 구절에서 '큰 조롱박'과 '큰 가죽나무'의 쓸모없음의 쓸모를 일깨워준다. 큰 조롱박은 강물에 띄우고 뱃놀이를 하면 물이나 떠먹는 작은 조롱박보다 더 큰 쓸모가 있을 수 있고, 큰 가죽나무는 그늘로 사람들을 시원하게 해 줄 수 있다. 아무것도 없는 들판에 서 있는 그 나무 밑을 어슬렁거리며 노니는 소요유를 한다면 목재나 땔감나무 이상의 쓸모가 있을 수 있지 않은가! 또 그 가죽나무는 사람들이 아무데도 쓸모가 없다고 버려두기 때문에 자신의 수명을 온전히 다할 수 있다. 천수를 누리는 복보다 더한 복이 있는가. 쓸모 있다는 나무들은 베어다가 목재나 땔감으로 사용하기 때문에 타고난 수명을 다하지 못하는 비극을 겪는다.

잠을 자야 꿈을 꾼다.

『장자』의 핵심으로 만물 평등을 설한 「제물론」은 저 유명한 '호접몽(胡蝶夢: 호랑나비 꿈)'으로 결론을 맺는다. 장자가 꿈속에서 나비가 되어 훨훨 나는 '물화(物化)'를 보여주는 호접몽은 사람과 나비가 근원적으로는 하나라는 만물제동(萬物齊同)의 평등을 일깨우려는 간절한 호소다. 변화와 상대가 없는 하나 된 경지, 즉 차별이 없는 세계를 뜻하는 호랑나비 꿈속의 물화는 장자의 이상이며 우리 모두의 물아일체(物我一體) 본래면목을 일깨우는 우화이기도 하다. 선과 노장은 이와 같은 물아일체의 해탈 삼매경을 수행의 목표로 한다.

굼벵이가 허물을 벗고 매미가 된다. 이때 매미가 굼벵이인가, 굼벵이가 매미인가? 이를 둘로 보지 않고 하나로 본다면 만물은 평등하고 천지는 껍질을 벗는 변화로 운행되고 있을 뿐이다.

잠을 자야 꿈을 꾼다. 꿈속에서라도 나와 세계가 하나 되는 '우주정신'을 체험한다는 것은 여간 기분 좋은 일이 아닐 수 없다. 그래서 꿈을 가져다주는 잠을 잘 자는 것이 수행이 된다.

〈승하좌수도〉

잠시 단원의 그림 〈승하좌수도〉를 감상해 보자. 선객(禪客)은 새우등 위에 앉아 두 손을 모으고 한 발을 기댄 듯한 자세로 잠든 채 삼킬 듯한 파도를 묵묵히 헤쳐 나간다. 잠을 게으름과 나태의 비유가 아니라 선가의 깨침을 보여주는 한 방편으로 자연스럽게 불러들인 선화(禪畵) 속의 잠이다. 이 그림은 선수행의 위력을 과시한 상징적 화의(畵意)를 담고 있다.

아무리 좋은 침대라도 잠의 주인은 결국 사람의 마음이다. 위험천만의 상황인데도 눈썹 하나 까딱 않고 잠자는 은산철벽(銀山鐵壁) 같은 수행의 마음자리가 바로 해탈이다. 철학적인 잠은 없다. 잠은 신체 리듬의 한 과정일 뿐이다. 졸음을 조용한 즐거움의 간식쯤으로 여긴다면 몸과 마음은 그것에 기꺼이 응해야 한다. 낮잠이든 밤잠이든 잠은 우리 심령의 영묘한 침잠이다. 그러니 졸리면 잠을 자야 한다.

김홍도 화, 〈승하좌수도〉, 선문대 박물관 소장
—
새우등을 타고 삼킬 듯한 파도 위에서 웅크리고 앉아 참선과 잠을 갈마드는 선승.

졸음이 내려누르는 눈꺼풀이 세상에서 제일 무겁다. 하늘을 끌어내리고 땅을 뽑아 올리는 역사(力士)라도 내려누르는 졸음의 눈꺼풀은 들어 올리지 못한다. 잠을 자야 할 수밖에 없기 때문이다.

한낮의 낮잠이 또 다른 세상을 엿듣기 위해 스스로를 잊는 삼매(三昧)라면 지나친 과장일까. 잠은 모든 것을 뒤로 미룬다. 돈이 아무리 좋아도 깊은 잠 앞에서는 뒤로 밀린다. 잠자는 동안에는 돈을 쓸 수가 없기 때문이다.

잠은 심신의 상비약이다.

잠을 잘 자고 나면 머리가 가볍고 마음이 상쾌하다. 현대인은 수면제로 잠을 청하는 불면증에 시달리는 경우가 적지 않다. 수면제 남용은 심신을 약화시키고 때로는 죽음에 이르는 극단의 사례다. 낮잠·밤잠에서 번다한 욕망을 쉬고 얽히고설킨 마음 속 난마를 끊어버릴 수 있다면 잠은 분명 치유의 효과가 있는 보약이다.

푹 자는 잠은 몸에 청정한 기운을 들이고 마음에는 인간 본래면목이 자리하는 '고요[寂靜]'를 제공하는 보약 역할을 한다. 심신의 안녕은 잠이라는 휴식을 떠나서 생각할 수 없다. 선사들은 모든 것을 내려놓고 쉬라는 '휴헐(休歇)' 법문을 수 없이 반복한다.

낮잠은 부유한 자의 나태가 아니라 가난한 자의 안빈낙도(安貧樂道)일 수도 있다. 어지러운 잡념을 쉬는 잠깐의 낮잠이 무엇보다도 도에 더 가까울 수 있다. 도나 깨달음을 굳이 거창한 담론과 형이상학적 화장품으로 단장하지 않는다면 낮잠도 깨달음을 향한 선정(禪定)에 무색하지 않다.

잠 속의 꿈은 생시(生時)를 일깨운다. 부귀영화의 허망함을 깨닫게 한다. 잠은 고요한 마음의 바탕을 체험하는 학습장이기도 하다. 잠은 결코 무력한 나태나 부귀한 자의 여유만이 아니다. 좀 허풍을 보태면 잠을 통해서도 불법 진리와 도의 바짓가랑이를 붙잡을 수 있다.

도도하면 계율을 안 지키는 것이고(滔滔不持戒)
오뚝이 앉아 있어도 좌선이 아니다.(兀兀不坐禪)

차 두세 잔 마시고(釅茶三兩椀)
마음은 호미 끝에 있노라.(意在钁頭邊)

　　돈오 남종선의 5가 7종 중 맏형인 위앙종을 스승 위산영우 선사
와 함께 개산한 당나라 앙산혜적 선사(803~887)의 게송이다. 이 게
송은 앙산이 자신을 참문한 육희성 상공을 일깨우기 위해 읊조린
선시다. 상공(相公)은 재상(영의정·국무총리) 벼슬을 높여 부르는 말이
다. 육상공이 어느 날 앙산을 찾아가 물었다.

　　문: 화상께서는 계율을 지키십니까?
　　답: 계율을 지키지 않는다.
　　문: 그럼 좌선은 하십니까?
　　답: 좌선도 하지 않는다.

　　상공이 의아해 말문을 닫고 있자 앙산은 잠시 침묵한 후 "알겠느
냐?"고 물었다. 상공이 "모르겠다"고 대답하자 앙산이 노승의 게송
을 들어보라며 읊은 선시다.
　　게송의 '도도'는 평상심을 떠난 것을 뜻한다. 앙산의 대답은 모두
반어법(反語法)이다. 선문답은 흔히 이 같은 역설(逆說)을 통해 상대
적 분별을 소멸시키고 '대긍정'을 이끌어낸다. 이때의 'No'는 사실은
'Yes'다.
　　이 게송의 시안(詩眼)은 제3·4구의 차 마시고 호미로 밭 매는 것
이다. 선사의 잠시 침묵은 '양구(良久)'라는 것으로 상당 법문이나 법

거량에서 관습적으로 사용하는 동작언어인데 자신의 수행이나 법문의 핵심을 보여주는 무언의 법문이고 노자가 말하는 '불언지교(不言之敎: 말 없는 가르침)'와도 같은 것이다.

제3구는 배고프면 밥 먹는 것과 같이 목마르면 차를 마시는 평상심의 도를 여법하게 실천하고 있음을 드러내 보인 것이다. 제4구는 일상생활에서 본분사(本分事)에 충실한 것이 진정한 지계이고 참선 수행이라는 법문이다. 호미는 농부가 사용하는 농기구로 마땅히 수호해야 할 '본분사'·'자성'을 상징한다.

본래면목, 즉 본분을 지키는 일이 참된 지계(持戒)이고 수승한 수행임을 일깨운 법문이다. 6조 혜능 대사는 『육조단경』에서 "밖으로 어떤 선악의 경계를 만나도 마음이 동요하거나 생각이 일어나지 않는 것이 좌(坐)이고, 안으로는 자성(自性)이 원래 움직임이 없는 것을 보는 것이 선(禪)이다"라고 했다.

말로 계율을 논하고 좌선한다고 앉아만 있는 것은 실제도 아니고 실천도 아닌 언구일 뿐이고 '흉내'일 뿐이다. 앙산은 차를 마시고 밭을 매는 일상의 삶이 바로 지계이고 좌선임을 반어법으로 강조했다. 앙산은 반어법 법문으로 육상공의 정신을 정화시켜 본성으로 돌아가는 본분사의 길을 안내해 주었다.

선에서 밥 먹고 잠 자는 일상의 삶이 가지는 의미는 10년 장좌불와나 해골을 끌어안고 잠자는 두타행(頭陀行) 이상이다. 조주 선사는 "어떤 것이 불법대의냐?"는 학인의 참문에 "차나 마시라"고 힐난했다. 불법 진리는 차 마시는 데도 있으니 공연히 관념적인 뜬구름 잡는 장난[遊戲]을 멈추라는 얘기다.

6. 음식을 잘못 먹으면 육체를 해치고 지식이 바르지 못하면 인격을 손상한다

『주역』의 64개 괘(卦) 중 입을 벌려 밥을 먹고 있는 모양의 괘가 있다. 27번째 괘인 '이괘(頤卦)'다. 일명 산뢰이(山雷頤)라고도 한다. 위에는 산(☶: 艮)이 있고 아래로는 뇌(☳: 雷)가 있어 그 모습이 산 아래 초목을 기르고, 인체에 비유하면 위턱과 아래턱을 움직여 음식을 먹고 말을 하는 상(象)이다.

〈이괘도(頤卦圖)〉

배고파 밥을 먹는 데는 입과 배가 움직이게 된다. 육체적 생명을 지탱하는 밥 먹기와 일체의 언사는 입으로부터 시작된다. 그래서 입조심이 중요하다. 불교의 3대 업장 중 하나인 구업(口業) 또한 입

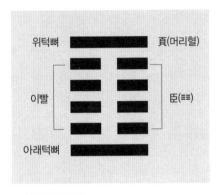

　'이(頤)'는 양육을 뜻한다. 파자(破字)하면 '신(臣)'은 신하를, '혈(頁)'은 머리를 뜻하는 글자다. 가운데 4개의 음효(--)는 신하로 인체에 비유하면 이빨에 해당한다. '혈'은 머리를 뜻하는데 위턱뼈와 아래턱뼈를 가리키는 양효(一)로 상구(上九: 위턱뼈) 양은

〈이괘도(頤卦圖)〉
—
입모양의 이괘는 상구 양(陽)이 위에서
아래의 음(陰)들을 기른다.

아래의 신하들을 기르는 우두머리 신하다. 초구(初九: 아래턱뼈) 양(陽)은 이 괘에서 씹는 주체로서의 능력이 있지만 입을 잘못 놀리면 화를 자초하는 흉한 효다.

　괘상(卦象)을 보면 위 괘(☶)는 위턱으로 그쳐 있고 아래 괘(☳)는 아래턱을 움직여 음식과 물건을 씹는 상이다. 효로써 이괘를 관찰해 보면 상구 양효는 위턱, 초구 양효는 아래 턱, 중간의 음효들은 이빨이 된다. 따라서 이괘는 음식을 씹어서 몸을 기를 뿐만 아니라 정신적 수양을 쌓아 자신을 기르고 남을 기르는 '수기치인(修己治人)'의 의미를 함축하고 있음을 알 수 있다.

　그런데 이괘의 6효 가운데 세 번째 효는 『주역』 64괘 중 보기 드문 흉한 효다. 입 모양의 '이괘'는 우리의 생명을 지탱해 주는 모든 자양분이 입으로부터 들어가기 때문에 '기른다'는 뜻을 갖는다. 그러나 '이(頤)'는 바르게 하면 길하지만 바르지 못하면 흉한 업(業)을

짓게 되기 때문에 조심해야 한다. 밥을 먹는데도 도를 닦는 마음으로 먹어야지 허튼 정력 보강이나 불로장생 같은 과도한 욕심을 가져서는 안 된다는 것이다.

『주역』「계사전」은 "이(頤)는 바르게 하면 길하고, 길러지는 것을 보며 자신을 기르는 도를 구한다(頤貞吉 觀頤 自求口實)"고 했다. 좀 쉽게 풀이하면 '우리는 음식으로 육체를 기르고 수양으로 정신을 기른다. 음식은 입으로부터 들어가는데 입 조심을 해야 한다. 음식을 잘못 먹으면 육체를 해치고, 입을 잘못 놀리면 화를 부르고, 지식이 바르지 못하면 인격에 손상을 입는다'는 얘기가 될 것 같다.

사람이 살아가기 위해서는 밥이 필요하다. 음식은 적은데 먹고자 하는 사람은 많은 경우가 있다. 오늘날에도 아프리카의 빈곤 같은 문제가 있지 않은가. 음식이 부족한데 원하는 만큼 먹고 싶다면 경쟁이 벌어지고 갈등을 빚게 된다. 설사 아귀다툼에 성공했다 하더라도 그것이 계속 유지될 수 있다는 보장은 없다.

이괘의 「대상전(大象傳)」은 그래서 이렇게 말하고 있다.

군자는 언어를 조심하고 음식을 절제해야 하느니라.

(君子 以愼言語 節飮食)

우리는 언어를 조심하고 음식을 절제할 줄 알아야 이해관계가 충돌하는 현장에서 자신을 보존할 수 있다. 오늘의 문명사회에서도 '막말 파동'으로 치명상을 입고 정치 생명을 망치는 정치인과 유력 인사들이 적지 않다.

항다반사(恒茶飯事)라고 쉽게 여겨 버리는 밥 먹고 잠 자는 일이 거듭 신중한 겸양의 미덕을 요구한다. 선불교 5가(家) 7종(宗) 중 조동종을 개산한 동산양개 선사(807~869)는 밥을 둘러싼 아귀다툼을 해결하는 지혜를 한마디로 명쾌하게 설파했다. 답은 '양보'다.

그는 "두 사람이 먹어도 모자라는 밥을 세 사람이 먹어도 남을 수 있다"고 자신 있게 말했다. 단 두 글자로 이루어진 한 단어 '양보'였다. 세 사람이 서로 양보하면서 나누면 두 사람 분량의 밥을 세 사람이 나누어 먹고 남을 수도 있다는 것이다. 「대상전」에서 말하는 절제와 동산이 말하는 양보는 같은 맥락이다.

그게 무슨 큰 지혜냐고 할지 모르겠다. 다 뻔히 알 수 있는 얘긴데 라고 하면서 말이다. 그러나 세 살 먹은 아이도 알기는 쉽지만 80 먹은 노인도 몸과 마음으로 실천하기는 어려운 게 '진리'다. 난센스 퀴즈 같은 얘기를 대선사의 법문이라고 인용하는 필자를 콩과 보리도 구분하지 못하는 '숙맥(菽麥)'이라고 비웃어도 할 수 없다.

『장자』「양생주」에 나오는 포정(包丁)은 소 잡는 일을 통해 도를 깨쳤고 그 깨달음으로 매 순간 생명의 편안함을 느꼈다. 하찮은 백정이 군자 반열의 양혜군을 압도하는 도인으로 등장하는 이 우화는 '마른 똥 막대기' 같은 비천한 존재도 깨달으면 부처가 되는 선지(禪旨)를 되새겨 보게 한다.

분별심을 버리고 전체의 관점에서 모두를 평등하게 포용하는 것이 바로 깨친 자의 지혜이고 불교 선종의 핵심 종지다. 이리 붙고 저리 붙으며 줏대 없이 부화뇌동하라는 얘기가 아니다.

『장자』「제물론」에 나오는 유명한 우화 '조삼모사(朝三暮四)'가 일깨운 천균(天鈞)과 양행(兩行)·인시(因是)의 길을 보자. 성인은 옳고(是) 그름(非)의 판단을 조화시켜 천연스러운 균형[天鈞]에 쉬면서 모든 것을 하나로 통합해 동시에 두 길을 가는 '양행'으로 살아간다.

중동 레바논의 시인 갈릴 지브란(1883~1131)의 이야기다.

> "어떤 사람이 석류나무를 심어 가을에 한 바구니를 따서 집 밖에 놓고 '공짜입니다. 아무나 가져가도 됩니다.'라는 푯말을 세워 놓았다. 아무도 가져가지 않았다. 다음 해에는 푯말을 바꾸어 '최고급 석류입니다. 비싼 값에 팝니다'고 했더니 사람들이 앞다투어 사갔다."

사람들의 보편 심리를 따라 상황을 바꾼 것이다. 석류를 소비시키려는 주인의 마음에는 변함이 없다. 『장자』에 나오는 원숭이 기르는 사람이 원숭이들에게 아침에 3개, 저녁에 4개 주던 도토리를 원숭이들이 원하는 대로 아침 4개, 저녁 3개로 바꾸어 원숭이들을 한껏 기쁘게 해 준 것과 같은 이치의 이야기다.

장자는 이처럼 인연 따라 대처해도 총합의 도토리는 7개라는 근본에는 전혀 변함이 없음을 '인시(因是: 절대긍정)'라 했다. 시와 비, 한편만을 선택하지 않고 시·비를 하나로 묶어 둘 다를 포용하는 선가의 중도(中道)나 공자의 '화이부동(和而不同: 어울리되 근본을 지키는 입장)'도 같은 의미다. 선림은 그래서 "중도가 곧 부처"라고 설한다.

달마 대사보다 시대가 앞서는 '제1의 달마'라는 평을 듣기도 하는 동진 시인 도연명(365~427)의 시 「음주」 제 5수에 다음과 같은 구절이 있다.

> 산기운 저녁노을에 아름답고(山氣日夕佳)
> 날던 새들도 무리 지어 돌아온다.(飛鳥相與還)
> 이 가운데 참 뜻이 있나니(此中有眞意)
> 말해보고자 하나 이미 말을 잊는다.(欲辯已忘言)

당나라 승려시인 가도(779~813)의 시 중에도 다음과 같은 절창구가 있다.

> 새들은 연못가 나무에서 자고 있고(鳥宿池邊樹)
> 스님은 달빛 아래서 절문을 열고 들어간다.(僧敲月下門)

새들이 연못가 나뭇가지 위에서 잠을 자고 있다. 모든 생명체는 밤이든 낮이든 언젠가는 잠을 자고 쉬어야 한다. 잠자는 휴식이 없으면 생물체는 죽는다. 식물도 가로등 아래서 밤새 등불 때문에 잠을 못 자면 성장만 하고 결실을 제대로 맺지 못한다. 그래서 농부들은 논밭 가의 가로등을 아주 싫어한다. "새들이 나무에서 잔다"는 표현은 초등학생도 할 수 있는데 무슨 대단한 명구가 될까 의문스러울 것이다.

가도의 시 두 구는 우선 직각적이고 생각해서 꾸며낸 표현이 아니다. 선불교와 노장적 사유 방식이다. 다음은 그 의미가 무궁무진하기 때문이다. 가도의 시구는 시학적으로는 승려가 절문을 미는 뒤 구의 동(動)과 새가 잠자는 앞 구의 정(靜)이 대(對)를 이루면서 정중동·동중정의 철리를 설파하고 있다. 스님도 절문을 열고 들어가서는 잠을 잘 것이다. 밤이라는 정적 속에서 이루어지는 잠은 더없이 소중한 생명의 양식이다. 『노자』 16장은 "근본(뿌리)으로 돌아가는 것을 고요함이라 하고 이를 본성으로 돌아간다고 한다. 본성으로 돌아가는 것을 늘 변함없는 이치라 한다(歸根曰靜 是謂復命 復命曰常)"고 했다.

잠은 고요함의 대표적 사례다. 그런데 그 고요함은 인간 존재의 근원이다. 결국 고요함은 도의 본질이기도 하다는 얘기가 된다. 도연명의 시구 "비조상여환(飛鳥相與還)"도 잠을 뜻한다. 새들도 저녁이 되면 날기를 멈추고 돌아와 잠을 잔다. 그래서 그는 새들이 잠을 자러 들어오는 그 가운데에 우주 진리의 참 뜻이 있다고 했다. 그러나 그 참뜻은 인간의 언어와 문자로는 충분히 표현해 낼 수가 없다. 아무리 애써 말해보고자 하나 끝내는 말을 잊고 마는 '절대 진리'에 대한 엄숙한 한계를 느꼈던 게 도연명의 깨달음이다. 선은 이를 일러 '불립문자(不立文字)'라 하고 장자는 "뜻을 얻은 후에는 말을 잊는다(得意而忘言)"고 했다.

새들이 돌아와 잠자는 깊은 생명의 신비는 인간의 지식으로는 알 수 없는 심오하고 신비한 세계다. 그래서 노자는 "모를 수밖에 없는 그 한계를 아는 것이 최상의 앎(知不知上)"이라 했고, 장자는 "그 깊은 뜻을 알 수 없음이 참으로 아는 것(無知而知)"이라고 했다. 노자와 장자의 표현은 다르지만 뜻은 전적으로 같다. 엉뚱한 이야기가 아니다. 밥 먹고 잠 자는 이치를 통달하면 불교, 노장뿐만 아니라 우주 철리(哲理)를 다 깨친 대장부다.

사족(蛇足)으로 앞에 인용한 도연명과 가도의 시에 얽힌 에피소드를 덧붙여 둔다.

가도의 시구 "승고월하문(僧敲月下門)"에는 유명한 '퇴고(推敲)' 고사가 있다. 가도가 문을 여는 것을 '밀다(推)'로 할까, '두드린다(敲)'로 할까를 골똘히 생각하며 길을 가다가 당대의 대문호이며 고관대작인 한유의 마차와 부딪치는 실수를 범했다. 당·송 8대가의 한 사람이기도 한 한유가 그런 무례를 저지른 연유를 묻자 가도는 '퇴'와 '고'자를 고민하다가 부딪쳤다고 대답했다. 한유는 즉각 '고'자가 좋겠다고 조언해 주었다. 그 말을 듣고 가도가 '고'자로 시를 지었다. 이것이 이른바 '퇴고 고사'다. 문학적으로도 '퇴'보다 '고'가 간접적인 여운을 주는 훨씬 멋스러운 표현이다. 이처럼 시구의 한 글자를 고쳐주는 조언자나 스승을 '일자사(一字師)'라 한다. 가릴 추(推)는 '밀다'라는 뜻일 때는 '퇴'로 발음한다.

앞에 인용한 도연명의 시 바로 위의 제5·6구는 만고의 절창으로 선가의 '무심'을 더 없이 멋지게 표현한 시구로도 평가되는 "채국동리하 유연견남산(採菊東籬下 悠然見南山: 동쪽 울타리 아래서 국화를 따는데 한가로운 무심 가운데 남산이 눈에 들어오네)"이다. 시구의 '유연'은 한가로움·무심·느긋함·여유로움·문득·우두커니 등 여러 가지로 해석되는 풍부한 다의성을 가지고 있다.

도연명을 제1의 달마라 칭하는 근거로는 그의 〈자제문(自祭文)〉·〈의만가사(擬挽歌辭)〉·〈음주〉·〈형영신(形影神)〉 등 여러 시와 문의 선적(禪的)인 구절들이 인용, 제시된다. 그는 유가였지만 불가·도가와 폭넓은 교유를 가졌고 여산 동림사의 혜원 스님과는 교분이 두터웠으며, 그의 시와 문에는 깊은 선심이 곳곳에 많이 배어 있다. 게다가 달마보다 연대가 앞서고 있어 그를 문단 등에서 '제1의 달마'라 칭하기도 한 것이다.

『주역』으로 돌아가 이 장을 끝맺고자 한다.

입은 모든 복과 화의 출입문이다. 그래서 예로부터 입을 통해 들어오는 음식을 적절히 하여 몸을 양육하고 입을 통해 나가는 언어를 삼가하여 덕을 기르라고 했다. 즉 음식을 먹고, 언어를 말하되 삼가야 함(艮: 괘 이름)을 말한 것이다.

「대상전(大象傳)」은 "이괘(頤卦)의 육삼(세 번째 효)은 바르게 기르는 것을 거스른 것으로 흉해서 10년을 쓰지 못한다"고 풀이했다. '육삼'은 음이 양의 자리에 있어 바르지 못하고 중(中)도 얻지 못한 아주 흉한 효다. 공연히 탐내서는 안 될 것을 탐내다가 10년 감옥살이하고 마음을 바르게 갖지 못해 패가망신하는 점괘다.

배고프면 밥 먹는 일은 참으로 중요하다. 밥을 올바르게 먹는 것이 평상심을 지키는 수행일 수 있고 생명을 지키는 최우선의 긴요한 일이기도 하다. 배고프면 밥을 먹는 평상심이 바로 도이고 불법 진리라는 선사들의 법문에 새삼 숙연해진다.

제2장

평상심이 곧 도다
(平常心是道)

돈오 남종선의 홍주종(洪州宗) 개산조인 마조 대사는 종래의 수행 방식인 명심견성(明心見性)에 일대의 혁명적 전변(轉變)을 일으켰다. 홍주종의 새로운 핵심 선사상인 '평상심시도(平常心是道)'는 현실 생활 속의 평상심이 곧 본래의 청정심이며 중생심의 모든 표현이 다 청정한 본성의 체현이라고 주장한다. 수행을 통해 망심(妄心)을 청정심으로 바꿈으로써 견성성불(見性成佛)하는 종래의 견성 과정을 보통 사람의 평상시 마음 하나로 통일시켰다. 즉 망심과 청정심을 구분하는 분별심을 타파함으로써 전통적 심성설(心性說)을 진일보시켰다.

　이것이 홍주선(일명 강서선·마조선)이 새롭게 제시한 선사상인 '평상심시도'의 핵심 내용이다. 홍주선의 '홍주'는 현 강서성 성도 남창의 옛 지명이고 마조의 행화 도량 개원사(현 우민사)가 있다. 홍주선은 오늘날 흔히 말하는 분등선(分燈禪) 이전 조사선의 꽃이라고 할 수 있다. 평상심시도에서는 현실적 자아가 바로 그대로 진실이며 보통 사람들의 성품이 곧 불성이고 인생을 살아가는 것 자체가 선이 된다. 이는 달마 이래의 자성 청정사상이 극단적으로 발전한 결과의 산물이다.

　6조 혜능의 반(反) 권위, 반 전통은 이 같은 마조의 '작용즉성(作用卽性)'이라는 선사상에서 완성되고 사회적으로 유교적 권위주의와 계급 타파에 하나의 커다란 동맥 역할을 했다. 홍주선의 평상심시도는 ▲개인 심성의 가치 ▲개성의 독립(인간 평등)을 지향함으로써 당나라 전기 측천무후의 과거제도 확대로 등장한 한문(寒門) 출신 신진 사대부와 신흥 관료 집단의 사회적 지위 획득이라는 시대적 변화에 크게 이바지했다. 이처럼 홍주선의 평상심시도 선사상은 사회 사상사적으로도 큰 의미를 가졌었다.

중·만당 이후 선종의 기본 사상은 홍주선사상이 절대적 지위를 차지하고 인간의 자아 주체의식을 고도로 확장해 나갔다. 여기서 일체의 외재적 권위와 억압은 단호히 부정되면서 부처를 조롱하고 조사를 매도하는 가불매조(呵佛罵祖)와 목불상을 불태우는 격렬한 반역정신이 선림을 풍미했다. 이는 사회적으론 중국 고대사상 중 가장 첨예하고 격렬한 통치체제에 대한 저항이었고 반체제 운동이었다.

홍주선은 '영정혁신'이라는 정치혁명과도 깊은 사상적 관련이 있다. '영정(永貞)'은 당 순종 1년(805년) 한 해 동안만 사용된 연호로 영정혁신은 사상적으로 홍주선의 반권위주의·반우상·반미신과 같은 맥락이었다. 구체적으로는 왕숙문이 주도했던 이 정치혁명에 적극 가담했던 유종원(773~819)·유우석(772~842) 등이 모두 홍주선을 익힌 거사들이었고 두 사람 다 6조 혜능의 비문을 짓기도 한 문인이며 정치인이었다. 비록 영정혁신은 실패로 끝났지만 그 사상적 여파는 계속 이어져 나갔다.

당 무종의 회창법난 이후 2세기에 걸쳐 홍주선은 문인·사대부들과의 잦은 내왕을 통해 사회사상의 기초로 자리 잡음으로써 쉽게 법난의 상처를 회복시킬 수 있었다. 홍주선은 특히 배휴·육긍대부 등과 같은 고위 지방 관료들과 절도사들의 열렬한 지지를 받았다.

1. 일상생활 속에 불법 진리가 들어 있다

　제임스 매티스 전 미 국방장관은 현역 시절 이라크 전장(戰場)에서도 '평상심'을 유지하기 위해 로마 황제 마르쿠스 아우렐리우스의 『명상록』을 가지고 다니면서 틈을 내어 읽었다고 한다. 매티스가 누구인가?

　그는 미 해병대 사병으로 입대해 4성 장군과 국방장관에까지 오른 전설적인 인물이다. 『손자병법』을 달달 외웠고 집에 있는 장서 7천여 권을 모두 독파했다. 트럼프 행정부의 국방장관으로 북미 핵폐기 협상에서 한 축을 담당했던 인물이다. 생과 사가 사막의 모래알처럼 흩날리는 이라크전의 사령관이 포탄이 작렬하는 전쟁터에서 『명상록』을 읽었다는 것은 선뜻 이해하기 어려운 한가한 이야기처럼 들리기도 한다. 대체 '평상심'이란 게 무엇이기에 그처럼 중시되는가?

불교 선종의 경우 마조 대사(709~788) 이후의 선사들은 하나같이 '평상심시도(平常心是道)'라는 화두를 설파하는 데 일생을 보냈다 해도 지나친 말이 아니다. 마조의 평상심시도를 충실히 계승 발전시킨 대표적인 선장(禪匠)들로는 그의 법제자인 남전보원·대주혜해·염관제안과 법손인 조주종심·장사경잠·위산영우·임제의현 선사 등을 손꼽을 수 있다.

도는 닦아 익힐 필요가 없다. 오직 더러움에 물들지만 않으면 된다. … 나고 죽는 생각을 염두에 두고 일부러 별난 짓을 벌이는 것을 바로 더러움에 물든다 하는 것이다.

단번에 도를 이루고 싶은 생각이 있는가. 평소의 이 마음이 바로 도다. 평상심이란 어떤 마음인가?

일부러 꾸미지 않고, 이러니저러니 가치 판단을 하지 않으며 마음에 드는 것만을 좋아하지도 않고 단견상견(斷見常見)을 버리며 범(凡)과 성(聖)을 분별하는 것과 멀리 떨어져 있는 그런 마음을 가리킨다.

(道不用修 但莫汚染 … 但有生死心 造作趣向 皆是汚染 若欲直會其道 平常心

是道 何謂平常心 無造作 無是非 無取捨 無凡聖)

― 박용길 역, 『마조어록』, p.55

마조가 시중(示衆)한 평상심시도 법문이다. 설명을 덧붙일 필요가 없는 법문이다. 다만 이 법문으로부터 아주 진보적이면서도 후일 막행막식의 폐단까지 불러온 조사선의 '도불용수론(道不用修論)'이 도출

됐다는 점을 유의해 둘 필요가 있다. 도는 수행을 통해 닦을 필요가 없다는 조사선의 선사상은 당시로서는 충격적이고 혁명적인 것이었다. 불교 선종의 특징적인 종지를 흔히 '교외별전(教外別傳)·불립문자(不立文字)·직지인심(直指人心)·견성성불(見性成佛)'로 요약한다. 이를 쉽게 풀면 '경전을 떠나 전해오는 바, 언어문자에 의존하지 않고, 곧바로 사람의 마음을 가리켜 자성을 보고 깨쳐 부처가 된다'쯤 된다. 여기에 나오는 핵심 용어 중의 하나가 '견성(見性)'인데 이 용어는 돈오 남종선(조사선)이 처음 사용했다. 불교 경전에는 견성이라는 말이 없다. '(사람의) 본성을 깨닫는다'는 의미인 '견성'은 성불을 목표로 해 온 모든 종래의 수행과 경전 공부에 아주 새로운 것이었다.

화두 '평상심시도'를 대표하는 선어록 상의 기록은 남전 선사와 조주 선화(禪和: 師家가 제자인 학인을 부르는 호칭)의 선문답이다.

> 문: 무엇이 도입니까?
> 답: 평상심이 도다.(일상의 삶이 길이니라.)
> 문: 도에 이를 수는 있습니까?
> 답: 이르려고 생각하면 곧 어긋난다.(네가 도를 터득하려고 시도하면
> 그것은 너에게서 스스로 숨길 것이다.)
> 문: 생각하지 않는다면 어떻게 도인 줄을 알 수 있습니까?
> 답: 도는 알고 모르는 데 속하지 않는다. 안다는 것은 헛된 깨
> 달음이고 모른다는 것은 무기(無記: 어리석고 무식함)이다. 참
> 으로 의심 없는 도에 이르려면 허공처럼 툭 트여 막힘이 없
> 어야 한다. 허공에서야 구태여 시비를 가릴 필요가 있겠는

가.(도는 지성의 세계에 속하지 않는다. 그것은 또 비지성의 세계에 속하는 것도 아니다. 앎이란 일종의 착각이며 앎이 아닌 것은 속이 비어 의미가 없는 것이니라. 참된 길을 찾고자 한다면 스스로 하늘처럼 넓고 자유롭게 되도록 하라. 그것을 좋다고도 나쁘다고도 이름 하지 말아라.)

조주 스님은 여기서 크게 깨달았다.

– 『전등록』 권10

'평상심'이라는 말은 이제 세속 언론 매체와 담론에서도 일반 용어로 자주 쓰인다. 평상심이 뭐길래 부처도 뛰어넘는 기개를 펼친 조사선문의 선장(禪匠)들과 가불매조(呵佛罵祖)를 서슴지 않는 5가 7종의 월조분등선(越祖分燈禪) 선풍을 드날린 선사들이 하나같이 강조하는 선지(禪旨)의 핵심이었을까?

'평상심시도'를 가장 먼저 힘주어 강조한 선장은 홍주선 개산조 마조도일 대사다. 평상심시도는 조사선의 핵심 선사상이기도 하다.

평상심이란 무엇인가?

영어권에서는 평상심을 one's everyday mind(변함없는 일상생활을 이끄는 보통 사람의 마음)로 번역한다. 평상심의 자안(字眼: 시와 문장의 안목이 되는 가장 중요한 글자)은 '상(常)'자다. '상'자나 '진(眞)'자는 노장에서 절대 진리, 도의 본체를 수식하는 말로 사용한다. 상심(常心: 분별심을 일으키지 않는 마음. 생사를 초월한 마음), 상리(常理: 절대 진리), 진인(眞人: 도인·성인)이나 도의 본체 또는 우주 주재자를 가리키는 진재(眞宰)·진군(眞君)·진아(眞我) 등이 그 같은 예다.

'상'은 철학적으로는 불변, 언제나 한결 같음, 절대, 영원 등을 뜻하지만 선학에서는 철학적인 의미 외에 '일상생활'이라는 뜻에 방점을 둔다.

'상심'이란 다른 말로 바꾸면 자연스러운 마음, 분별심이 없는 마음(平等心), 자연[常道], 천심을 가리킨다. 불교의 '무심'도 상심과 같은 맥락이다. 반면 상심의 반대가 되는 망심(妄心), 단심(斷心)은 분별작용을 일으키는 속인의 마음이다. 개념화의 제약을 받는 마음, 시비지심(是非之心) 같은 의식작용을 일으키는 마음이 곧 망심이다.

'상심'이라는 말은 『장자』「덕충부」에 보인다. 상계가 공자에게 노나라 성인인 절음발이 왕태의 덕에 대한 질문을 하는 가운데 "왕태는 스스로의 마음으로 변치 않는 마음(常心)을 얻었을 뿐인데 사람들이 어째서 그에게 모이는 것일까?"라고 했다.

감산덕청 선사는 이 대목을 "그가 얻은 마음 또한 보통 사람의 마음일 뿐이다."라고 주석했다. 여기서 보통 사람의 마음이란 누구나 가지고 있는 '순수한 본심'을 말한다.

심(心)은 분별작용을 가지고 있는 마음이고 '상심'은 분별작용을 일으키지 않는 마음으로 생사에도 동요하지 않고 하늘이 무너져도 눈 돌리지 않는 마음이다. 평상(平常)은 '늘 똑같은', '언제나 변함없이 반복되는' 등의 뜻이다. '평(平)'에는 모든 사물을 평등하게 보는 만물제동(萬物齊同)의 우주관이 함축되어 있다. 만물 각각의 존재 이유를 긍정하고, 유무·귀천·시비를 분별해 취사선택하는 인위적 조작을 하지 않고, 만물을 하나로 통일해 평등하게 보고 대하는 세계관이 곧 평상심이다. 이 같은 평등사상은 궁극적으로는 사람이 하늘이고 하늘이 사람인 천인합일의 평등으로 귀결된다. 여기서 중생이 곧 부처이고 이 마음 그대로가 부처인 '즉심즉불(卽心卽佛)'이라는 조사선의 심지 법문이 가능해지고 만물제동의 평등이 실현된다.

평상시의 반복되는 소박한 마음, 배고프면 밥 먹고 졸리면 잠자는 평상심에서는 '반복'의 의미가 아주 중요하다. 한시의 대구(對句)·수미상관(首尾相關)과 같은 상비미(相媺美)를 만들어내는 문학적 장치의 본질도 '반복'이다. 청(靑)과 홍(紅)이 짝을 이루어 표현을 달리하는 반복은 무한한 흥취를 돋운다.

반복을 지루함으로 인식하는 사람과 리듬으로 인식하는 사람의 삶은 크게 다르다. 애플의 스티브 잡스는 청바지와 검은 색 터틀넥크 셔츠를 반복해 입었다. 그는 선택의 피로감을 줄이고 삶을 단순하게 만들어 자신의 두뇌를 창조적인 데 썼다. 삶이 단순하고 규칙 반복적이면 뇌가 취사선택하는 에너지를 많이 사용할 필요가 없어져 우리의 뇌는 뜻밖의 일을 할 수 있다.

필자는 스티브 잡스가 선리(禪理)를 체득했는지를 확인할 길은 없지만, 그의 패션과 삶이 몹시 '선적(禪的)'이었다고 생각한다. 선의 취향이 본질적으로 단순·담백함이기 때문에 구체적인 삶에 투영되면 스티브 잡스의 패션이 보여준 것과 같은 단순 반복으로 나타난다.

똑같거나 비슷함 속에서 '다른 것'을 찾아내는 것이 평상심시도의 비법이다. 마조는 사람들의 일상생활 밖에 따로 오묘한 천연의 도가 별도로 존재하지 않는다고 설파했다. 매일 걷는 길 옆에 핀 민들레꽃 한 송이에서 남다른 지극한 아름다운 생명의 활력을 발견하는 것이 자연의 도리를 깨닫는 것이기도 하다. 행복을 물질적인 향락이 아니라 반복되는 일상 속의 평온함이라고 인식하면 고요한 평정심이 곧 쾌락이 된다.

우리는 잔잔한 호수의 파문, 길가의 다소곳한 질경이 꽃의 변화 등에 민감해질 때 세상 만물에 귀 기울여 속삭이며 응답할 수 있다. 이것이 물아일체·만물여아위일(萬物與我爲一)의 경계다. 밥을 먹는 일상의 반복에서 자연의 섭리를 감지하는 게 바로 평상심시도다. 평상심은 평안하고 고요한 마음 곧 평정심(平靜心)의 또 다른 표현이기도 하다.

참선은 영원히 변치 않는 본심으로 돌아가는 수행의 일종이다. 선불교가 추구하는 것은 현실 세계에서의 생존이다. 즉 현실 세계를 떠나지 않으면서 현실 세계를 초월하는 것이다. 다시 말해 차안의 세계를 떠나지 않고 성불하는 것이다. 선불교는 차안과 피안, 인간 생활과 성불, 해탈과 자아 추구에 직면하여 모든 대립과 모순을 초월한다. 이러한 초월은 양자를 모두 갖추고 있으면서 양자의 통일을 이루게 한다.

선의 이러한 평상심은 사대부들을 노장의 산수 전원에서 도시의 정원으로 돌아가게 했다. 평상심의 '평'은 전체를 보는 눈, '상'은 탁 트인 마음을 뜻하기도 한다. 그렇다면 평상심은 전체를 하나로 통일해 포용하는 탁 트인 넓은 마음이라고 할 수 있다.

어떤 것이 '도시의 정원'인가?

선적인 마음이면 번잡한 도시도 산수 전원이나 다름없다. 선심이란 곧 평상심이다. 그래서 선사들은 다음과 같이 말한다.

"선심만 있다면 조정이 곧 강호(江湖)고 선심이 없으면 강호 또한 조정과 같다."

영어 '평상심(one's everyday mind)'의 자안은 everyday다. 우리말로 옮기면 '일상(日常)'이다.

나는 배우이며 서울예대 교수인 박상원의 짧은 신문 칼럼(조선일보. '18년 7월 29일자)을 읽고 크게 감동했다. 그의 글 중 한 대목을 옮겨 본다.

"하루는 무척 길지만 1년은 짧고 10년은 더 짧다…. 비석을 세우거나 유장한 묘비명을 쓰거나 하고 싶진 않다. 어떤 특별함 없이 '일상'과 똑같은 시간이었으면 좋겠다. 남은 시간을 날짜로, 시간으로, 분으로 나누어 쓰다가 어느 순간 그 무한의 시간 속으로 수렴됐으면 한다."

머지않아 세상을 떠나려는 사세(辭世)의 말 같기도 한 그의 글은 순간과 영원을 하나로 통일한 초월자의 포효처럼 들렸다. 하루를 10년보다 더 길게 느끼는 시간 인식은 길고 짧음이라는 분별심을 돌파한 후의 무고금(無古今)이다. 그가 말하는 '일상'은 곧 일상생활이 도인 평상심시도다. 글 속에 고요한 선심이 흘러넘친다.

유별난 감각적 쾌락을 누리는 것이 결코 행복이 아니다. 간혹 배우를 '딴따라'라고 폄하하는 사람도 있다. 그러나 그는 적어도 글로 보아서는 깨친 사람이고 임제 선사가 설파한 '무위진인(無位眞人: 지위가 없는 참사람)'을 숙지한 사람 같았다. 그가 불교 신자인지는 모르겠다. 글로 표현된 그의 인생관과 시간관은 평상심을 깨친, 선심(禪心)의 삶을 사는 도인(?)의 법문처럼 들렸다.

중국의 당·송대 선은 광범한 사회적 흥취를 유발했다. 따라서 사대부들의 선 체험이 필수 교양처럼 여겨졌다. 선적 깨달음의 경계는 '인생 경계'를 지향한다. 선 체험은 심미적 체험과도 같다. 선은 종교 경험인 동시에 일종의 생활·생명·생기(生機)에 대한 감성적 인식이고 세계에 대한 대긍정이며 흥취이기도 하다.

선불교는 한마디로 '중국 불교'다. 부연하면 동한 명제 18년(AD 68년) 중국에 전래된 인도 불교는 위진남북조를 거쳐 당대에 이르러 400여 년 간의 초기 교학불교 시대를 끝내고 개인 수행의 아라한에서 중생 구제의 보살행을 추구하는 대승불교 선종이 주류를 이룬다. 선종 중에서도 달마-혜가-승찬-도신-홍인-6조혜능으로 이어진 돈오 남종선이 주류 중의 주류가 된다. 이에 따라 세속을 벗어나 참선하던 수행 방식도 점차 세상 속으로 들어가 '평상심'을 닦는 방향으로 전환된다.

위진남북조 시대의 현학(玄學)이 노장학을 한 단계 끌어올리면서 불교와 서로 주고받는 삼투(滲透)작용을 일으켰다. 당대 마조-남전에 이르러 "노자의 도가 선학에서 '평상심이 곧 도'로 풀이됐다."(김형효 저, 『사유하는 도덕경』, p.487)

도는 만물에 보편적으로 존재하면서 일상생활 속에서 실행되고 있는데도 사람들이 그것을 모를 뿐이다. 이른바 노장의 '도무소부재론'이다. 선불교의 조주·임제선 시대에 이르면 이 같은 장자의 도무소부재론은 선학에서도 보편화돼 그대로 수용됐다. 조주와 임제는 『장자』의 문법 그대로 '도는 오줌·똥·기왓장 속에도 분명히 존재한다'고 설파했다.

노장과 선가의 도무소부재론에서 가장 중요한 강조점은 사람의 본성은 동일하다는 것이다. 후천적인 성품에서 선악의 차이가 있다 해도 원래의 본성에는 일찍이 차별이 없었다는 것이다.

선악의 차이는 사람이 처해 있는 습속(習俗)에 치우친 결과다. 서구적 문법으로 말하면 '환경' 때문이다. 도의 입장에서는 선악의 근본적인 이치는 동일하다. 그래서 "요순도 그 근본은 일반 사람과 동일하다"고 한다. 선이나 악이나 그 본성은 다 같이 '공(空)'이다. '공' 자체도 진짜가 아닌데 항차 선악이 무슨 절대적 가치 기준을 가질 수 있단 말인가.

반야공관(般若空觀)의 탁월한 해석자인 승조 대사의 유명한 「부진공론(不眞空論)」은 '공' 자체까지도 진짜가 아니라고 부정한다.

고구려 소수림왕 2년(AD 375) 우리나라에 처음 전래된 불교는 분명히 인도 불교의 산스크리스트어 경전을 한역(漢譯)해 사용하는 중국 불교였다. 중국 불교는 경전 번역 과정에서부터 중국화 되기 시작해 격의불교(格義佛敎: 노장적 불교 해석) 시대를 거쳐 당대의 선종에 이르러서는 독자적인 불교의 '중국화'를 완성했다. 자타가 공인하는 오늘의 한국 불교를 대표하는 조계종도 그 이름부터 6조 조계혜능 대사의 법을 이었다는 의미로 혜능의 법호 '조계'를 사용했고, 그 종지와 종풍 또한 혜능의 돈오 남종선 임제종을 그 정통 법맥으로 하고 있다. 사실상 한·중·일 3국의 선불교는 그 종풍과 선법이 한 집

안이다. 따라서 이 책의 중국 선불교 이야기가 남의 이야기 같지만
'중국 선불교=한국 선불교'라는 등식을 깨닫고 나면 바로 한국 불교
이야기이기도 하다. 오늘의 한국 선방 수좌들이 드는 모든 화두 또
한 중국 불교 선종의 화두들이다.

즉심즉불(卽心卽佛)

마조는 "이 마음 그대로가 부처(卽心卽佛)"라고 설파했다. 사람마
다 천부적으로 불성을 구비하고 있으므로 일상생활을 영위하는 모
든 행위가 그대로 불성의 노출이며 작용이고, 접촉하는 것 모두가
도 아님이 없다(觸類是道)는 것이다. 그래서 본바탕의 심성을 따라
순리에 맡기고 자유자재하면 범부도 성인이 되고 마음 그대로가 부
처가 된다는 설법이다.

이 법문은 돈오 남종선의 6조 혜능 대사가 설파한 『육조단경』의
"불법은 원래 세간 속에 있다(法元在世間)"는 대목에 근거한다고 볼
수 있다. 노자와 장자도 이와 똑 같은 맥락의 문법으로 "진리는 존
재하지 않는 곳이 없다"는 도무소부재론(道無所不在論)을 강조했다.
마조는 저 높은 뜬 구름 위의 불법을 이처럼 지상의 일상생활이라
는 '낮은 곳'으로 끌어내려 구체화했다. 평상심을 적극적으로 발전시
켜 일상생활 그대로가 곧 진리고, 불법의 실현이라고 선언한 것이다.

마조의 '평상심시도'는 종전의 난해하고 복잡한 불교 교리체계를
매일매일의 평범한 일상사로 해방시켰다. 좀 확대해석하면 불교의

노장으로 읽는
선어록 (상)

'종교개혁'이고 흔히 말하는 생활불교의 실현이다. 따라서 화두 '평상심시도'는 선종사는 물론 전 불교사에서 아주 중요한 의미를 갖는다. 당 중기 이후의 선불교 선지식들은 모두가 평상심시도를 역설한 마조의 충실한 후계자들이라고 할 수 있다.

마조의 평상심시도 상당 법문을 보자.

> 범부처럼 행세하지도 않고 성인 현자처럼 행세하지도 않는 것이 바로 보살행이다. 지금 이렇게 걷다가 곧 멈추기도 하고 앉아 있다가 편안하게 눕기도 하는 등 형편을 따라 움직이는 이 모두가 바로 '도'인 것이다.

평상심시도는 조사선의 심지법문(心地法門) 중 가장 우뚝 솟은 봉우리다. 일찍이 『화엄경』은 대지가 삼라만상의 어머니이듯이 일체 창조의 근원은 마음이라는 '일체유심조(一切唯心造)'를 설파한 바 있다. 만법의 근원이라 할 때 묻지 않은 청정한 평상심을 지키는 것이 곧 도를 닦는 일이며 불법을 실현하는 길이다.

'평상심시도'란 무심한 가운데 자연의 운행질서를 따라 사는 삶이다. 우리가 숨 쉬고 밥 먹으며 살아가는 일상의 삶이 천지의 근본 도리와 일치함을 알고 인간과 자연을 구분하는 분별심을 갖지 않는 것이 평상심시도다. 이 평범한 진리가 동양사상의 가장 큰 특징인 '천인합일 사상'이다. 그러나 이 평범한 진리를 아는 자가 많지 않다.

좀 더 근원적으로 말하면 마음은 본시 고정된 실체가 없고 그 본질이 비어 있다. 공(空)한 마음을 근본으로 하여 상황에 따라 이런저런 모습으로 일어나는 모든 감정 또한 정해진 실체가 없다.

선불교 종지와 노장철학에서는 '평등'과 '차별'을 서로 구분하지 않고 하나로 볼 수 있는 것이 진정한 평등이다. 성과 속, 동과 정, 같음과 다름을 분리시켜 놓은 채 새삼 평등을 구현하고자 한다면 그런 평등은 반드시 차별에 반대되는 조건적 평등으로 전락하고 만다.

『장자』「대종사」편이 말한 "하늘(평등)과 사람(차별)이 충돌하지 않는 것(天與人不相勝)"이 바로 진정한 평등이고 천인합일이다.

『장자』는 일찍이 일상생활 이외에 별달리 오묘한 진리가 없다는 '평상심시도'를 설파했다. 『장자』의 평상심시도는 선불교에 그대로 이어졌다. 『장자』가 설법하는 평상심시도의 논리 구조를 잠시 살펴보자.

> 어찌 내가 하늘이라고 일컫는 것이 사람이 아니며 사람이라고
> 일컫는 것이 하늘이 아닌지를 알겠는가? 진인이 있은 후에야
> 참된 앎이 있다.
>
> (庸詎 知吾所謂 天之非人乎 所謂人之非天乎 且有 眞人而後 有眞知)
>
> —『장자』「대종사」

위진남북조의 현학자인 곽상과 함께 고전적 『장자』 주석 대가인 감산덕청 선사는 위의 장자 설법을 다음과 같이 해설했다.

> 사람으로서 자연 대도를 기르게 한다고 한 것은 '사람의 일상생
> 활을 떠나 달리 묘한 도가 있는 것이 아님'을 말한 것이다.
>
> (不是離人日用之外 別有妙道)

하늘이 곧 사람이고 사람이 곧 하늘이다. 이는 하늘과 인간이 둘이 아니며 사람의 본성에는 원래 아무런 흠결이 없음을 깨달아야 한다. 이 같은 천인일체(天人一體)를 참으로 알아야 비로소 진인이라 할 수 있다.

『장자』의 설법을 한마디로 요약하면 '사람이 곧 하늘'이라는 이야기다. 우리나라 천도교의 핵심 종지인 '사람이 바로 하늘이다(人乃天)'도 같은 뜻이고 '하느님의 모습(Image Dei)을 본떠 인간을 만들었다'는 기독교의 인간 창조론도 같은 맥락이다. 때문에 보통 사람의 보편적인 본성에 바탕한 마음이 일으키는 모든 견문각지(見聞覺知)의 감각적 인식은 천연 대도의 작용이라는 것이다. 하늘로부터 그 본체를 타고 날 때 이미 품수한 보통의 마음(평상심)'을 따라 행하는 일상생활은 보이지 않는 천연 대도의 본체가 작용을 통해 나타난 것으로 그대로가 진리다. 인간의 본래적인 천연 대도의 본체 품수는 서구의 천부 인권설과도 같은 논리 구조다.

좀 더 부연하면 천연의 대도가 사람에게 부여되어 있고 그 대도가 바로 사람의 본성이라는 것이다. 진리의 본체론적 측면에서 볼 때 사람의 본성은 곧 천연 대도와 일치한다. 이른바 '천인일체' 사상이다. 따라서 사람에게 부여된 천연대도 본체의 작용인 기래끽반 곤 래즉면과 같은 일상생활은 자연 대도의 본체인 우주 섭리의 작용이기도 하다.

우주 만물이 모두 자연 대도의 본체를 품수 받아 가지고 있다. 그 중에서도 사람이 가장 신령한 까닭은 대도의 본체이기도 한 사람의 본성(마음)이 그 형체(육체)를 주관하기 때문이다. 주관하는 신령한 그 마음이 바로 노장이 말하는 진재(眞宰)·진군(眞君)이고 마조가 설파한 '즉심즉불'의 즉심(卽心)이다.

사람이 사물을 보고 소리를 듣고 그것을 지각하는 모든 인식작용은 진재가 주관한다. 사람들의 사물에 대한 매일 매일의 인식작용 모두가 인간이 품수한 천연 대도인 진재가 주관하는 작용이다.

선과 노장은 본체와 현상(작용)을 하나로 통일한 체용일여론(體用一如論)에 아주 철저해 본체가 곧 작용이고, 작용이 곧 본체라고 본다. 천연 대도로부터 품수한 본래의 인간본성이 곧 평상심이다. 감산 선사는 『장자』「대종사」편의 "사람이 하는 것을 아는 것이 지극한 앎이다(知人之所爲者至極)"라는 대목을 다음과 같이 주석했다.

> 인간은 큰 도의 온전한 체(體)를 부여받아 그 체를 성(性: 본성)으로 삼아 그 형(形: 육체)을 주재한다. 이것이 곧 진재다. 그러므로 사람의 견문각지는 모두 진재가 주재하기 때문에 일상생활 하나하나가 곧 도의 묘한 작용이 아님이 없다. 이것이 바로 사람이 하늘임을 아는 것이다.

이것이 바로 조사선의 초석을 다진 홍주선의 종조인 마조 대사가 설파한 평상심시도에서 강조하는 '행주좌와 어묵동정(行住坐臥 語黙動靜)이 모두 선이고 도'라는 전체 작용설의 근원이다. 결론은 날마다 행하는 행위와 사물에 대한 평상심의 인식작용 그대로가 오묘한 대도 아님이 없고 사람이 바로 천연 대도 그 자체라는 것이다.

이는 자연과 인간이 하나로 합일되는 천인합일 사상이기도 하다. 천인합일은 장자 이전부터 전해온 동아시아의 전통사상이기도 하다. 장자가 말하는 천연대도는 곧 '자연의 도'를 말한다. 천연의 도가 사람에게 부여돼 있음을 진실하게 알고 삶을 누리는 자가 참된 깨친 자고 참사람(眞人: 성인)이다.

마조의 유발 상좌 방온 거사(?~808)의 다음 오도송(悟道頌)이 이같은 평상심시도의 삶을 아주 선명하게 보여준다.

> 날마다 하는 일 별다른 것 없고(日用事無別)
> 오직 나 스스로 탈 없이 지낼 뿐(唯吾自偶諧)
> 무엇 하나 취하지도 버리지도 않나니(頭頭非取捨)
> 어디서 무얼 해도 재난 찾아들 리 없다.(處處勿張乖)
> 빨강이니 자주색이니는 누구를 이름인고?(朱紫唯爲號)
> 이 산중은 티끌 하나 없는 평화로운 고장(丘山絶点埃)
> 나의 신통력과 묘용은 어떤 것이냐 하면(神通幷妙用)
> 마실 물 긷고 땔나무 나르는 일이다.(運水及搬柴)

– 『전등록』 권8

방온 거사는 "마실 물 긷고 땔나무 해 나르는 일상"이 바로 자신의 참선 수행이고 부처의 삶이라고 당당히 말하고 있다. 지금까지 지루하게 설명한 평상심시도를 요약해 주는 그림 같은 게송이다. 방거사를 비롯한 조사선의 선사들은 '물 긷고 땔나무 나르는' 일상생활을 통해 마음을 직관하고 일상성을 중시하는 대중적 수행체계를 새로운 불교의 실체로 제시했다. 이는 자주적인 인간성의 해방을 표방한 것이기도 했다. 방 거사의 '운수급반시'와 임제 선사의 '무위진인'은 선학의 체용일여론을 구체화시킨 대표적인 공안(公案: 화두)이기도 하다. 방온의 평상심시도 게송은 한국 선불교에도 그대로 투영되어 있다.

> "물을 긷고 땔나무를 나르는 일까지 친히 했다. 자신의 모든 사심을 극복하고 남을 격려하는 선사의 모습이 이와 같았다."

신라 말 고려 초에 개산한 9산 선문의 하나인 충남 보령 성주산문의 개산조 무염 선사(801~888)의 행장을 기록한 〈대낭혜화상백월보광탑비〉의 비문 중 일부다. 유명한 신라 최치원 찬술 '4산비(四山碑)'의 하나인 이 비는 방 거사와 똑 같은 맥락인 무염 선사의 평상심시도를 생생하게 묘사했다. 무염 선사는 당나라에 유학, 마조의 제자 마곡보철 선사로부터 법맥을 이어왔다. 비문 중 "물 긷고 땔나무 나르는 일"은 방온의 게송 구절을 그대로 인용한 것이다.

중생은 본래 자기 자신에게 오묘한 성품이 갖추어져 있는데도 미혹하여 그것을 깨닫지 못한다. 그 본성이 매일같이 인식작용을 통해 현실 속에서 작용하고 있는데도 명명백백한 그 사실을 모른다. 본래의 자기 성품[平常心]을 모르기 때문에 탐욕으로 외물에 집착할 뿐 주관적인 지견(知見)을 버리고 외물에 대한 집착을 잊음으로써 본성을 기를 줄 모른다.

"천연 대도와 인간의 본성은 결코 별개의 둘이 아닌 하나의 덕(德)이며 두 가지 다른 모습이 없음을 깨달은 그러한 앎이라야 진실한 앎이다."

감산 대사의 『장자』「대종사」편의 첫 장에 대한 주석을 요약해 본 것이다. 감산이 설파하고자 하는 결론은 천인합일 사상이다. 마조의 평상심시도 역시 이 같은 천인합일 사상과 노장의 상심(常心)이 전개하는 전통적인 설법의 연장선상에 위치하는 조사선의 선지(禪旨)고 선법문이다. '행주좌와 어묵동정' 모두가 선이고 도라는 마조의 설법은 노장의 "일상생활 속에 진리가 있다"는 설법을 구체적으로 풀어낸 것이라고 볼 수 있다.

2. 어떤 것이 평상심인가

　선불교의 특징적인 선지를 대표하는 평상심과 본래면목은 같은 의미를 가지고 있다. '본래면목'은 6조 혜능선의 핵심 선사상으로 청정하고 번뇌가 없는 본래의 마음을 말한다. 혜능은 "사람의 마음은 본래 청정하고 번뇌가 없다"고 설파했다. 유명한 그의 득법게 제3구 "불성상청정(佛性常淸淨)"이 뜻하는 바가 바로 그런 것이다. 다만 이 구절이 후대에 "본래무일물(本來無一物)"로 개작되어 선림의 절창으로 회자하고 있지만 의미에서는 별 차이가 없다.(졸저 『혜능평전』 p.189 참조)

　'평상심'은 마조도일 대사가 처음 사용한 용어로 혜능의 선사상 '본래면목'을 사실상 진일보시킨 것이다. 본래면목과 평상심을 통해 혜능과 마조가 설파하고자 했던 바는 마음이란 초월적인 것이 아니라 모든 중생들이 가지고 있는 현실적인 마음이며 마음을 가진 존재는 모두 불성이 있고 성불할 수 있다는 것이다. 결론적으로 말해

'평상심'이란 청정하고 번뇌가 없는 마음, 곧 부처의 성품(마음)이다.

『장자』「덕충부」에 나오는 '상심(常心)'을 『장자』 주석자들은 '일상적인 사람들이 지닌 마음', '보통 사람의 마음', '변치 않는 마음', '분별 작용을 일으키지 않는 마음' 등으로 풀이한다. 「덕충부」에 나오는 상계의 질문 핵심은 한쪽 다리를 잘린 불구자 성인 왕태가 깨달아 얻은 '상심' 또한 여느 사람의 마음일 뿐인데 다른 사람의 마음을 뛰어넘는 무엇이 있단 말이냐는 것이다.

> 공자의 상계 질문에 대한 대답:
> 사람은 흐르는 물에는 자신을 비추어 볼 수 없고 멈추어 선 물에만 자신을 비추어 볼 수 있다. 오직 스스로가 잠잠하여 고요해야만 수많은 것들이 고요함을 얻게 해 줄 수 있다.
>
> (人莫鑑於流水 而鑑於止水 唯止能止衆止)

감산 대사는 공자의 대답을 다음과 같이 풀이했다.

> "사람마다 모두 그러한 마음(평상심)이 있지만 세상 사람의 망동하는 마음은 흐르는 물과 같다. 그러나 성인의 멈추어 있는 고요한 마음은 잔잔한 호수와 같다. 때문에 오직 성인만이 요동치는 일반 사람들의 마음을 중지시켜 줄 수 있다."

반론적 성격을 띤 상계의 질문은 공자의 대답을 통해 그 무지(無知)를 드러내고 말았다. 공자가 말한 '고요함'이란 노자가 말하는 '고요함(靜)'과 같은 것이다. 『노자』 16장은 "뿌리[根源]로 돌아간 것을 고요함이라 하고, 이를 본성을 회복했음이라 한다. 본성의 회복을 불변의 진리, 평상심이라 한다(歸根曰靜 是謂復命 復命曰常)"고 했다.

여기서 마음의 근원적 본질은 '고요'임을 읽을 수 있다. 우리의 본래 마음은 잔잔한 호수와 같아 거울처럼 오랑캐가 오면 오랑캐를, 성인이 오면 성인을 그대로 비추어줄 뿐 자신은 전혀 동요가 없다는 것이다.

대만의 세계적인 노장 철학자 진고응(1935~)은 「덕충부」에 나오는 공자의 대답을 다음과 같이 주석했다.

> "그(왕태)는 지혜를 사용하여 마음을 영오(領悟)하고 다시 이 마음에 근거하여 '상심(常心)'으로 되돌아갔다. '심'은 분별작용을 가지고 있는 마음을 가리키고 '상심'은 분별작용을 일으키지 않는 마음을 가리킨다."
>
> – 김항배 저, 『장자철학 정해』, p.161

진고응의 해석은 '분별심'에 방점을 두고 있다. 선사들 또한 수행의 요체로 분별심을 버릴 것을 거듭 법문의 핵심으로 강조한다. 따라서 평상심의 핵심적 본질은 '고요'와 '분별심의 민멸(泯滅)'이라 할 수 있다.

잠시 좀 딴 길로 빠져나가 조선 실학의 선구자인 이수광(1563~1628)이 그의 저서 『지봉유설』에서 말한 병을 극복하는 여덟 가지 처방 「각병팔법(却病八法)」을 보자.

노장으로 읽는
선어록 (상)

첫째 고요히 앉아 허공을 보며 모든 것을 비춰보면 생사시비와 이해득실이 모두 망령된 것이고 진실이 아니다. 망령된 집착을 버리고 진리(도·불법)를 깨닫는 것이 인간 병고의 최고 치료법이라는 얘기다. 이와 같은 깨달음의 전제가 '고요'다. 필자는 이때의 고요를 '고독'이라는 시쳇말로 바꾸고 그러한 고독을 '위대한 고독'이라 부른다.

둘째 번뇌가 앞에 나타나 떨쳐버릴 수 없거든 한 가지 통쾌한 일을 찾아 툭 놓아버린다. 이른바 경계(境界)를 빌려 마음을 조절하는 것이다. 선가의 '마음과 경계를 다 잊는 것(光境俱忘)보다는 소극적이지만 현실적으로는 훨씬 설득력을 갖는 번뇌 치유법이다.

다섯째 날마다 대나무와 바위·물고기와 새를 친구 삼아 언제나 초탈하여 자득하는 운치를 지닌다. 자연을 벗 삼아 여유와 생기를 가지라는 것이다.

여섯째 음식과 기호(嗜好)의 욕심은 담백하며 생각과 염려는 줄인다. 가고 머물고 앉고 누움에 오로지 내 마음에 맞기만을 기약한다.(行住坐臥 惟期自適)

음식은 담백하게 하고 좋아하는 것을 너무 탐하지 말고 마음의 쾌적함을 유지하라는 얘기다.

일곱째 좋은 벗과 친한 친구를 찾아 마음을 활짝 열고 세속을 벗어난 이야기를 나눈다. 벗과의 상쾌한 대화로 마음의 찌꺼기를 걷어내라는 것이다.

셋째, 넷째, 여덟째는 생략했다. 이수광의 '각병팔법'은 선사들의 법문과 통하는 점이 많다. 이수광은 보다 현실적이고 실용적이다. 그는 선조 때 도승지·이조판서 등을 지내며 중국을 내왕, 북경의 마테오리치 신부를 만났고 서양 문물을 우리나라에 널리 소개한 조선조 실학의 선구자였다.

평상심의 '상(常)'은 우주 만물이 무에서 유로, 유에서 무로 되돌아가는 우주 행동법칙을 말한다. 여기에서 평상심을 본래의 마음, 본성으로 해석할 수 있는 근거를 찾을 수 있다. 평상심을 좀 더 친절히 풀이하면 '모든 것을 평등하게 포용하는 텅 빈 마음'이다. 선가와 도가의 심관(心觀)은 사람의 마음은 본래 잡념이 없고 영묘하며 고요하다고 본다. 즉 사람의 본심은 본래 비어 있으며(虛), 고요하다(靜)는 것이다. 노자는 "귀근왈정(歸根曰靜)"이라고 하여 '고요함'은 마음이 그 본래의 뿌리로 돌아간 것이라고 했다.

평상심과 이웃하는 말로는 무심·평정심·본심·진심·본성·본래면목 등이 있다. 개념적으로는 희로애락을 따라 춤추는 마음과 하늘이 무너지고 땅이 꺼져도 까딱하지 않는 평상심이 구별된다. 평상심은 생과 사, 시와 비를 초월한 마음이다. 그러나 뿌리로 돌아가면 본자(本自) 천연한 자성이 일시적으로 미혹하여 요동치는 망심(妄心)이 생겨난 것일 뿐 그 본질은 '공(空)'이라는 공통성을 가지고 있다.

평상심의 정의를 다음 여러 가지 표현으로 정리해 본다.

1. 일상생활을 이끄는 변함없는 보통 사람의 마음(one's everyday mind)
2. 타고날 때부터 원래 가지고 있는 마음
3. 작위적으로 무엇을 욕심내는 마음이 아니라 아무런 공상도 걱정도 없는 잔잔한 마음. 흔히 말하는 무심이다.

4. 편안히 때를 받아들이고 순리를 따르는 마음. 노장이 처세 훈으로 제시하는 '안시처순(安時處順)'의 마음이다.

5. 선과 악, 시와 비 같은 상대적인 분별을 잊은 마음, 즉 번뇌의 근원인 분별심을 떨쳐버린 마음이다.

6. 양극단 중 한 쪽에 치우치지 않는 중도적인 마음

7. 분별작용을 일으키지 않는 마음. 생사에도 동요하지 않고 하늘이 무너져도 흔들리지 않는 마음

8. 사물을 상대적으로 비교 분석해서 보지 않고 하나로 포용하는 평등심

9. 자연과의 합일을 이룬 진인·성인의 경지에서 생사의 경계를 초월한 도인의 마음. 자연의 도를 따르는 마음

10. 항상 똑같은 마음

11. 평소에 늘 사용하는 변함없는 마음. 일상생활 속에서 반복되는 배고프면 밥 먹고 졸리면 잠자는 마음

12. 후천적인 문화가치의 때가 묻지 않은 본래의 순수한 마음. 어린아이의 마음이 그 대표적 사례다.

13. 생리적 필요(우주 섭리)를 따르는 갓난아이의 천진무구한 마음

14. 자연스런 마음. 천심(天心)

15. 인간의 본 바탕 마음. 초심(初心)

16. 탁 트인 마음

17. 본래면목. 존재의 근원

18. 무조작·무시비·무취사·무범무성(無凡無聖)으로 일관하는 '무'자 돌림의 분별심이 없는 마음

19. 유와 무를 뛰어넘어 본래 한 물건도 없는 자리

20. 모든 것을 평등하게 수용하는 우주 정신(universal mind)

평상심은 태어날 때부터 모든 사람이 다 가지고 있는 본래의 '진심'이다. 『열반경』이 말하는 "일체 중생이 모두 불성을 가지고 있다 (一切衆生 悉有佛性)"는 불성, 6조 혜능이 말한 본래면목, 마조가 설파한 즉심즉불의 즉심(卽心)과도 같은 것이다.

평상심의 형이상학적 의미는 본래면목이 뜻하는 바와 같다. '본지풍광(本地風光)'이라고도 하는 본래면목은 6조 혜능으로부터 비롯한 선불교 용어다.

혜능이 5조 홍인 대사로부터 의발(衣鉢: 법맥의 상징)을 전수받고 남쪽으로 내려갈 때 그 발우를 뺏으려고 추격한 혜명 상좌가 마음에 변화를 일으켜 혜능에게 불법 진리를 밝히는 일구(一句)를 말해 달라고 청했다. 이때 혜능은 "선과 악을 구분하는 분별심을 버려라. 바로 이러할 때 어떤 것이 상좌의 본래면목인가?"라는 질문 형식의 일구를 설해 주었다. 혜명 상좌는 이 한마디에 크게 깨달아 후일 혜능의 법제자가 되었다.

'본래면목(부모에게서 태어나기 전의 얼굴)'은 공(空)과 무(無)를 뛰어넘음으로써 생겨나는 그 어떤 것을 말한다. 이때 산출(産出)되는 수많은 현성(現成: 구체적 사물)의 본체인 이 순간이 현상학적 가치가 된다. 좀 더 형이상학적으로 말하면 성색 세계의 모든 것을 다 끌어안는 대자연적 현실 태도를 말한다. '산은 산이요, 물은 물이로다'가 바로 이런 경계에서 나오는 세계 긍정이고 존재 긍정의 선지(禪旨)다.

마조의 사법(嗣法) 제자 자옥도통 선사(732~813)가 "어떤 것이 삼계를 떠난 해탈이냐?"는 학인의 질문에 답한 "청산은 흰구름이 떠가는 것을 막지 못한다(靑山不碍白雲飛)"나 송대 도솔종열 선사가 읊조린 게송의 "대나무 아무리 빽빽해도 흐르는 물을 막을 수 없고, 산이 아무리 높아도 떠가는 흰구름을 막지 못한다(竹密不妨流水過 山高豈碍白雲飛)"는 것이 바로 본래면목(백운·유수)의 여여한 모습이다. 이를 인간 세계로 좁혀 말하면 '인성의 해방'이다. 평상심 또는 본래면목이라는 도의 본체는 '절대 자유'를 속성으로 하기 때문에 어떠한 것도 그것을 방해하거나 가로 막을 수 없고 그렇게 해서도 안 된다는 것이다.

'본래면목'은 선종 5가 7종 중 가장 먼저 개산한 맏형격인 위앙종 학인들이 참구하는 기본 화두다. 지금도 중국 선불교 위앙종 선사(禪寺)의 선방은 입구에 '부모미생전 본래면목(父母未生前 本來面目)' 화두를 붓글씨로 써 붙여 놓고 다 같이 참구한다.

인성 해방의 요결은 인간의 정신이 모든 사회적·역사적 제약에서 벗어날 때 비로소 인간 본성이 회복되어 자유로워지는 것이다. 본래면목의 성찰이라는 선불교적 사유 체험은 자유를 추구하는 인류학적 근본 욕구에도 도움이 될 수 있다.

평상심시도가 형이하에서 실천적으로 추구하는 것은 일상생활 중에서의 초연심리와 평상생활이 결합된 고상한 덕행을 실천하는 것이다. 중국 철학의 전통적인 체용론으로 보면 평상심의 체(體)는 형이상학적인 측면이고, 용(用)은 형이하학적이고 실천적인 측면이다.

선과 노장은 다 같이 평상심의 형이상학적 측면과 함께 일상 속의 실천을 강조한다. 허정지심(虛靜之心)을 지향하는 선불교의 다도(茶道)는 일상생활 중의 대표적인 평상심 실천이다.

　문화예술 측면에서는 평상심의 미학적 심미를 '적의회심(適意會心)'·'임성소요(任性逍遙)' 등으로 표현하기도 한다. 자기 본성에 적합한 생활 방식을 따라 살면서 인생의 아름다움을 심미하는 가운데서 생명의 진정한 가치를 즐기는 삶이 회심과 소요의 주요 내용이다. 이러한 회심의 내용은 자연 심미와 시정화의(詩情畵意: 시의 정취와 그림에 담긴 뜻) 등으로 구체화 된다.

　장자가 '성심'이라고 말한 평상심 또한 실천적 측면을 강조한다.

> 지금 있는 그대로의 진실한 마음을 스승으로 삼는다면
> 뉘인들 스승이 없으랴.
>
> (夫隨其成心而卽師之 唯獨且無師乎)
>
> ─『장자』「제물론」

　감산 대사는 이 구절을 다음과 같이 주석했다.

> "사람들마다 빠짐없이 모두 이 마음을 가지고 있으므로 그들 모두가 스스로 구하여 그 진심을 스승으로 삼을 수 있음을 말한 것이다."

　『장자』의 성심을 많은 사람들은 부정적 의미로 해석한다. 즉 '마음이 이루어졌다'는 것은 마음이 완성된 실체로 존재함을 뜻한다.

'마음 없음(無心)'이 도인데 마음이 존재한다는 성심(成心)은 부정적인 뜻이 될 수밖에 없다.

그러나 감산은 성심을 진심·본래심의 다른 표현으로 보았다. 진심인 성심은 범인·성인 구별 없이 다함께 본래 가지고 있으므로 우리의 스승으로 삼아야 한다는 것이다. 본래부터 가지고 있는 성심을 통해 모든 시비 논쟁은 멈출 수 있다.

애석한 것은 지금 있는 그대로의 마음이 미혹되어 어두워졌음을 깨닫지 못하는 것이다. 사람들은 이 진실을 깨닫지 못하고 자기의 견해만 옳다고 고집한다. 그래서 자기 이외의 사람들을 모두 부정한다. 이러한 부정이 바로 시비를 일으키는 병통의 근본이다. 시비 발생의 근본을 제거하는 방법은 분별작용을 갖지 않은 본래의 진심, 즉 본심으로 각자가 회귀하는 것이다.

이렇게 보면 장자의 설법은 평상심의 일상생활 속 실천을 비유적인 표현으로 강조했다고 볼 수 있다. 마조가 설파한 "이 마음 그대로가 부처(卽心卽佛)"라는 선지의 '즉심'도 바로 평상심(진심, 성심)의 일상 속 실천에 방점을 두고 있다.

임제의현 선사는 평상심시도의 실천을 아주 쉽고 단호하게 설파했다.

도를 배우는 여러분들이여! 불법은 힘을 써 조작할 것이 없다. 다만 '평상처럼 하는 일 없이(祇是平常無事)' 똥 누고, 오줌 누고, 옷 입고, 밥 먹고 피곤하면 누워 자는 것이다.

— 『임제록』

임제는 평상심을 환골탈태시켜 평상 무사한 자유로운 일상의 평범함이 그대로 불법, 즉 나날의 생활이 그대로 불법 진리의 실천이라고 말했다. 나날의 일상생활에 최선을 다하는 평소의 진실된 마음이 바로 평상심이라고 말했다. 그의 법문이 말하는 평상심은 근원적이고 소박한 일상 속의 마음이다. 그러한 본래심이 자연스럽게 분출되는 실존적인 수기응변(隨機應變)이 평상심시도의 실천이다. 평상심시도는 마조-백장-황벽-임제로 이어진 법계(法系)에서 임제에 이르러 비근한 일상사로 구체화 됐다.

중국『불학사전』은 평상심을 '안한무사(安閑無事)', 응연접물(應然接物), 수성적의(隨性適意)라고 풀이하고 있다. 현실로부터 도피하거나 은둔하지 않고 인연 따라 업보를 감내하며 청정한 자성으로부터 발동하는 의식으로 매일 매일을 살아가는 마음이 곧 평상심이라는 얘기다. 이와 같은 평상심에서는 두려움·불안·성냄 같은 감정이 일어날 수 없다. 그래서 일상의 일을 다 해내면서도 언제나 편안하고 아무 일 없는 한가함을 누릴 수 있다는 것이다.

중국『선종사전(禪宗詞典)』은 평상심을 "일상생활 곳곳에 선이 있고 두두물물이 바로 진리인 경지"라고 풀었다. 이른바 처처유선(處處有禪)이고 두두시도(頭頭是道)라는 것이다.

선의 참된 체현(體現)은 형이상학적인 자성의 해방이 성색 세계의 현실을 대하는 우리의 일상적 태도에서 나타나 도법(道法)을 버리지 않고 범부의 일을 기꺼이 수용, 긍정하는 '두두시도'의 경지가 되어야 비로소 완성된다. 다시 말해 자성의 해방이라는 형이상은 일상생활이라는 형이하에서 구체화할 때 참된 진리가 된다는 것이다.

중국인들은 선불교 이전부터 노장 등에 기초한 만물일체사상을 통해 이 같은 범성일여(凡聖一如)의 진리관을 가져왔다.

송대 임제종 거목인 천목중봉 선사(1243~1323)는 평상심을 "태허공 같은 자성이 큰 종을 쳤을 때 골짜기에 울려퍼지듯이 인위적인 조작 없이 이치에 부합하는 마음"이라고 했다.

임제 선사의 또 다른 상당 법문:

> 아무 생각 없이 평상시처럼 할 일이 없으면 도리어 어느 곳에서 든 주인공이 되고 서 있는 곳 모두가 진실하여 어떤 경계에 부 딪쳐도 이끌리지 않을 것(隨處作主 立處皆眞)이다.
>
> ─『임제록』

임제의 '평상무사'는 마조의 평상심시도를 달리 표현한 것이다. 뜻은 전적으로 같다. 임제선의 핵심 종지인 '무위진인(無位眞人: 아무 지위도 없는 참사람)'은 바로 평상심시도의 삶을 사는 사람을 말한다. 선학적으로는 '무위진인'은 곧 '불성'을 뜻하기도 한다. '진인'은 본래 『장자』에 나오는 노장의 용어다.

봄눈 하늘 가득 내려(春雪滿空來)
곳곳에 흰 눈꽃 피었네.(觸處是開花)
정원 나뭇가지에 핀 꽃들(不知園裏樹)
어느 것이 진짜 매화인지 모르겠네.(那個是眞梅)

눌당사 선사가 임제의 '무위진인'을 해설한 게송이다. 이런 선시를 옛 고칙[話頭]을 찬미·해설하는 '송고(頌古)' 또는 염송(拈頌)이라 한다.

눌당사의 송고는 모두 부처가 되지 못하는 것은 눈에 덮인 정원의 나뭇가지 꽃들 중 어느 것이 매화인지 알 수 없는 것과 같다. 즉 대상세계에서 진공(眞空)을 깨닫는 자가 드물다는 얘기다. 임제의 화두를 참구하는 자는 많아도 진짜로 깨닫는 자는 적다는 한탄이다.

과연 어떤 것이 평상심을 살아가는 사람인가? 임제가 설파한 바로 그런 사람이다. 진짜로 텅 빈 진공의 마음은 거울처럼 객관의 사물을 있는 그대로 반영하고 드넓은 도량으로 포용하면서 고요한 경지에서 소요한다. '나'라는 본성은 그저 자연일 뿐이다. 그러므로 나의 본래면목은 자유고, 무위고, 허(虛)고, 하나(一)이다.

노장의 무(無)나 불가의 공은 다 같이 어떠한 것도 소유할 것이란 없다는 말이다. 선의 평상심은 모든 차별성을 부정하는 절대 평등에만 매달리지 않고 부정적인 공·허를 초월해 만물의 실존(존재 가치)을 인정하는 '평등 속의 차별'의 세계로 귀환한다. 이때의 평등은 차별 속의 평등, 평등 속의 차별이라는 오묘한 회호(回互) 논리로 평등과 차별을 하나로 통일한다. 조주의 '만법귀일(萬法歸一)' 화두 또한 절대 평등에의 안주를 경계하는 화두로 그 강조 포인트는 현실 세계를 긍정하는 일귀만법(一歸萬法: 평등 속의 차별)이다. 이러한 대긍정의 세계가 '산은 산이고 물은 물'인 진정한 깨침의 세계고 본체[體]와 현상[用]을 하나로 보는 체용의 통일이다.

『장자』「전자방」은 진인을 다음과 같이 묘사한다.

진인은 그 정신이 태산을 넘어도 돌에 걸리지 않고 깊은 연못에 들어가도 물에 젖지 않으며, 낮은 지위에 처해도 고달파하지 않고 천지에 가득 차서 손실이 없다. 그러므로 무엇이나 남에게 주어도 자기는 더욱 가지게 된다.

'산은 산이요, 물은 물'인 평등 속의 차별을 깨달은 사람(진인)을 상징적으로 과장되게 표현한 장자의 설법이다.

평상심은 평소 날마다 쓰이는 마음이다. 날마다 쓰임은 통용되는 것이고 통용된다는 것은 중요한 '관건'이 된다는 것이다. 평상심이 날마다의 생활에 관건이 됨을 파악한 상태가 도에 접근한 것이다. 즉 배고프면 밥을 먹는 것이 날마다 쓰이는 세상의 통용이고, 관건이며, 현실 상황에 따라 행하는 것이다. 이러한 단계에 도달했으면서도 그렇게 된 이유를 알지 못하는 상태를 '도(자연의 섭리)'라고 부른다.

사람들이 신명을 다해 만물과 일체를 이루려고 애쓰지만 만물이 원래 동일하다는 진리를 모른다. 이를 일러 『장자』는 '조삼모사 (朝三暮四)'라 했다. 주인의 간사한 얕은 꾀에 속아 아침 3개 저녁 4개(3+4)나 아침 4개 저녁 3개(4+3)나 총량 7개에는 변함이 없음에도 후자에 만족하며 열광했던 원숭이를 빗대어 어리석은 사람을 조롱하는 비유다. 만물이 하나라는 사실을 모르는 사람은 곧 조사모삼(朝四暮三)에 놀아난 원숭이와 같다는 얘기다. '조삼모사'는 전체를 보는 눈을 강조한 우화다.

평상심의 도리는 『장자』에서 일찍부터 말해 왔다. 『장자』 「제물론」

은 한마디로 만물이 모두 나름의 존재 가치를 가진 평등성을 지니고 있다는 대긍정이다. 천지자연을 있는 그대로 보면 그렇지 않아야 할 것이 하나도 없다. 이러한 대긍정에서는 옹졸한 마음이 탁 트여 무엇에도 '걸림'이 없다. 그래서 '산은 산이고 물은 물'로서의 그 존재가 긍정된다.

『장자』「제물론」의 평상심시도 설법을 보는 것으로 이 절(節)을 끝맺고자 한다.

> 오직 통달한 자만이 우주 만물이 다 같은 하나임을 알아 자기의 판단을 내세우지 않고 사물을 평상시의 자연 상태에 맡겨둔다.(唯達者 知通爲一)

평상시의 자연스런 상태란 아무 쓸모가 없는 듯하면서도 오히려 크게 쓸모가 있으며 이런 쓸모는 무슨 일에나 다 통하고 통함으로써 자득하게 되니 이러한 자득의 경지에 나가면 삶을 즐길 수 있게 된다.

3. 진리는 물 긷고 땔나무 나르는 데 있다
(神通并妙用 運水及搬柴)

나의 깨달음과 그 실천은 어떤 것이냐 하면,(神通并妙用)
물 긷고 땔나무 나르는 일이네.(運水及搬柴)

방온 거사가 석두희천 선사에게 지어 바친 깨달음의 시[悟道頌] 끝
두 구절이다. 마조 대사와 쌍벽을 이루던 석두 화상이 어느 날 문
하에 와 있는 방온에게 물었다.

문: 그대는 나를 만난 이후로 매일 무슨 일을 하고 있는가?
답: 날마다의 일을 물으신다면 입을 열어 대답할 나위가 없습니다.
문: 그대가 그렇다는 걸 알기 때문에 이렇게 묻지 않는가?
답: (방온은 대답으로 앞의 오도송을 지어 올렸다)

- 『전등록』 권8

석두 화상은 이 게송에 만족해하며 "그대는 검은 색(출가 승려)을 택하겠는가, 흰색(재가승)을 택하겠는가?"라고 물었다. 방온은 "원컨 대 사모하는 분을 따를 뿐입니다"라고 대답, 삭발염의를 거부한 후 일생을 거사(재가승)로 살았다. 그때 이미 그에게는 부인과 1남 1녀 가 있었다. 그는 불도를 이루겠다며 처자까지 버리는 출가를 선택하 지 않았다. 그가 굳이 속인의 삶을 택한 것은 가난을 함께 나누며 사는 처자를 툇마루 아래로 걷어차 버리고 훌훌 떠나는 비정한 '가 출(家出)' 같은 출가를 하지 않고도 재가불자로서 불도를 성취할 수 있다는 자신감 때문이었다. 아마도 『유마경』의 주인공 유마 거사에 게서 이런 자신감을 얻었으리라. 유마 거사는 문수보살에게 다음과 같이 설한 바 있다.

> 진정한 불법은 출가 수행생활에 있지 않다. 관건은 주관적 수 양과 심경의 청정 여부를 간파하는 것이다. 재산을 항상 무상 한 것으로 보고 처자가 있으되 5욕에서 떠나 노니는 것이 진정 한 보살행이다.

고전인 『예기(禮記)』 「예문」에도 "인정이 성왕(聖王)의 밭이다"라고 했다. 처자를 아끼고 사랑하며 거느리는 인정(人情)이 곧 성(聖)과 근 본에 이르는 길이 될 수 있음을 밝힌 것이다.

방온은 이미 나름의 지식을 갖춘 지성인이었기에 출가승이라는 제한된 '구역'보다는 당시 새로운 시대사조로 움튼 넓고 넓은 자유 로운 자연인을 지향했던 것 같다. 그는 평생을 거사로 지내면서 방장급 고승들과 법거량(法擧揚)을 했고 깨침의 경계가 시원치 못한 선승들에게는 귀뺨을 때리는 '풍전한(風顚漢)'이기도 했다. 그의 풍광(風狂: 미치광이 행태)은 지금까지도 동아시아 선종사에 회자한다. 광기(狂氣)가 번뜩이는 풍광·양광(佯狂)은 천재적인 선객들의 거침없는 행각이었고 오물(汚物)의 철학·치둔(癡鈍)의 철학과 함께 선철학의 저류를 떠받치는 3대 기둥이었다. 중국 불교의 '유마'로 칭송되기도 하는 방거사의 풍광은 동아시아 선종사에서 추종을 불허하는 일품(逸品)이었다.

지식인의 광(狂)은 자유의 정감이 밖으로 표출된 자유정신의 변형이기도 하다. 그래서 예부터 '광'과 '성(聖)'은 통할 수 있다는 '광자(狂者)의 풍류'를 심미하기도 했다. 광기의 미학은 명대(明代)에 그 전통을 집대성했고 사회 보편성 차원에서 문화적인 정취와 생활의 운치로 받아들였다. 이때 서법의 광초(狂草: 미친 듯 흘려 쓴 초서) 전통이나 선종의 돈오 초월도 광자 정신의 이념과 학설을 구축하는 중요 기반이었다.

공자도 '광자(mad man)'를 높이 평가했다. 『논어』 「자로」편은 공자가 제자 증점(曾點)의 풍류에 감탄하면서 "증점의 광이야말로 나의 정감을 분발시켜 주는구나(點也雖狂得我情)"라고 했다. 그 이유는 광자는 진전을 이룬다는 것이다. 초등학교 졸업 학력으로 대학 교수를 지낸 김도련 선생(1933~2012)은 공자의 '광자진취(狂者進取)'를 "과격한 사람(광자)은 비록 뜻이 높고 큰 것만 좋아하여 중용의 도에는 못 미치지만 진취심이 있어 능히 큰 것을 해낼 수 있다"고 풀이했다.

방온은 남악형산의 석두 문하에서 정진을 시작하기에 앞서 마조·석두를 1차 참문하고 선림 귀의를 결심한 후 집안 살림을 정리했다. 논밭은 동네 사람들에게 나누어 주고 가재도구와 현금 등의 전 재산은 배에 싣고 나가 상강(일설에는 동정호)에 버렸다. "현금 같은 재산은 남에게 나누어 주면 내가 그것 때문에 마음이 편치 못했던 것처럼 괴로워질 게 틀림없으니 강물에 넣어버린다"고 했다.

이는 모두가 방거사의 불가 입문 전과 후를 극적으로 대비시키기 위해 후대에 지어낸 이야기일 수 있다. 어쨌든 방거사는 선림에 입문한 후 재물을 경계하는 다음과 같은 게송을 남겼다.

세상 많은 사람들 돈을 존중하지만 나는 찰나의 고요를 사랑한다. 돈이 많으면 사람의 마음을 어지럽히지만 고요하면 진여의 본성을 나타낸다.

방거사의 오도송으로 돌아가 보자.

송대의 유학자 양작은 방거사의 오도송을 "자득(自得)한 사람의 말이요, 가장 도리에 도달한 것이다"라고 찬탄했다. 또 많은 철학자들이 "맹자가 요순의 도를 일상생활에서 실천할 수 있도록 쉬운 말로 해설했다면 방거사는 일상생활 그대로가 도임을 드러내 보인 자득에 달통한 도인이었다"고 찬양했다.

선불교가 내건 '교외별전 불립문자(敎外別傳 不立文字)'라는 기치도 절대적인 인간 신뢰와 개성의 강조를 달리 표현한 말이다. 불교 선종의 낙관론적인 인간 신뢰와 개성주의는 당시 새롭게 태동한 시대정신이기도 했다. 선승들은 '평상심시도'의 실천 방법으로 생산 노동에 직접 참가해 농사일을 하고 찻잎을 따는 등 농선병행(農禪并行)을 수행 계율로 삼았다. 이른바 '청규(淸規) 정신'이다. 마조의 법제자이며 방온과 동시대인인 백장회해 선사(749~814)는 '선문규식(禪門規式: 일명 백장청규)을 제정, 청규 정신의 농선병행을 계율화했다. 이는 탁발과 보시에 의존하면서 훈고적인 경전 주석과 기복 불교를 전개하던 교학 불교에 대한 개혁이고 기성 불교를 부정하는 일대 혁명이었다.

방거사의 게송은 물 긷고 땔나무 나르는 일상의 활동이 그대로 '부처의 행화(行化)'라고 설파한다. 마조계의 조사선(일명 홍주선·마조선·강서선)은 이를 '작용즉성(作用卽性)'이라는 말로 표현했다. 선학에서는 '전체작용설', '체용일여(體用一如)'라고 한다. 본체와 작용은 동전의 앞뒷면처럼 동시적이고 상즉적(相卽的)인 관계라는 것이다. 따라서 일상생활의 활동도 불성(법신·본체)의 작용이며 그대로가 진리라는 얘기다.

체용일여론은 마조선의 장자인 위앙종의 선사들이 심화·발전시켰고 그 사촌인 임제종의 임제의현 선사가 '무위진인(無位眞人)'이라는 공안을 통해 꽃을 피웠다. 평상심시도를 떠받치는 선학이론 체계의 기둥인 체용잉여론을 구체화시켜 실감나게 설파한 것이 방거사의 '운수급반시'와 임제의 '무위진인'이다.

앞 절에서 방거사와 같이 평상심시도를 온 몸으로 실천한 나말여초(羅末麗初) 9산 선문의 하나인 성주산문 개산조 무염 선사를 소개한 바 있다. 평상심시도로 다진 그의 법력을 보여주는 일화를 소개한다.

무염 선사는 성주사 인근의 도둑떼가 절로 쳐들어오자 그들을 교화해 1백여 명을 승려로 만들었다고 한다. 이 일화는 대중과 함께 생산 노동에 직접 참여하는 그의 '청규생활'이 도둑들을 크게 감화시킨 원동력이었음을 암시한다. 무염 선사의 물 긷고 땔나무 나르는 평상심의 생활은 사회적 영향력과 성주사의 경제적 기반을 확고히 해 주는 초석이기도 했다.

일상생활을 불법 진리의 구현으로 보고 대지 위에 두 발을 굳건히 딛고 서서 '지금, 여기'의 삶을 힘차게 살아가는 인간을 신뢰하며 그들의 개성을 존중하자는 것이 당시 사회가 요구하는 시대정신에 부합하는 조사선의 선지이고 실천윤리였다. 백장 선사가 갈파했던 청규 정신은 오늘의 시대에도 변함없이 요구되는 덕목이다.

달마의 저술로 알려진 『혈맥론』도 일찍이 전체작용설을 주장했다.

부처는 인도 말이며 각성을 뜻한다. '각'이란 영각(靈覺)을 말하며 기회에 응하고 사물을 대함에 눈을 깜박이며 손발을 움직이는 일상의 활동이 모두 영각의 성(性)과 다른 것이 아니다. '성'은 곧 마음이요, 마음은 곧 부처요, 부처는 도요, 도는 곧 선(禪)이다.

『혈맥론』의 이 같은 체용일여론과 마조의 설법은 같은 맥락이다. 마조는 다음과 같이 설파했다.

지금 그대가 보고 듣고 지각하고 인식하는 견문각지(見聞覺知) 작용이 본디부터 그대의 본성이며 본심이다. 마음을 떠나 달리 부처가 있었던 게 아니다.

방거사가 말한 '물 긷고 땔나무 나르는 것'이 그대로 부처의 행위라는 것도 달마·마조의 설법과 같은 취지다. 그러나 주자학의 윤리체계는 작용이 그대로 성(性: 본체)이라는 체용일여론을 절대 배격한다. 그 이유는 '체용일여'라면 유가 윤리학의 근간인 수양론(修養論)이 성립할 수 없기 때문이다.

선종 내부적으로는 점수론을 주장하는 북종(北宗)의 경우 '작용즉성'을 주장하는 조사선의 돈오를 강력 비판한다. 6조 이후의 조사선은 작용즉성론을 통해 기독교의 성부·성자·성령 3위 일체설과 흡사한 부처의 법신·보신·화신의 삼위일체론을 전개했다. 이는 현재까지도 조사선의 일관된 선사상이다. 조사선의 전체 작용설은 성선설(性善說)에 입각한 낙관론적 입장에서 자성의 완전무결함을 앞세워 윤리의 범주를 뛰어넘는다. 윤리를 초월, 구극의 절대 자유를 따라 펼치는 소박한 일상생활의 가치 속에 내재하는 진리를 설파한 방거사의 게송은 후세에도 널리 인용됐다.

소동파와 함께 자연주의 문학을 대표하는 강서시파(江西詩派)의 창시자이며 당송 8대가의 한 사람인 황정견(1045~1105)은 〈편지를 대신해 취암 선사에게 부치다〉라는 시에서 다음과 같이 읊조렸다.

> 팔풍(八風)과 더불어 걸어가니
> 가는 곳마다 모두 일용(日用)이다.

'팔풍'은 8방의 바람, 즉 동북 염풍(炎風)·동방 조풍(條風)·동남 혜풍(惠風)·남방 거풍(巨風)·서남 양풍(涼風)·서방 유풍(飂風)·서

북 여풍(麗風)·북방 한풍(寒風)을 말한다. 또는 사람의 마음을 흔드는 애정의 감정을 일으켜는 여덟 가지 요인, 곧 일상생활 속의 희로애락을 뜻하기도 한다. 팔법(八法)이라고 하는 여덟 가지 요인은 이(利)·쇠(衰)·훼(毁)·예(譽)·칭(稱)·기(譏)·고(苦)·락(樂)이다.

임제종 황룡파 거사이며 회당조심 선사의 법제자이기도 했던 황정견의 이 시구는 일생의 희로애락을 그대로 안고 살면서 초연하는 방거사의 '운수급반시'를 다르게 표현한 것이다. 명대 서예의 1인자인 동기창은 그의 문집 『용대별집』에서 아주 요령 있게 해설했다.

오직 나 스스로 탈 없이 지낼 뿐이라는 구절은 임제의현 선사가 후일 상당 법어에서 "무위진인이 사문(四門)으로 출입한다"고 설파한 것과 똑 같은 의미다. 진인의 '인(人)'은 바로 나를 뜻한다.

방거사의 게송은 이처럼 임제의 '무위진인'으로 이어져 양지(良智: 반야지혜)를 주체적 입장에서 인격화시킨 '진인(眞人)'으로 표출됐다. 다시 말해 불성이 인간의 모습으로 나타난 것이 진인이다.

그 진인은 배고프면 밥 먹고 추우면 불을 쬐는 일상 속의 자성작용을 완수하며 살고 있는 '나'다. 주체적인 나는 언제나 지금, 여기에서 자아(self)로서 실존한다. 그래서 진인의 삶은 주체적일 수 있고 진리의 전개가 된다.

방거사가 마조와 석두 선사를 처음 참문한 것은 785년 그의 나이 이미 45세 때였다. 그는 마조 문하에서 2년 동안의 정진을 끝내고 호북성 양번으로 옮겨 녹문산에 거처를 정하고 딸 영조와 함께 죽세공품을 만들어 시장에 내다 팔아 생계를 유지했다. 그의 생활은 일종의 은거였고 일대 선림의 한소식 했다는 선장(禪匠)들을 찾아다니며 문답으로 선리를 겨루는 행각의 연속이었다.

사족 하나를 붙여둔다.

필자는 1996년 중국 선불교 답사 중 호북성 양번의 방거사 옛토굴을 찾아갔다. 언덕 밭 토굴에는 한 노파가 살고 있었는데 굴 양쪽 돌기둥에 대련이 석각(石刻)되어 있었다.

山中日月閑來往
洞口煙霞自古今
산중의 해와 달은 한가로이 오가고
마을 입구 저녁 짓는 연기는 예나 지금이나 그대로다.

나는 방거사 동굴의 이 대련 글귀를 외워 가지고 와서 한 스님의 붓글씨로 써서 시골집 마루 벽에 걸었다. 방거사야 일천 수백 년 전에 저 세상으로 갔지만 그의 선심은 이 대련 구절을 통해 오늘에도 그대로 살아 있는 것만 같았다. 그 대련이 깊은 인상으로 나에게 지금도 새겨져 있다.(앞의 방거사 관련 글은 졸저『중국 선불교 답사기』권2「그것은 바로 네 마음이니라」의 pp.160~169를 간추려 옮긴 것이다.)

4. 노장의 평상심

숨 쉬고 밥 먹으며 우리네 일상의 삶이 천지의 근본 도리와 일치함을 알아차리고 인간과 자연을 구분하는 분별심을 갖지 않는 것이 '평상심시도'다. 이 평범한 진리가 동양사상의 가장 큰 특징인 천인합일 사상이다. 그러나 이 평범한 진리를 아는 자가 드물다.

좀 더 근원적으로 말하면 우리의 마음은 근원적인 실체가 없고 그 본질이 비어 있는 공(空)이다. 그렇기 때문에 비어 있는 마음을 근본으로 하여 상황에 따라 여러 가지 모습으로 일어나는 감정들은 실체가 없다.

선불교와 노장 철학의 종지에서는 평등과 차별을 나누어 구분하지 않고 하나로 볼 수 있는 것이 진정한 평등이다. 『장자』「대종사」편은 "하늘(평등)과 사람(차별)이 서로 충돌하지 않는 것(天與人不相勝)"이 이 같은 평등이고 천인합일이라고 했다. 성(聖)과 속(俗), 같음과 다름, 동정(動靜)을 분리시켜 구별하면서 새삼 평등을 구하고자 한다면 그러한 평등은 차별에 반대되는 '조건적 평등'으로 전락하고 만다.

평상심(平常心)이라는 단어의 핵심 의미를 담고 있는 글자, 이른바 자안(字眼)은 '상(常)'이다. 이 '상'자가 일상생활의 의미로 사용된 예는 『노자』에 보인다.

> 나는 일상생활 속에서 도의 본체인 '무'에 마음을 편안히 안주하고서는 도의 오묘한 실체를 보고자 하고, 또한 일상생활 속에서 도의 작용인 '유'에 마음을 편안히 안주하고서는 세계가 보여주는 도의 작용이 광대무변하고 성대함을 관조하고자 한다.
>
> (常無 欲以觀其妙 常有 欲以觀其徼)
>
> ─ 『노자』 1장

노자의 설법을 위와 같이 해석한 것은 감산덕청 선사의 주석에 의거한 필자 나름의 의역이다. 이 두 구절을 요약하면 '무의 입장에서는 항상 도의 본체가 가지고 있는 오묘하고 헤아릴 수 없음을 관조하고, 유의 입장에서는 항상 도의 작용의 광대함과 끝없음을 관조한다'는 것이다. 감산 대사의 주석은 다음과 같다.

> '상'이란 일상생활을 뜻하고 '욕'은 ~을 하고자 한다는 뜻이다. 두 구절에서 노자는 다음과 같이 말하고 있다. 내가 일상생활에서 마음을 무에 두고 편안히 하는 것은 도의 오묘함을 보고자 해서이고, 내가 일상생활에서 마음을 유에 두는 것은 도의

끝없는 가장자리를 보고자 함이다.

　'요(徼)'는 서로가 맞닿아 있는 가장자리를 뜻한다. 노자가 의도하는 바를 다시 한 번 살펴보자. 텅 비어 있는 도의 본체가 유명유상의 천지 만물을 생성하였으므로 모든 유명 현상의 만물에는 무명(無名) 본체인 도[無]가 내재하고 있다는 것이다. 이는 바로 "한 물건이 하나의 태극(一物一太極)"이라고 말한 『주역』의 설법과 같다.

　이렇다면 일상생활 속 눈 앞에서 전개되고 두두물물에서 도의 실체를 곧바로 보고자 해야 한다. 그렇게 되면 가는 곳마다 만나는 사물마다에 도가 존재하지 않음이 없게 된다. 그래서 장자가 "도란 쭉정이에도 있고 똥·오줌 속에도 있다"고 말했던 것이다. 이처럼 깊이 있게 무(도의 본체)와 유(도의 작용)를 관찰해야만 도의 오묘한 곳을 볼 수 있는 것이다.

　『노자』는 이어서 유와 무에 대한 혼란, 곧 유와 무는 서로 대립관계라고 보는 인식을 해소하기 위해 "유와 무 두 가지는 한 뿌리에서 나온 것으로 이름이 다를 뿐 동일한 것이다(此兩者 同出而異名)"라고 설했다.

　『노자』가 상무·상유라 한 무와 유는 다 같이 도를 가리키는 말이다. 사족을 붙인다면 무는 도의 본체를 말하고 유는 도의 작용을 말하는 것인데, 도의 체와 용은 동전의 앞뒷면과도 같은 것이다. 동전을 앞면과 뒷면으로 분리해서 말한다고 해서 동전이 아닌 것은 아니다. 앞면도 동전이고 뒷면도 동전이다. 동전 앞뒷면의 의미는 각각 똑같은 무게를 갖는다. 앞뒷면이 다 있어야 동전이 된다. 이와

노장으로 읽는
선어록 (상)

마찬가지로 도에도 체와 용이라는 앞뒷면이 있고 체와 용은 똑 같은 의미와 무게를 가지고 있다.

그래서 도는 무이기도 하고 유이기도 한 것이다. 다시 말해 도는 '무'라 해도 되고 '유'라 해도 된다. 이래서 한국 선방에서도 많이 드는 "개에게는 불성이 없다"는 조주의 '무자 화두'는 개에게도 불성이 절대로 '있다'는 반어법(反語法)이고 역설일 뿐이며 그 결론은 절대 대긍정이 된다.

'무'자 화두를 투과하는 데는 노장을 한번 읽으면 그 진의와 논리 구조의 이해에 도움이 될 수 있다. 『노자』를 읽고 나면 유무에 대한 분별심은 깨끗이 사라질 수도 있다.

'유'는 도의 다른 이름일 뿐이다. 흔히 도를 '무'로만 칭하는 것으로 아는데 이는 초보적인 수준의 오해다. 유와 무는 서로 새끼줄처럼 꼬여서 현상계를 형성하고 있는 것이다. 유와 무는 새끼줄을 이루는 두 가닥처럼 공평하고 대등한 등가(等價)를 가지고 있다. 즉 무 속에 유가 있고 유 속에 무가 있는 것이 도의 본질이고 노장 철학의 우주 존재형식이다.

그래서 선학 공부의 판을 넓히기 위해서는 내전(內典)만이 아니라 노장, 유가 경전과 같은 외전(外典)도 읽어야 할 필요가 있다. 노장의 유무상생론(有無相生論)을 이해하면 '부처란 마른 똥막대기'·'뜰 앞의 측백나무(庭前柏樹子)' 같은 난해한 화두와 현성공안들을 투과하는 데 큰 도움이 될 수 있다. 『노자』 주석의 고전적 대가로 손꼽히는 왕필을 비롯한 많은 주석가들과 현대 노장 철학자들은 "상무…상유"를 '늘 무를 가지고는… 늘 유를 가지고는 언제나'로 해석한다.

'상'이 가지는 늘, 언제나, 항상, 변함없음 등의 의미에서 핵심 포인트는 반복이다. 일상생활이 반복의 대표적인 표본이다. 늘 똑같이 되풀이 되는 것이 일상생활이다. 밥 먹고 잠자는 일은 모든 사람이 죽을 때까지 되풀이한다. 따라서 감산 대사가 조사선의 핵심 선지(禪旨)인 평상심시도의 입장에서 『노자』의 '상'자를 일상생활로 풀이한 것은 왕필과 기타 주석자들의 해석과 결코 어긋나지 않는다 하겠다.

노자는 마음의 본래 근원이며 본질인 텅 빔(虛·空·無)으로 돌아간 평상심의 상태를 '고요함(靜)'이라는 한마디로 설파했다. 평상심은 혜능의 『육조단경』이 핵심 선사상으로 제시한 본래의 천부적인 소박하고 진실한 마음, 곧 자성(自性)이기도 하다. 노자는 평상심이 그 본래의 근원으로 돌아간 것을 성명(性命: 본성)의 회복, '복명(復命)'이라 했다.

평상심과 자성의 본질은 '고요함'이다. 우리 눈앞에는 삼라만상이 펼쳐져 있다. 그러나 그 만물은 결국에는 그 근원인 공으로 되돌아간다. 일상생활 속에서 '무'를 관조하여 이러한 사실을 깨닫고 나면 세상 만물을 대함에 전혀 마음의 동요가 일어나지 않는다. 어떠한 경우에도 흔들림이 없는 마음의 고요함을 자성인 성명의 회복이라 한다.

평상심의 효용이 과연 어떤 것인지 노자의 설법을 들어보자.

눈앞의 만물이 성대하지만 각기 원래 공(空)인 근본으로 되돌아간다. 이같이 근본으로 되돌아감을 만물과 나의 마음이 둘 다

고요함이라 말하고 고요함을 본래의 자성인 성명을 회복함이라 한다. 성명을 회복한 것을 영원히 변치 않는 자성의 도라 말하고 자성의 도를 아는 것을 총명함이라 한다. … 자성의 도를 깨달으면 그 마음이 관대해져 만물을 포용하게 되고 만물을 포용하면 사사로움 없이 공정하게 되고 공정하면 성인의 덕을 갖춘 왕이 되고 이런 왕은 천심에 부합하고 천심이면 자연의 도와 같다. 자연의 도라야만 영구하다.

(夫物芸芸 各復歸其根 歸根曰靜 是謂復命 復命曰常 知常曰明… 知常容 容乃公 公乃王 王乃天 天乃道 道乃久)

— 『노자』 16장

靜(고요함)→命(성명)→常(평상심)→明(지혜)으로 이어지는 노자 설법에 나온 '상'은 『노자』 1장에서와 같은 일상생활을 이끄는 평상심을 뜻한다. 노장의 '상'을 선학적으로 주석하면 일체의 분별심을 떨어버린 일상의 평상심·자성·불심·본래심·불성·여래장 등으로 풀이할 수 있다. 태어나기 전 이미 인간이 우주의 근원으로부터 품수한 평상심은 유와 무를 둘로 구분하지 않고 하나로 보는 평등심이다. 조주 스님이 어느 때는 "개에게 불성이 없다"고 했다가 어느 때는 "개에게도 불성이 있다"고 왔다 갔다 한 것은 깨친 도의 자리에서 유와 무를 똑 같은 하나로 본 '불이법문(不二法門)'이다.

앞에 인용한 『노자』 16장을 풀어낸 감산덕청 선사의 주석을 요약해 본다.

눈앞의 두두물물을 유(有)로 관조해 보니 끝내는 원래의 자리인 공(空)으로 되돌아간다. 만물이 잠시 존재해 있다 해도 필경에는 무(無)로 귀결한다. "각자 근본으로 되돌아간다"의 근본[根]은 본래 한 물건도 없는 본래무일물(本來無一物)의 자리를 말한다.

만물이 본래 없는 것이라면 인식의 주체인 마음이라는 것도 없는 것이다. 이는 곧 객체인 세계와 주체인 나를 다 잊고 고요하여 절대 움직이지 않는 텅 빈 허(虛), 즉 무심인 것이다. 그래서 "근본으로 되돌아가는 것을 고요함이라 말하고 고요함을 자성인 성명의 회복"이라 말한 것이다. 명(命)은 사람의 자성으로 사람은 이를 의지해 살고 있다. 사람이 명을 의지해 살고 있으면서 형해(形骸)를 가지고 있지만 그 육체적 자아란 원래 없는 공이다. 사람들이 형체가 없는 것을 볼 수 있으면 내가 의지하고 살아가는 세상뿐만 아니라 자신의 육신마저 잊을 수 있게 된다. 육신을 지탱하는 마음과 세상 만물 둘 다를 잊으면 스스로 근본을 회복하게 된다. 이를 "고요함이란 명(命)인 자성을 회복함"이라 한 것이다. [필자 주: 마음과 세상 둘 다를 잊는 것을 선은 '광경구망(光境俱忘)'이라 한다.]

자성의 '성(性)'은 허망하지 않고 변치 않는 도이다. 그래서 명의 회복을 허망하지 않고 변치 않는 '상(常)', 즉 도라고 한 것이다. 외물에 끄달리는 마음을 돌이켜 내면을 관조해 변치 않는 오묘한 자성을 볼 수 있어야만 지혜롭다고 할 수 있다. 그래서 변치 않는 자성의 도를 아는 것을 명(明)이라 말한다고 했다.

허망하지도 변치도 않는 도를 체득한다면 천지의 근본은 동일하고 만물이 나와 한 몸이며 하나가 된다. 천지와 하나 된 마음은 자연히 천지자연을 포용하게 된다. 그래서 "변치 않는 자성의 도를 알면 천지를 포용한다"고 한 것이다. 사람의 마음이 허공처럼 광대해지면 만물과 함께 하면서 상대적인 대립으로부터 벗어나 툭 트인 마음으로 크게 공정해지면서 사사로운 자아가 없어진다. 이래서 "마음이 천지를 포용해야만 공정해지고 성인의 덕을 갖춘 왕이 되어 하늘의 이치를 법칙으로 하는 무위자연의 도를 체득해 천심에 부합하는 왕이 될 수 있다"고 한 것이다.

이러한 변치 않는 자성의 도는 모든 사람에게 빠짐없이 갖추어져 있는데도 사람들은 이를 모르고 몸을 망치면서 사물을 따라가 욕심을 즐기면서 되돌아오지 못하니 어찌 잘못이 아니랴.

감산의 주석은 아주 친절하고 자상한 법문이지만 상당히 장문이다. 그의 주해는 자성의 도인 평상심을 회복해 일상생활을 영위하는 것이 불생불멸의 삶이고 깨달은 사람의 삶이라는 것으로 줄여 말할 수 있다.

평상심의 회복은 주체(나)와 객체(사물) 둘 다를 잊는 물아양망(物我兩忘)·빛(마음)과 경계[事物]를 모두 버리는 광경구망(光境俱忘)을 통해 가능하다는 것이 선가와 도가의 일치된 설법이다. 상심(常心)의 회복은 이미 우리 모두가 품수해 가지고 있는 자성[命, 불성]이 있기 때문에 언제 어디서나 가능하다. 선과 노장이 말하는 평상심은 여기서 바로 불성·도와 같은 의미를 갖는 또 다른 표현임을 알 수 있다. 도를 뜻하는 평상심을 멋이나 부리려고 허투루 말 속에, 글 속에 사용해서는 안 된다. '마음을 비웠다'는 말도 많이 사용하는데 이것도 도를 통한 경지에서 쓸 수 있는 엄숙한 말이다.

유가의 맹자가 평상심을 언급한 대목을 보자.

> 일정한 소득이 없어도 '항상 같은 마음(평상심)'을 간직할 수 있는 것은 오직 선비만이 할 수 있다. 일반 백성은 일정한 소득이 없으면 항상 같은 마음을 간직할 수가 없다. 진실로 항상 같은 마음이 없어지게 되면 방탕·편벽·사악·사치 등 못할 것이 없게 된다.
>
> – 『맹자』 「양혜왕」

맹자의 평상심 강조도 선가와 도가의 평상심 설법과 같은 맥락이다. 노자와 동시대를 산 공자(BC 552~479)의 저술로 전해지기도 하는 『주역』 「계사전」은 평상심을 다음과 같이 설법했다.

> 음양이 대립, 전화(轉化)하는 것을 도라 하는데… 백성들은 날마다 그것을 쓰면서도 모른다.
>
> (一陰 一陽之謂道… 百姓 日用而不知)

「계사전」은 또 "천지의 도는 일상생활 속에 감추어져 있다(藏諸用)"고 했다. 선가의 '일상생활이 바로 도(平常心是道)'라는 말과 같은 뜻이다. 평상심시도는 이처럼 『노자』, 『주역』으로까지 거슬러 올라가는 오랜 역사적 배경을 가지고 있다.

춘추시대 제(齊)나라 재상 또한 평상심을 날마다 쓰고 있으면서도 그 중요성과 효용성을 모르는 사람들의 무지를 안타까워했다.

> 도는 천하에 꽉 차 있고 사람들이 있는 곳 어디에나 있지만 사람들이 그것을 모른다. 이것은 그렇게 멀리 있는 것이 아니다. 왜냐하면 사람들이 그것을 날마다 쓰고 있기 때문이다.
>
> (道滿天下 普在民所 民不能知也 此稽不遠 日用其德)
>
> —『관자』「내업」

장자의 경우 평상심시도는 불가역적인 자연의 섭리를 따르는 초월적 순응이기도 하다. 노자와 장자가 말하는 무위자연이란 자연의 운행방식에 나의 존재 방식을 합일시키는 것이다. 우리가 알 수 없는 것, 우리 힘으로 어찌 할 수 없는 것, 우리의 능력과 한계를 넘어서는 것에 대해서는 자신을 내맡기고 거기에 편안히 머물러 있어야 한다.

이것이 바로 장자의 '안명론(安命論)'이고 평상심이다. 인간의 힘만으로는 어찌할 수 없는 무형의 힘을 인정하고 기꺼이 수용하겠다는 것이 장자의 인생관이다. 이는 운명에 맡기는 체념적 운명론이 아니라 '초월적 순응'이다.

장자는 "객관적인 필연성을 긍정하는 기초 위에서 정신적 자유를 추구하며 특유한 자신의 방식으로 자유와 필연을 통일시켜 보려고 노력했다"는 것이다.(유소감 저, 『장자철학』 p.275)

장자의 안명론은 노자의 "도는 자연을 본성으로 삼는다는 도법자연(道法自然)"과 자연을 따르는 순자연(順自然)의 또 다른 표현이기도 하다. 흔히들 『장자』는 『노자』의 '해설서'라고도 한다.

『장자』「대종사」편에 나오는 생사관은 때를 편안히 받아들이고 순리를 따르는 장자의 '안시처순(安時處順)'을 대표하는 설법이다.

삶과 죽음은 각각 때를 만남과 순리를 따르는 것이니 편안히 받아들이면 즐거움과 슬픔이 끼어들 여지가 없다.

장자의 이 같은 생사관은 선가의 색공일여(色空一如)와 궤를 같이한다. 삶과 죽음은 근원으로 돌아가면 그 당체(當體)가 공이며 같은 뿌리일 뿐 어떠한 차이도 구분도 있을 수 없다. 그러니 삶을 기뻐하고 죽음을 슬퍼할 이유가 전혀 없다. 선가의 색공일여 생사관과 장자의 생사일여관은 바로 분별심을 떠난 평상심이다. 이러한 평상심으로 나날을 살아가다가 목숨이 다하는 날을 기꺼이 맞는 것이 바로 깨달은 사람의 삶이다.

장자는 우리네 일상의 삶을 주재하는 진재(眞宰), 곧 평상심의 본체와 작용을 상세히 설명했다.

진재는 있는 듯도 하지만 그 실체를 구체적으로 얻을 순 없다. (일상생활 속에) 진재가 작용하고 있다는 것을 체험하고 믿을 순 있지만 그 구체적인 형체는 보이지 않는다. 진재의 본체는 그 작용을 감정적으로는 느낄 수 있으나 구체적인 형상으로는 드러나지 않는다.

(若有眞宰 而特不得其眹 可行已信 而不見其形 有情而無形)

- 『장자』「제물론」

감산은 『장자』의 이 구절을 다음과 같이 주석했다.

> 진재는 사람의 몸 속에 있지만 본래가 형체가 없기 때문에 그
> 실체를 구해 보아도 얻을 수 없다. 일상생활의 말과 행동 모두
> 가 진재의 작용 아님이 없어 믿을 만한 진재의 본체가 있음을
> 확신할 수는 있다. 그 구체적인 형체가 보이지 않을 뿐이다. 이
> 는 노자가 "아득하고 그윽한 가운데 정미함이 있으며 그 정미
> 함은 매우 진실하고 그 가운데 믿을 만함이 있다(『노자』 21장)"고
> 말했던 것과 같은 얘기다. 실제의 느낌은 있으나 구체적인 형상
> 이 없을 뿐이다.

필자는 장자가 여기서 말하는 '진재'를 평상심으로 바꾸어 보고
싶다. 왜냐하면 매일매일 사용하고 있는 평상심의 본체와 작용을
설명한 것으로 읽을 수 있기 때문이다. 또한 평상심의 다른 이름으
로 진재·진군(眞君)을 사용하기도 하기 때문이다. 원래 마음이란 그
작용을 느낄 수는 있지만 구체적인 실체는 없는 것이다. 밥 먹고 잠
자는 우리네 일상생활은 모두가 진재, 즉 평상심의 작용이다. 마음
의 구체적 모습이란 원래 없는 것이기 때문에 평상심의 구체적 형체
도 있을 수 없다.

그러나 밥을 먹고자 하고 잠을 자고자 하는 의식작용을 일으키는 그 무엇인가는 분명히 있다. 일상생활 속의 그 같은 마음이 평상심이다. 선승들이 흔히 '고놈, 고놈' 하는 우리 육체적 자아의 주인공이 마음이고 평상심이다. 바로 '고놈'을 진재·진군이라 하는 것이다.

일상생활이 바로 도이고 진리라는 평상심시도는 일상생활 모두가 진재(도·평상심)가 주재하는 것이기 때문이다. 따라서 도의 작용이기도 한 평상심을 따라 행해지는 모든 일상사들이 그대로 진리가 된다. 일상생활 속의 어묵동정 행주좌와가 모두 선(禪)이고 불성 당체가 밖으로 드러남이라는 전체작용설은 조사선의 혁명적인 선지(禪旨)다. 물론 마조의 전체작용설을 '배를 띄울 수도 있지만 배를 침몰시킬 수도 있다'는 비유로 비판하는 사람도 있지만 노장의 체용일여론과 맥락이 같다.

노장의 평상심시도를 다시 한 번 간략히 요약해 보자.

우주 삼라만상은 종국에는 생자필멸의 법칙을 따라 본래의 자리인 한 물건도 없는 공(空)으로 돌아간다. 마치 무성한 나뭇잎이 낙엽 되어 떨어져 썩어서 뿌리로 돌아가는 것과 같다. 만물이 그 근원인 공의 자리로 되돌아간 것을 '고요함[靜]'이라 한다. 고요함이란 일체의 분별심이 사라진 무심한 경계다. 이러한 고요함에 안주한 것을 성명(性命)의 회복이라고 한다. 성명은 우리의 존재를 지탱해 주는 본래면목·본래심을 말한다. 본래면목을 회복한 마음을 평상심이라 한다. 일상생활에서 늘 반복, 작용하고 있는 평상심은 도이고 자성이고 불성이다. 평상심은 존재의 근원이고 영구 불멸이다. 자연법칙을 따르는 무위자연의 도인 평상심을 깨달아 체득한 것이 '밝은 지혜

[明]'다. 평상심의 이치를 알면 마음이 너그러워져 만물을 평등하게 포용하고 공정해진다. 도(평상심·불성)는 우주에 두루 편재해 있기 때문에 언제, 어디서고 체득할 수 있다. 이러한 도를 체득하면 육체적 생명이 다해 죽는다 해도 그가 체득한 도는 영원히 존재한다. 사람들은 이러한 불생불멸의 이치를 모르고 몸을 망치면서 사물을 쫓아가 욕심을 즐기면서 되돌아오질 못하니 참으로 한탄스럽다.

노자는 마음이 그 근원인 뿌리로 돌아간 것을 '고요함[寂靜]'이라고 했다. 뿌리로 돌아갔음은 '생명의 회복'을 뜻한다. 그 생명은 분별심을 버린 깨달은 참 생명이다. 노장 철학은 생명의 회복을 그윽하고, 깊고, 멀고, 광활한 근본적인 생명 정신으로 돌아온 시공을 초월한 생명의 체험이라고 설명한다.

선이 풍기는 특징적인 냄새와 맛은 텅 비고[虛], 고요하고[靜], 담백[淡]하다는 것이다. 도량이 넓은 텅 빈 마음과 번거롭지 않은 조용함, 욕망을 버린 담백한 정신이 선의 강력한 매력이다. 선이 추구하는 생명 경계(境界)와 노장이 설파하는 진인·지인(至人)의 정신 경계는 전적으로 일치한다.

노자는 "허를 이루기를 지극히 하고 정 지키기를 돈독히 하라(致虛極 守靜篤)"고 한다.(『노자』 16장) '허'와 '정'은 노자철학의 핵심이다.

일상생활 속의 변함없는 마음인 평상심은 조사선의 황벽희운 선사가 특별히 강조한 "무심이 곧 도(無心是道)"의 무심과도 같은 것이다. 선가와 노장의 심관(心觀)은 다 같이 비어 있으며, 고요하다는 것이다.

5. 마른 똥 막대기가 바로 부처다
(乾屎橛)

    평상심이란 분별심을 버리고 세상 만물을 그 근본에서는 절대 평
등한 것으로 보는 '평등심'이다. 선과 노장은 다 같이 분별의 논리를
기피하고 금기시 한다. 선가는 '분별심을 버리라'는 한마디로 수행과
해탈의 관문을 제시한다. 세속의 시비와 분쟁, 모든 번뇌가 만사를
대립적으로 분별해 선악·귀천·고저·장단의 한 쪽만을 일방적으로
간택하는 데서 비롯된다고 보기 때문이다. 노장도 이 같은 사유에
철저하다.

    선과 노장이 거듭 강조하는 평상심·무심의 내용은 분별심을 버
리라는 것이다. 임제의 사가(師家)인 황벽희운 선사는 '무심이 바로
불법 진리고 도'라는 법문으로 무심을 가장 강조한 선장(禪匠)이다.
무심의 '무'가 뜻하는 구체적 내용은 시와 비를 구분하는 분별심과
사특한 생각을 버리는 것이다. 다시 말해 분별심과 사량계교(思量計

較)를 버리는 것이 무심이다.

평상심·무심은 다른 말로 바꾸면 만물을 그 근원으로 돌아가 같은 '하나'로 보는 평등심이다. 선가와 노장의 '도를 닦는다'는 말은 원래의 본심인 무심(평등심·평상심)으로 돌아가는 것을 뜻한다. 공자의 유가도 '사무사(思無邪)'라는 말로 생각에 사특함이 없어야 한다고 강조했다.

운문문언 선사 도영(道影)

절대 평등의 무심을 설파한 선림의 많은 화두들 중 널리 회자되는 운문문언 선사(864~949)의 화두 '간시궐(乾屎橛)'을 한 번 살펴보자.

학인: 어떤 것이 부처입니까?
운문: 마른 똥막대기다.

초상출격(超常出格)의 선문답이다. 격렬하고, 가파르고, 과격하고, 독설적인 운문의 가풍(家風)을 대표하는 화두의 하나다. 우선 이 화두가 뜻하는 바를 살펴보면 ①절대 평등 ②분별심 타파 ③대도의 평등성 ④만물의 상호의존 ⑤검속(儉俗)과 순박 등으로 그 함의를 요약해 볼 수 있다. 절대 평등은 6조 혜능이 "중생이 곧 부처(衆生是佛)"라는 불성사상을 강조하면서 '내가 바로 부처(我佛一體)'임을 설파한 법문에 잘 드러나 있다. 대도(大道)는 만물을 절대 평등으로 대하나 인간은 치우친 생각과 감정에 매달려 크게 평등한 마음을 지니지 못하고 부처는 고귀하고 똥막대기는 천하다고 고집한다.

모든 사람의 원래 마음은 청정하다. 대도의 입장에서 보면 원래의 청정심이 바로 부처이며 이런 마음으로 세상을 보면 모든 것이 도 아님이 없고 세상 만물이 모두 나름의 존재 이유를 가지고 있는 평등한 존재라는 대긍정에 이른다.

노장 역시 집착과 망상을 떨쳐낸 순수한 본래의 마음을 도(道)로 본다. 이 같은 본래의 마음으로 보면 모든 것이 도 아닌 것이 없다. 그러므로 똥막대기도 부처라 할 수 있다. 도로써 사물을 보면 모든 것이 절대 평등하다.

또 선과 노장이 말하는 만물은 대대적(對待的)인 상호 의존관계에 있다는 관점에서 보면 깨끗함(부처)은 더러움(똥막대기)이 없이는 존재할 수 없다. 더러움이 있기 때문에 그 '대대'로서의 깨끗함이 성립된다. 그래서 노자는 "아주 깨끗한 것은 마치 더러운 것처럼 보이고 (大白若辱), 숙련된 기술은 서툰 것처럼 보인다(大巧若拙)"고 했다.(『노자』 41·45장)

노자의 사유로 '간시궐'을 좀 더 풀이해 보자.

> 고귀함은 비천함을 근본으로 삼고 높은 것은 낮은 것을 기초로 삼는다. 이 때문에 군왕은 스스로를 고독한 사람·부족한 사람·덕이 없는 사람 등으로 낮추어 부르는 것이다.
>
> (貴以賤爲本 高以下爲本 是以候王自謂 孤·寡·不穀)
>
> — 『노자』 39장

노자의 설법은 귀함과 천함이 새끼줄의 두 가닥처럼 서로 의지해 존재하는 대대관계의 우주 존재형식과 겸손·쓸모없음의 쓸모(無用之用)·절대 평등을 말하고 있다. 천지 만물 중에 서로 무관하게 존재하는 것은 단 하나도 없다. 서로 불가분의 관계를 가지고 상호 작용을 한다.

그래서 낮음과 천함은 각각 높음과 귀함의 기초와 근본이 된다고 한 것이다. 이러한 상관적 관계를 '대대법(對待法)', 또는 대법(對法)이라고 한다. 혜능 조사의 『6조단경』도 36가지의 대법을 제시했다. 이 같은 논리는 플라톤의 '파르마콘(parmakon: 이중성·불가분리성)'과도 같은 것이다. 선학적으로는 '불이법문(不二法門)'인데 하나도 아니지만 둘도 아닌 불일이불이(不一而不二)라는 논리다.

선과 노장이 지향하는 성인의 도는 좋고 선한 것만을 찬양하는 택일주의를 선호하지 않고 그 반대되는 '싫음'과 '악'도 뿌리로 돌아가 함께 포용할 것을 요구한다. 빛과 먼지에 차이가 있음을 알면서도 그 차이를 차별로 분리하지 않고 동시에 동거시키는 너그러움이다. 이른바 '동봉(同封)의 법'으로 이중 긍정의 의미를 갖는 절묘한 사유방식이다. 노자의 '화광동진(和光同塵)'이 그 대표적 예다. 『노자』 56장의 "빛과도 어울리고 먼지와도 같이 한다(和其光 同其塵)"는 화광동진은 빛과 먼지를 둘 다 포용하는 이중적 동거 양식인데 이를 일러 노자는 '현동(玄同: 만물과 하나 됨. 도와 하나 됨)'이라 했다. 노자는 이어 "도와 하나가 되는 경계에 이르면 친함과 소원함, 귀함과 천함, 이익과 손해로부터 초연해져 밖의 사물에 얽매임이 없다"고 했다.

3조 승찬 대사가 『신심명』에서 "지극한 도에 이르는 것은 어렵지 않다. 대립 항(선-악)의 한 쪽만을 선택하는 것을 삼가야 한다.(至道

無難 唯嫌揀擇)"고 한 법문도 화광동진과 같은 맥락의 법문이다. 오래
전부터 고사성어로 되어 널리 인용되는 노자가 말한 화광동진[道]의
입장에서 '간시궐'을 보면 가장 고귀하고 숭고한 부처와 가장 비천
하고 쓸모없는 똥막대기 사이에 등식(等式)의 관계가 성립되어 똥막
대기가 부처가 된다. 노자가 말한 "고귀함은 비천함을 그 기반으로
한다(貴以賤爲本)"는 논법과 딱 맞아 떨어진다. 이것이 '간시궐'이라는
화두에서 읽어낼 수 있는 절대 평등이다.

절대 평등은 높고 귀한 사람의 겸손을 요구한다. 하늘같이 높고
높은 황제나 왕이 스스로 '과인(寡人)'이라고 칭하는 것은 겸손의 극
진한 사례다. 우리는 TV 사극에서 왕이 자신을 '과인'이라고 호칭하
는 것을 자주 본다. 원래 '과'라는 한자는 남편 없는 과부를 뜻하는
데 옛날에는 과부가 멸시·천시됐다. 과인은 시쳇말로 바꾸면 '저는
천박하고 덕행도 부족한 사람입니다.' 정도가 된다.

군왕이 자신을 고가(孤家)·과인·불곡이라 부르는 것은 모두 비천
한 사람이라는 뜻이다. 높은 탑도 낮고 튼튼한 기단(基壇)을 근본으
로 해야만 쌓아올릴 수 있고 높고 고귀한 황제도 백성이라는 기초
가 있어야만 존재할 수 있다. 백성이 없는 왕은 결코 있을 수 없다.
때문에 왕은 백성을 향해 겸손해야 한다.

아이 없는 집에서 아기가 태어나면 애지중지한다. 그런데 정작 애
기 이름[兒名]을 지을 때는 비천한 개똥이·말똥이·바위 등으로 지어
서 부른다. 또 절로 데리고 가서 스님의 양아들·양딸로도 삼는다.
그래야 아이가 무병장수하는 줄로 안다. 이 같은 한·중의 전통적인
관습에서도 하나의 철학적 이치를 발견한다. 세상에서 가장 고명한

것은 바로 가장 평범한 것이라는 이치다. 아명을 '개똥이'로 지으면 무병장수한다는 속설은 비록 비과학적이고 미신적이지만 그 속에는 겸손이라는 미덕을 담고 있다. 황제가 자칭하는 '과인'이라는 칭호도 천한 것을 근본으로 삼는 것이야말로 귀한 것이며 스스로를 항상 경계함으로써 근본을 잊지 않으려 했던 것이다. 부처란 똥막대기라 한 것도 이러한 관습과 같은 맥락이라고 볼 수도 있다. 그렇다면 부처를 마른 똥막대기라 설파한 운문의 '간시궐'은 부처님에 대한 지극한 효도고 찬양이 아닐 수 없다.

선사들은 부처를 '마른 똥막대기', 달마를 '누린내 나는 오랑캐', 8만 대장경을 '휴지 조각'이라고 욕하고 조롱하면서 '부처와 조사를 죽이라'는 폭언을 서슴지 않는다. 그러나 선사들의 이 같은 외마디 소리에는 정언약반(正言若反: 올바른 말인데 그 반대로 들림)의 진리가 들어 있다. 이러한 역설적인 진리의 설파는 진리에 합치하는 말인데도 속인들에게는 전혀 도리에 반(反)하는 말처럼 들린다. 노자는 이 같은 괴리를 '정언약반'(『노자』 78장)이라는 말로 간곡하게 설득했다. 다른 말로 바꾸면 '반상합도(反常合道: 상식에는 반하지만 도리에는 맞는다)'라고도 한다. 이러한 표현법을 서양 사람들은 '모순어법', 또는 '역설 (paradox)'이라고 한다. para는 '너머'이고 dox는 '담론'을 뜻한다. 그러니까 역설은 상식적인 담론 수준의 논리를 넘어선 '초논리'라는 얘기다. 동아시아에서는 먼 옛날부터도 속담이나 격언 등에 이런 표현법을 써 왔다.

"부처와 조사를 만나는 대로 죽여 버리라"는 임제 선사의 법문에 어리둥절하면서 그런 막말이 있을 수 있느냐고 반문한다. 그러나 그 뜻이 부처나 조사를 우상처럼 떠받드는 미신적인 우상숭배를 거두고 자신 안의 부처를 찾아 공양하고 예불하라는 친절하고 간절한 고구정녕(苦口叮嚀)의 법문임을 간파해야 한다. 그가 뜻하는 바를 옳게 이해했으면 '살불살조'라는 말은 잊어버리면 그만이다. 장자가 말한 "뜻을 얻었으면 말은 잊어버려라"는 득의망언(得意忘言)이 바로 이런 것이다. 득의망언은 불립문자의 진정한 뜻이 담겨 있는 명언이기도 하다.

'과인'은 가장 비천하면서도 가장 고귀하고 높은 존재다. 동양적인 이중긍정의 절묘한 화법이다. 한동안 유행했던 '가장 한국적인 것이 가장 세계적인 것'이라고 했던 논법도 바로 이 같은 것이다.

현동(玄同)

|

빛을 희미하게 하고 세속과 함께 어울린다. 이를 본래의 하나됨이라 한다. 그러므로 도가 현동의 단계에 이르면 친함과 소원함, 이익과 손실, 귀함과 천함에 초연해져 경계에 얽매임이 없다.
(和其光 同其塵 是謂玄同 故不可得而親 不可得而疏 不可得而利 不可得而害 不可得而貴 不可得而賤 故爲天下貴)

— 『노자』 56장

'현동(玄同)'은 만물과 본래의 하나됨으로 돌아가는 것으로 곧 도와 하나가 됨을 뜻한다. 우리가 자주 고사성어로 사용하는 화광동진(和光同塵)이라는 말이 바로 현동이다. 운문의 '간시궐'은 이 같은 노자의 현동을 설파한 법문이기도 하다.

『노자』 79장과 『장자』 「천운」편은 각각 '천도무친(天道無親)', '지인무친(至仁無親)'이라는 말로 간시궐이 말하는 절대 평등의 이치를 설파했다. '천도무친'은 자연의 이치에는 편애함이 없다는 뜻이고 '지인무친'은 지극한 사랑에는 어느 한쪽을 각별히 편애하는 마음이 없다는 뜻이다. 노자와 장자의 설법은 같은 이치를 각각 다른 표현으로 설명한 것이다. 사물을 대함에 주관적 의지나 친소의 감정을 개입시켜서는 안 된다는 경고성 법문이다.

이른 봄 길가에 다소곳이 피어난 한 송이 이슬 머금은 냉이꽃을 감상해 보자. 꽃샘추위 속의 고운 생명력을 감탄하게 하는 그 냉이꽃은 평소 보잘것없다고 지나치던 꽃이 아닌가. 사물을 평등하게 대하기 위해서는 사물을 있는 그대로 보아야 한다. 장미꽃이 꽃 중의 왕이고 냉이꽃은 꽃 축에도 못 낀다는 선입견이나 냉이꽃은 너무 작고 볼품이 없다는 주관적 감정을 개입시키면 냉이꽃의 존재 가치를 제대로 읽을 수 없다. 장미꽃이나 냉이꽃 모두 나름의 존재 이유를 가지고 있는 평등한 존재다. 도의 입장에서는 절대 평등한 도의 본체를 둘 다 품수해 가지고 있다고 본다. 꽃 자체에는 우열이 없다. 보는 사람의 주관적 판단 때문에 꽃의 미추라는 분별이 생겨났을 뿐이다. 이처럼 주관적 자아와 선입견(세속 지식) 등이 분별심을 일으키는 주범이다.

당대 서양철학의 거두이며 저명한 언어 철학자인 오스트리아의 루드비히 비트겐슈타인이 말한 "Don't think but look(사려하지 말고 있는 그대로를 보라)"라는 명언도 이 같은 노자의 사물 관조법과 전적으로 같은 맥락이다. 모두를 평등하게 대하기 위해서는 주관이나 선입견을 개입함 없이 있는 그대로를 보아야 한다는 것이다. 필자는 여기서 평상심을 '평등심'으로 표현하고 싶다.

'천도무친'을 몸으로 실천한 선림의 똑 떨어지는 예를 하나 들어 보겠다.

6조 혜능 대사의 제자인 당나라 남양혜충 국사(?~775)가 숙종 황제의 청으로 761년 황궁에 들어가 법문을 했다. 법회 중 숙종이 국사에게 이런저런 질문을 했지만 국사는 거들떠보지도 않았다. 급기야 황제가 화를 내며 일갈했다.

> 숙종: 짐은 대당의 황제로다! 그런데도 짐을 거들떠보지도 않다니 대체 무슨 법도요.
> 혜충: 폐하께선 저 허공을 보시옵니까?
> 숙종: 그렇소.
> 혜충: 하늘이 폐하께 특별한 눈짓이라도 하나이까?

이 질책성 문답의 말후구(末後句)가 바로 '허공부잡안(虛空不眨眼)'이 됐다. '허공은 누구에게도 별다른 눈짓을 하지 않는다'는 이 화두가 바로 천도무친의 절대 평등을 실천한 멋진 본보기다.

필자는 젊어서 일선 기자 시절 운문의 '간시궐'이라는 화두를 처음 대하고 어리둥절했다. 도대체 무슨 뜻인가? 책을 뒤져보고 선지식한테도 물었지만 "똥막대기도 깨치면 부처가 된다", "불법 대의를 입으로만 나불거리면서 논리적 설명을 시도하는 학인의 무지(無知)

를 힐난한 것이다", "선은 언어 문자로 설명하는 게 아니다(不立文字)"
라는 정도에 이를 수밖에 없었다. 나이가 들어 『노자』·『장자』를 나
름으로 읽고 이해하고 나니 이제야 '간시궐'이 뜻하는 바를 좀 이해
할 수 있게 됐다. 아둔한 선학 공부에 대한 솔직한 고백이다.

학덕이 없는 사람은 감정·선입견·기존의 가치관을 개입시켜 자기
방식대로 사물을 관찰하고 해석한다. 노자와 장자는 천지자연은 어
떤 것을 특별히 친하게 대하고 편애하는 일이 없기 때문에 장구하
게 유지된다고 말한다. 유가의 '친친(親親)' 개념과는 정반대의 세계
관이다. 성인은 편견과 편애가 없는 절대 평등한 '무친(無親)'의 태도
를 취하기 때문에 사람들을 고르게 도와주고 이끌어 나가는 리더
십을 발휘할 수 있다는 것이다.

노장의 도나 선가의 불법 진리 입장에서는 옥이라고 더 소중히
여기고 돌이라고 무시하지 않는다. 도는 어떤 하나의 속성에 구속되
어 있지 않다는 얘기다. 이것이 노장이 강조하는 '쓸모없음의 쓸모
(無用之用)'이다.

절대 진리인 도의 세계에서는 도와 대칭되는 어떤 개념도 존재할
수 없다. 유와 무가 대등한 관계로 꼬여서 새끼줄처럼 이루어진 것
이 도이고 세계의 존재 양식이다. 따라서 진리의 세계에서는 무=유
이고 부처와 똥막대기가 절대 평등성을 갖는 '하나(一)'일 뿐이다. 이
세상에서 가장 쓸모없는 것 중의 하나가 '똥치는 막대기'다. 똥을 치
우거나 대변 후 휴지 대용으로 사용된 것이 똥막대기다. 천하고 가
치 없고 쓸모없는 물건이나 사람을 비유해 '똥친 막대기'라고 한다.
그러나 똥막대기도 똥을 치우는 데 사용하는 필수품이고 휴지 없

던 시절 뒤를 보고 난 후의 밑닭이 역할로 당당한 존재 이유를 가지고 있는 것이었다.

유무 합일의 노장적 세계 존재 양식을 이해하면 조주가 개에게도 절대적으로 불성이 있음에도 "개에게는 불성이 없다"고 한 '무'자 화두도 쉽게 이해할 수 있다. 여기서 조주의 무(無)는 유와 무를 뛰어넘은 대긍정인 절대 유(有)를 말한 것임을 간파할 수 있다. 물론 화두의 이해와 실천은 별개의 문제다. 화두를 몸으로 체득, 일상에서 조건반사적으로 실천하는 일은 머리로 이해하는 일보다 훨씬 어렵고 힘든 과제다.

세계가 공·무라는 부정에만 집착하는 미혹을 깨쳐 진짜 공이라는 것도 없는 세계로 들어가야 한 물건도 없는 '진정한 공[眞空]'이다. 이를 부정적 어법으로 말하면 없는 것도 없는 '무무(無無)'의 경계다. 여기서는 산은 산, 물은 물 그대로가 존재 가치를 인정받고 존재할 수 있게 된다. 선사들이 열반에도 안주하지 말고 진일보해서 향상일로(向上一路)의 길로 나가라고 불락공(不落空)을 독려하는 것도 바로 무무의 경계 지향이다.

> 진리가 체현된 세상에서는 정말로 깨끗한 것이 더러운 듯하고 진짜 넓은 덕은 부족한 듯하다.
>
> (大白若辱 廣德若不足)
>
> — 『노자』 41장

노자는 청(淸)과 탁(濁) 같은 대립면들의 경계를 흐릿하게 하거나 심지어는 그 흐릿한 경계마저도 없애버린다. 귀와 천, 부처와 똥막대기도 이 같은 세계관으로 보면 하나로 통일시킬 수 있음이 확연해진다. 노장은 모든 것을 반대편 것과의 관계, 또는 반대편을 향한 운동으로 읽어낸다. 그래서 정말로 깨끗한 것은 깨끗한 것으로만 존재하지 못하고 더러운 것 속으로 해체되어 버린다. 부처는 마른 똥막대기 속으로, 마른 똥막대기는 부처 속으로 해체되어 들어가는 것이 '간시궐'이라는 화두의 요지다. 이런 논법에서는 쓸모없음이 곧 쓸모 있음이 되고 쓸모 있음이 쓸모없음이 된다.

법계상 운문의 할아버지인 덕산선감 선사(782~865)는 "달마는 누린내 나는 오랑캐고 8만 대장경은 짜낸 고름을 닦는 데 휴지로나 써야 할 종잇조각"이라고 조사를 매도했고 운문보다 100년 앞선 임제의현 선사(?~867)도 무위진인(부처)이란 '마른 똥막대기'에 불과하다고 조롱했다.

> 학인: 무엇이 무위진인입니까?
> 임제: 선상에서 내려와 학인의 멱살을 잡고 "말해 봐라"고 소리치자 학인이 우물쭈물했다. 선사는 학인을 밀쳐버리면서 "무위진인! 무슨 마른 똥막대기 같은 소리야"라고 했다.
> — 『임제록』

덕산과 임제가 부처를 꾸짖고 조사를 매도한 가불매조(呵佛罵祖) 법문은 모두 운문의 '간시궐'과 같은 의미를 담고 있다. 이는 도는 이 세상 어디고 없는 곳이 없다는 노장의 도무소부재론(道無所不在

論)과 맥락을 같이 하면서 도의 편재성을 모르고 부처·무위진인·조사를 찾아 불도를 구하고자 헤매는 어리석음을 질타한 것이다.

도의 편재론을 생생하게 설파한 예를 하나 더 보자 장자와 동곽자의 문답이다.

> 동곽자: 도대체 도는 어디에 있습니까?
> 장자: 없는 곳이 없소.
> 동곽자: 꼭 찍어 도가 있는 곳을 분명히 가르쳐 주십시오.
> 장자: 땅강아지나 개미에게도 있소.
> 동곽자: 어찌 그리 하찮은 것들에 도가 있단 말입니까?
> 장자: 기왓장이나 논밭의 피에도 있소.
> 동곽자: 어찌 점점 더 낮아집니까?
> 장자: 똥과 오줌에도 있소.
> 동곽자는 더 이상 아무 말도 못했다.
>
> — 『장자』「지북유」

도[佛法 眞理]는 오줌과 똥 속에도 있다는 도의 편재론을 연극 대사 같은 대화체로 꾸며낸 장자의 글 솜씨가 놀랍다. "만법은 어디서 나옵니까?"라는 학인의 질문에 "똥더미에서 나온다"고 대답한 조주 스님에게도 장자와 같은 포맷의 대화체 문답이 있다. 조주와 그의 상좌 문원이 내기를 걸고 주고받은 도의 편재론 선문답은 『장자』의 장자와 동곽자 문답과 전적으로 같은 문법이다. 장자(BC 365~290)는 조주(778~897)보다 1천 2백년을 앞서 부처와 똥막대기에 절대 평등하게 도가 편재하고 있음을 설파했던 것이다. 노장이 설파한 도의 편재론은 선사상의 3대 저류를 이루는 오물의 철학·풍광(風狂)의 철학·치둔(癡鈍)의 철학 중 오물의 철학을 설파하는 법문으로 활용됐고 그 핵심 사상은 모든 존재의 절대평등을 받쳐주는 기둥이기도 했다.

독실한 가톨릭 신자였던 미국의 홈스 대법관은 "대뇌작용(인식 능력)이 대장운동(대소변)보다 더 큰 우주적 가치를 갖는지 의심스럽다"고 술회한 바 있다. 장자와 선사들에게는 대장운동이 인간 사고력이 가지지 못한 크나큰 우주적 가치를 갖는다. 선은 사량분별에 빠지지 않고 생리적 본능을 따라 대변을 배설하는 대장운동에서 보편 이성을 스스로 깨닫게 한다. 이것이 바로 선사상의 저류인 '오물의 철학'이다. 개똥철학쯤으로 오해해서는 안 된다.

도의 본체는 지극히 텅 비어 있고 아주 미미하고 흐릿하여 보이지 않는다. 도는 추상적인 허깨비 같고 무용지물 같지만 그 작용인 덕(德)이 현실 세계의 구석구석까지 작용하지 않음이 없기 때문에 '쓸모없음의 쓸모 있음(無用之用)'이라는 역설적인 가치를 갖는다.

『장자』「인간세」에 나오는 산목(散木: 쓸모없는 나무)의 이야기다.

재목감이 되는 문목(文木)은 목수의 톱날에 잘려 생죽임을 당한다. 재목감이 못 되는 산목은 벌목을 당하지 않고 자기 수명을 다한다. 인간의 입장에서는 쓸모가 없지만 산목의 입장에서는 그 '쓸모없음'이 수명을 다 누리게 해 주는 귀중한 '쓸모 있음'이다.

인간의 뜻대로 쓸모 있고, 쓸모없음을 단정하고 귀천을 갈라 구분하지 말라. 천하에 쓸모없는 것은 하나도 없다. 그래서 노자는 모든 것을 소중하게 아끼는 검약(儉約)을 중시하여 검약을 삶의 첫째 보배라고 강조했다. 소중하지 않은 것이 없음을 아는 마음가짐이 아껴 쓰는 마음으로 이어지고 검(儉)하면 쓰레기가 없다. 쓰레기를 버리면서 쓸모없다고 지껄이는 것은 인간밖에 없다. 마른 똥막대기가 깨쳐 부처가 되는 것은 '쓸모없음의 쓸모'일 수도 있다.

운문의 '간시궐'은 절대 평등·도의 편재·쓸모없음의 쓸모 있음·만물의 상호의존 관계 등 여러 측면에서 조명해 볼 수 있음을 살펴보았다. 훨씬 더 넓고 깊은 의미를 찾아낼 수 있겠지만 필자의 능력은 여기까지다.

조사선의 선사상은 도덕적 행위와 종교적 행위를 둘이 아닌 하나로 통일시킨다. 선사들은 옷 입고 밥 먹는 일이 종교적 행위임과 동시에 생리적·생물적·사회적 행위라고 보고 사회도덕과 종교가 모순되지 않는다고 확신한다. 양자 간의 모순이나 충돌은 밥 먹고 옷 입는 일을 우선하면서도 그 가운데 함축된 배고플 때 밥 먹는 자연대도(大道)가 갖는 종교적 의미를 매몰시킬 때 발생한다.

그러나 선사들은 밥 먹고 옷 입는 일의 종교적 의미를 말하지 않는다. 다만 배고프면 밥을 먹고 추우면 옷을 껴입는 그것만으로 매우 좋다고 한다. 이것이 바로 자연스럽게 순리를 따르는 가운데 우주 섭리와 합일을 이루는 천인합일(天人合一)이고 엄격한 도덕성 위에 서 있는 낙천주의다. 보살은 번뇌를 완전히 소멸시키지 않고 번뇌가 곧 보리가 되도록 살려서 쓴다. 이것이 바로 '번뇌즉보리(煩惱卽菩提)'다. 개개인의 행위는 자유의지에 바탕을 두고 있으며 창조 능력을 구체적 내용으로 하고 있다. 다만 모든 개인의 행위에는 사자가 몸을 떨쳐 그 위력을 과시하고자 할 때의 '사자분신삼매(獅子奮迅三昧)'에서 몸을 일으키기 전 의지를 가다듬고 대상을 응시하듯이 모든 개인의 행위에는 부처가 마음을 한 곳에 모았던 것과 같은 '삼매'가 전제되어야 한다.

노자가 말했다.

> 기운을 오로지 하여 갓난아이와 같이 할 수 있겠는가! 씻고 털어내 도로써 보면 아무 흠이 없을 수 있다…. 천문(마음)을 열고 닫음을 암컷처럼 할 수 있는가!
>
> (專氣致柔 能嬰兒乎 滌除玄覽 能無疵乎… 天門開闔 能爲雌乎)
>
> ― 『노자』 10장

왕필과 쌍벽을 이루는 『노자』 주석의 대가인 하상공은 '전기'를 풀이하길, "정기(精氣)를 전일하게 지켜 혼란하지 않게 한다"라고 했다. 그러니까 '전(專)'은 자연스런 생리적 본능에 맡기고 '마음의 작용[人爲]'을 보태지 않는다는 것을 의미한다. 천문을 열고 닫음은 마음의 운동 변화를 뜻하므로 이를 암컷처럼 조용히, 부드럽게 한다는 것은 마음을 극단에 치우치지 않게 쓴다는 것이다.

선이 말하는 사자분신삼매의 '삼매'와 노자가 말하는 '전기'는 별반 다르지 않다. 개인의 모든 행위, 밥 먹고 잠자는 일 같은 것에도 이와 같은 삼매의 태도를 가져야 한다. 밥 먹는 일이 바로 수행이라는 대주혜해 선사의 '사자후'는 바로 이런 삼매의 태도로 밥을 먹으라는 것이다. 이러한 삼매의 마음이 평상심이고 부처의 마음이다.

그리고 모든 행위는 무공용(無功用) 속에서 이루어져야 한다. 최선을 다해 그 일을 하되 일을 할 뿐 어떤 이해득실도 생각하지 않는 것이 무공용이다. 삼매와 무공용의 정신을 가진 마음이 진정한 평상심이고 그 평상심은 바로 도이고 부처다.

조주종심 선사의 '뜰 앞의 측백나무(庭前栢樹子)', 운문문언의 '마른 똥막대기(乾屎橛)', 동산수초의 '삼베 서 근(麻三斤)' 화두는 진여를 드러내 보인, 다시 말해 마음 그 자체를 직지(直指)한 수승한 선법문이다. 불법 대의를 묻는 질문에 대한 이들의 위와 같은 대답은 그야말로 엉뚱하고, 동문서답 같고, 수수께끼 같은 격외(格外)의 기상천외한 역설이다.

그러나 어디에도 머물지 않는 것이 마음의 근본이기 때문에 '작용이 곧 성(性: 본체)'이라는 돈오 조사선의 선지를 상기하면 바로 이해할 수 있다. 화두에는 원래 정해진 공식과 같은 정답이 없다. 순간순간 살아 있는 마음이 그 답이다. 그래서 "마음이 곧 부처"라 해도 되고 "마음도 아니고 부처도 아니다"라고 해도 무방하다. 동산수초 선사는 학인이 불법 대의를 물었을 때 삼베를 손질하여 저울에 달고 있었던 것 같다. 동산의 마음은 당시 저울눈을 보는 데 집중해서 활발하게 살아 움직이고 있었다. 그 마음이 곧 진정한 본심[平常心]이고 불심이다. 그래서 자기가 보고 있는 저울눈에 나타난 '삼베 서 근'이 바로 불성이고 '이 마음 그대로가 부처(卽心卽佛)'인 불법 대의라고 자상하게 가르쳐 준 것이다.

조주·운문도 학인이 불법 대의를 물었을 때 뜰 앞의 측백나무를 무심히 바라보던 중이었고, 마른 똥막대기가 눈에 보였던 것이고, 그 순간 그들의 살아 있는 마음이 거기에 작용하고 있었던 것이다. 마음의 근본은 작용을 떠나 존재하지도 않고 작용 속에 존재하지도 않는다. 마음의 작용, 곧 직관적 이미지 그대로가 마음이며 현상 세계가 바로 마음의 존재를 증명한다. 그래서 마조 대사는 다음과 같이 설했다.

> 색(色)을 볼 때 그것은 모두 마음을 보는 것이다. 마음은 스스로 마음인 것이 아니라 색 때문에 존재하게 된다.
>
> — 『마조어록』

그는 또 "일체법이 모두 마음의 법이며 일체의 이름은 모두 마음의 이름이므로 만법이 마음에서 생기고 마음이 만법의 근원이다"라고 설파하기도 했다.

여기서 마조의 '평상심시도'를 선학적으로 다시 한번 요약해 보자.

화두의 역설을 통한 의식의 전환은 자신[自我]을 부정함으로써 자신을 재정립한다. 그렇게 되면 일상의 견문각지(見聞覺知)를 버리지 않고 자신의 정체성(整體性: The whole one)을 회복한다. 즉 육체적 자아[假我]와 정신적 자아[眞我]가 하나로 통일된다. 정체성을 회복한 의식은 선정의 상태에서나 일상의 의식 상태에서나 걸림 없이 작용한다. 이를 '진망화합구조(眞妄和合構造: 가짜와 진짜의 통일)'라고도 한

다. 공안(화두)은 이렇게 하여 선정과 지혜를 하나로 통일시킨다. 이
것이 6조 혜능이 『단경』에서 설파한 정혜쌍수(定慧雙修)이고 마조가
말한 평상심시도의 진정한 의미다.

일식야침(日食夜寢)

|

　평상심시도를 설파한 방온 거사의 오도송과 함께 쌍벽을 이루는
위산·앙산 부자(父子)의 '평상심시도' 선문답을 보는 것으로 이 장(章)
을 끝맺고자 한다.

　　낮에는 밥을 먹고 밤이 되면 잠을 잤다.(日中一食 夜後一寢)

　평범한 일상의 이야기다. 이 당연한 일이 무슨 큰 의미가 있을
까? '당연(當然)', 꼭 그래야만 한다는 당연지사의 뜻부터가 사실은
엄청난 의미를 갖는다.

　　위산: 너를 한여름 내내 보지 못했구나. 그동안 무슨 일을 했느
　　　　 냐?
　　앙산: 밭 한 뙈기를 갈아서 씨 한 바구니를 뿌렸습니다.
　　위산: 그렇다면 여름을 한가롭게 보내진 못했구나.
　　앙산: 스님께서는 여름을 어떻게 보내셨습니까?
　　위산: 낮엔 밥을 먹고 밤엔 잠을 잤다.(日中一食 夜後一寢)

앙산: 스님께서도 여름을 한적하게 지내시지는 못하셨군요.

— 『위앙록』

앙산혜적 선사(803~887)가 하안거를 마친 후 스승 위산영우 화상(771~853)을 문안하면서 나눈 선문답이다. 화두로는 '일식야침(日食夜寢)'이라 한다.

농부들의 일상 대화 같다. 밭일과 밥 먹는 이야기다. 원래 조사선의 선승들의 상당법어나 선문답은 농촌 사람들이 쓰는 구어·속어를 많이 사용하는 회화체다. 혜능의 돈오 남종선은 그 출발이 농민과 소농 지주들을 바탕으로 한 농민불교였기 때문이다. 그래서 구어·속어 사용의 전통은 사대부를 주로 상대한 분등선 이전은 물론 이후까지도 그 흔적이 그대로 남아 있었다. 이는 아주 개방적인 종교에서나 있을 수 있는 일이다. 농민을 상대로 한 포교에 어려운 교학 용어를 사용할 수 없었던 것이다. 그래서 똥막대기·호미·괭이·지렁이·뱀 같은 말들이 선어록에 많이 등장한다. 그런데도 많은 사람들이 선문답을 이해할 수 없는 동문서답의 대명사로 생각한다. 본래 선어록들에 실려 있는 법어나 선문답은 가장 일상적이고 평이한 생활 기록들이다. 그러나 선어록들 속에는 비범한 진리와 세계관·인생관이 담겨 있다. 그래서 선어록을 읽으려면 농민 용어가 상징하는 선지, 즉 선학 용어의 '상징체계'를 익혀야 한다.

위산과 앙산의 평범한 구어체 문안 인사는 별 것도 아닌 것 같다. 그렇지만 한마디 한마디 속에 담겨 있는 선리(禪理)가 온 우주를 다 적시고도 모자람이 없는 법우(法雨)를 내리고 있다. 도[佛法 眞理]

를 따라 임운자재(任運自在)하게 사는 삶을 보여주는 심오한 인생철학을 설파하고 있다.

　이것이 바로 선문답이 자리하는 공간이다. 조사선에는 현기증 나는 논리를 전개하는 복잡한 문장도, 문어체의 어려운 가르침도 없다. 주로 일상의 구어체를 사용한 대화와 문답이 있을 뿐이다. 선은 일찍이 현대 교육에서 중시하는 질의응답식 가르침으로 선지를 학습하고 전등(傳燈)한다. 그런데도 사람들은 선문답을 스핑크스의 수수께끼나 골치 아픈 퍼즐, 스무고개식 재치 문답 같다고 수다를 떤다.

　다만 선어록을 읽거나 참선을 할 때 유의할 것은 멍청한 듯, 어리석은 듯, 어린애 같은 듯한 선사들의 한마디 속에는 늘 '현문우답

〈위산영우 선사 도영〉
—
중국 호남성 위산 시방밀인사에 봉안되어 있는
위앙종 개산조 영우 선사 도영(道影).

(賢問愚答)'의 비수가 들어 있다는 점이다. 선공부는 그 날카로운 칼날에 한 번 찔려야만 화석처럼 굳어 있는 낡은 사유체계를 깨부수고 절대 자유의 우주 공간으로 나올 수 있다.

바로 위산영우의 "낮엔 밥 먹고 밤엔 잠 잤다"라는 한마디도 인간의 삶은 우주섭리를 따라 살 수밖에 없는, 이른바 평상심이 곧 도임을 설파한 일구로 벼락이 내리쳐 머리통을 깨부수는 전광석화 같은 비수의 찌름이다.

위산은 "심전(心田: 마음 밭)에 불성의 씨앗을 뿌렸다"는 앙산의 형이상학적인 관념적 사고를 단 한마디의 비수(匕首)로 절단 내어 버렸다. 그 비수는 "밥 먹고 잠 잔다"는 어린애들 말장난 같은 평범한 얘기다. 인간의 삶에 있어서 밥과 잠은 '당위(當爲)'다. 밥을 안 먹고 잠을 자지 않고 살 수 있는 사람은 이 우주에 존재하지 않는다. 우리는 이런 당위를 흔히 '당연지사'라 하여 쉽게 지나치거나 누구나 다 하는 항다반사(恒茶飯事)라고 얕본다. 그러나 세상의 모든 비리와 왜곡은 당연지사를 이끄는 순리를 거역하는 데서 비롯된다.

불교 경전으로 손꼽히는 『금강경』을 보면 부처님은 설법을 하기 전 꼭 밥 먹고 발우를 씻어 정돈한 다음 법상에 올라 법문을 한다. 밥 먹고 밥 그릇 씻는 일이 뭐 그리 대단하다고 그처럼 고상한 경전의 맨 앞에다 써 놓았겠는가. 어찌 보면 경전의 품위를 손상시키는 일 같기도 하다.

그런 게 아니다. '금강산도 식후 구경'이라는 속담을 떠올리면 금시 이해할 수 있다. 어떠한 성스러운 일도 밥 안 먹고는 못한다. 부처님도 법문을 하려면 밥을 먹어 체력을 유지해야 한다. 이쯤이면 밥의 중요성을 더 이상 구차스럽게 설명할 필요가 없을 것이다.

"낮엔 밥 먹고 밤엔 잠자느라 여름을 한가롭게 보내시진 못하셨 군요!"

앙산의 이 말도 선리에 들어맞는 멋진 거량이다. 앙산은 이처럼 훌륭한 거량을 하고도 그만 속기(俗氣)를 드러내 보여 흠집을 남기 고 말았다. 화두는 이렇게 이어졌다.

> 앙산은 자신의 말이 스승을 비꼰 무례(無禮)라고 생각했다. 그래 서 흔히 사교상 실수를 저질러 멋쩍을 때 하듯이 혀를 쑥 내밀 었다.
> 제자가 당황하는 것을 본 위산은 다음과 같이 나무랐다.
> "자신의 거동에 대해 어쩌자고 그런 유치한 짓을 하는가!"

위산은 아직 세속적인 공리주의를 완전 탈피하지 못한 채 선적인 가치에 흔쾌히 계합치 못하는 제자를 안타까워하면서 이렇게 힐난 했다. 멋쩍어할 이유가 전혀 없는데도 스승에게 무례를 범하면 눈 밖에라도 나지 않을까 하는 마음에 무심코 혀를 쑥 내민 앙산의 '속 기'로 인해 급기야 친절한 책망을 듣고 말았다.

위산은 이 문답을 통해 앙산에게 평상심이 곧 도임을 일깨워 견 성의 감로수를 마시게 하려는 지극한 스승의 사랑을 베풀었다. 위 산의 가르침은 한마디로 공연한 관념적 유희에 빠져 생생한 인간 실 존의 밑바탕을 잃어버린 채 허우적거리지 말고 우주 섭리를 따라 밥 먹고 잠자는 일상생활 속에 살아 있는 진리 당체를 두 눈으로 또렷이 보라는 것이다.

다만 앙산이 견성의 문을 들어서고도 멋쩍어 혀를 내민 속기 때문에 마무리가 깔끔하지 못했을 뿐이다. 위산과 앙산 부자(父子)는 온화하고 자상한, 죽이 잘 맞는 문답을 주고받은 사제 간으로도 유명하다. 그래서 위앙종의 가풍을 흔히 '부자자효(父慈子孝)' '부창부수(夫唱婦隨)'라고 특징짓기도 한다.

열자(列子)가 어느 날 제자와 함께 길을 가다가 개울가에 있는 해골을 가리키며 이렇게 말한다.

> "나와 저 사람은 생사를 달리하고 있지만 도에 입각해서 말한다면 둘이 다 태어난 적도 죽은 적도 없다고 해야 한다."

『열자』「천단(天端)」편에 나오는 이야기다.

생사란 마음에서 한 생각을 일으켜 구분한 것에 불과하다. 생과 사, 나와 너라는 현상의 본질은 본래가 공(空)이다. 따라서 생과 사라는 구별은 전혀 무의미한 인간의 '논리적 기만'에 불과하다. 열자가 갈파한 내용은 바로 이런 것이다.

장자의 얘기를 보자.

> "옛날 진인은 삶을 새삼 기뻐할 줄도 모르고 죽음을 새삼 싫어할 줄도 모른다. 또 태어남을 기뻐하지도 않고 죽음을 거역하지도 않는다."

『장자』「대종사(大宗師)」편에 나오는 이야기다.

진인(깨친 사람)은 죽음과 삶, 꿈과 깨어 있음의 차이에 대해 아무런 의미도 부여하지 않는다. 조사선의 심지법문(心地法門)도 장자나 열자와 같은 맥락이다. 불교는 본래부터 '일체유심조(一切唯心造: 화엄경), '삼계유심(三界唯心: 成唯識論 권7, 임제록, 법안록 등)'을 설파해 왔다. 우리가 경험하고 있는 삼라만상은 우리 마음의 의식작용을 따라 나타난 것이다. 한마디로 말해 우주 만법이 오직 마음이며 마음을 씨앗으로 한 의식작용에 따라 외부 경계(境界)인 듯 나타난 것에 불과할 뿐이라는 얘기다.

조사선이 거듭 강조하는 평상심도 바로 이 삼계유심의 마음과 같은 진여자성으로서의 마음을 말한다. 평상심이란 일체의 경계와 사물에 집착함이 없는 무심(無心), 바로 그것이기도 하다. '일체유심조'의 화엄철학을 선의 실천구조로 구체화시킨 대표적인 선종 종파가 법안종이다.

> 묻는다: 그대는 삼계유심·만법유식(萬法唯識)이라는 걸 알고 있는가?
>
> 답한다: 물론입니다.
>
> 묻는다: (뜰 앞 나무 밑에 있는 바위를 가리키면서) 저 바위는 그대의 마음 속에 있는가, 아니면 그대의 마음 밖에 있는가?
>
> 답한다: 마음 속에 있습니다.
>
> 묻는다: 수행자여, 그대는 무슨 사정이 있어 그렇게 무거운 바위를 마음 속에 짊어지고 다니는가?

대답이 막혀버린 법안문익은 즉각 여장을 풀고 나한계침(일명 지장계침)의 발아래 무릎을 꿇은 후 가르침을 청했다. 법안은 매일 자신의 견해를 나한 선사에게 진술해 불교이론을 펼쳐보였다. 이렇게 한 달이 지난 어느 날 지장이 말했다.

"불법이란 그런 것이 아니다. 만일 불법이란 게 있다면 눈앞에 나타나 있는 모든 것이 불법이 아닌가!"

선종 5가 중 마지막으로 개산한 종파인 법안종 창시자 법안문익(法眼文益: 885~958)이 나한계침(羅漢桂琛) 선사를 참문하고 깨친 '지장암석(地藏岩石)'이라는 화두다. 지장이 묻고 법안이 답했다. 여기서 말하는 지장의 '삼계유심'은 마조의 평상심을 발전시킨 것이다. 존재의 본질인 공(空)에 입각해 눈앞에 있는 두두물물을 진리당체로 받아들이는 공무(空無) 이후의 절대긍정인 평상심에 나타난 일상성을 깊이 관조하는 가풍은 법안종의 뚜렷한 특징이다. 이 점에서는 법안이 조주종심 선사나 임제의현 선사보다 훨씬 더 철저하다.

조주에게도 비슷한 선화(禪話)가 있다.

납자: 이렇게 빈 손으로 왔습니다.
조주: 그러면 내려놓게.
납자: 아무 것도 가져온 게 없는데 무엇을 내려놓습니까?
조주: 그러면 계속 들고 있게나!

조주와 한 운수행각승이 거량한 선문답이다. 화두로는 '방하착

(放下着)'이라 한다. 선의 경지로 들어서기 위해서는 '빈손(관념적인 번뇌망상의 단절)'만으로는 충분치 않다. 중요한 것은 마음을 비우는 것이다. 조주는 "아무 것도 가져온 게 없다"는 물건을 마음속에 품고 있는 납자에게 그러한 생각 자체까지를 버리는 것이 공심(空心)이고 무심이라고 가르쳐 준다.

납자가 그렇게도 열심히 찾고 갈구하는 '무심'이라는 것이 그 자신의 발아래서 무참히 짓밟히고 있다는 사실이야말로 슬픈 일이다. 부처는 그가 더 이상 부처임을 고집하지 않을 때 바로 현현(顯現)한다. 즉 부처이기 위해서는 부처를 포기해야 한다. 이처럼 살고자 하면 죽고, 죽고자 하면 반드시 사는 '필생사야 필사생야(必生死也 必死生也)'의 경지만이 선의 진리에 이르는 길이다. 납자가 진정한 깨달음에 이르기 위해서는 공무, 즉 아무것도 가진 게 없다는 생각까지 떨어버려야 한다. 그래서 조주는 '그것을 버리라(放下着)'고 한다.

마음속에 무겁게 지고 있는 모든 짐을 내려놓아라. 마음을 비워라.

방하착 하라!

노장으로 읽는
선어록 (상)

제3장

산은 산이요, 물은 물이로다
(山只是山 水只是水)

"산은 산이요, 물은 물이로다."

한때 많이 들어본 말이다. 1981년 성철 전 조계종 종정이 내렸던 취임 법어의 말후구(末後句)이기도 하다. 한 잔 술에 얼큰해진 취객들도 한동안 곧잘 읊조렸던 선구(禪句)다. 참 싱거운 소리다. 짠맛 빠져나간 소금 같다. 이게 깨달은 역대 선사들이 되풀이 강조하는 엄청난 법문이라니.

노자는 '언유종(言有宗)'이라 했다. 말에는 뜻하는 바가 있어야 한다는

전 조계종 종정 성철 스님.
장경각 앞에서

얘기다. 종(宗)은 선림에서 말하는 종지인데 쉬운 말로 풀면 '뜻하는 바'다. 노자의 말을 따르면 깨달은 선사들의 사자후라는 이 선구에 무슨 놀라운 소식이 있을 법도 하다. 그러나 보통의 알음알이로는 자다가 봉창 두드리는 잠꼬대만 같다. 일단 노자의 말을 믿어보자.

이 법문은 '나'라는 주체와 '사물'이라는 객체 둘 다를 던져버리고 물아일체가 되어 새롭게 태어난 진인이 천인합일의 자연 대도를 걸어가면서 부르는 노래다. 달리 말하면 우주와 내가 하나 된 경계에서 만물의 평등한 존재가치를 인정하는 대긍정이고 '진짜가 아닌 공[不眞空]'에 안주해 큰 소리 치는 설익은 깨침을 뛰어넘어 공도 무도

없는 진공의 상태로 삼라만상을 포용하는 우주정신(universal mind)이다. 이것이 바로 불교 선종의 종지다.

선학에서는 이 같은 진공의 경계를 능소구민(能所俱泯)·광경구망(光境俱忘)이라는 말로 표현한다. '광'은 마음, '경'은 사물을, '능'은 주체·주관, '소'는 객체·객관을 각각 뜻한다. 선은 마음도 공도 무도 다 버린다. 이것이 방하착(放下着)이다. 궁극적인 본래무일물(本來無一物)의 자리는 원래가 마음이라는 것도, 공이라는 것도 없는 '진공'일 뿐이다. 진공 속의 실존을 볼 수 있는 눈이 열려야 견성성불할 수 있다.

선은 배고프면 밥 먹고 추우면 옷 입는 일과 같은 엄청난 천인합일의 대도를 구차한 말로 설명하지 않는다. 그저 밥 먹고 옷 입는 일 자체로서 좋다. 배고플 때 밥 먹는 생리 본능에서 무의식적으로 자연 대도를 자득(自得)했기 때문이다.

산을 산으로 보는 범부의 알음알이 지견(知見)은 선과 노장을 조금만 공부하면 산은 산이 아니라는 부정의 단계로 올라선다. 그러나 더 나아가 진짜 공의 세계로 나아가려면 없는 것도 없는 무무(無無)가 되어야 한다. 이 같은 '무무'의 경계가 진짜 공이다. '유'라고 할 만한 어떤 것도 없는 곳인 '무하유지향(無何有之鄕)'이라는 장자의 이상향도 바로 이런 것이다. 무가 존재한다고 생각하면 무가 있다는 또 하나의 '유'를 인정하는 것 아닌가. 그래서 장자는 "유라고 할 만한 어떤 것도 없다"고 한 것이다.

장자의 '무하유지향'을 유는 없고 무만 있는 곳으로 오해하면 큰 잘못이다. 그곳에는 상대적인 유도 무도 없고 있는 그대로가 존재할 뿐이다. 이것이 바로 존재하는 그대로일 뿐인 산은 산인 대긍정이다. 이러한 대긍정의 세계, 진공의 세계에서는 그저 산은 산일 뿐이고, 물은 물일 뿐이며 텅 빈 산에 물이 흐르고 꽃이 피고 지는 화장세계다. 이를 '진공묘유(眞空妙有)'라 한다. 허공은 텅 비어 있으면서 삼라만상을 다 포용한다. 허공과 같은 진공묘유의 세계에 들어서야 진짜 깨침이다.

산은 산인 초등학생 수준의 긍정은 산은 산이 아닌 중등학생 수준의 부정이 되어 다시 변증법적 부정을 거쳐 대학생 수준의 산은 산인 대긍정의 무심한 진공 경계가 된다. 긍정–부정–긍정으로 이어지는 논리구조는 정–반–합의 변증법 논리와 비슷해 보이지만 근본적 사유의 뿌리가 다르다. 원래 선이 말하는 무심의 '무'는 소유할 만한 것이 없다는 뜻이다. 가지고 싶은 게 없으면 욕심도 집착도 없게 된다.

산은 산일 뿐이라는 선구를 참으로 이해하기 위해서는 불학의 반야공관론·열반불성론, 승조 대사의 『부진공론(不眞空論)』 등은 물론 『노자』·『장자』와 같은 외전을 숙지할 필요가 있다. 필자는 특히 후자를 꼭 권하고 싶다.

1. 삼반견해(三般見解)

다음은 송나라 때 강서성 길주 청원산 정거사에 주석했던 임제종 황룡파 청원유신 선사가 상당법어에서 제시한 세 가지 층차의 견식(見識) 차이다.

① 이 늙은이가 30년 전 참선을 하지 않을 때는 산을 보면 곧 산이고 물을 보면 곧 물이더라.(山是山 水是水)
② 선리를 깨닫고 나서 눈이 조금 열리니 산을 보아도 산이 아니고 물을 보아도 물이 아니었다.(山不是山 水不是水)
③ 이제 불법 도리를 확실히 깨치고 나니 산을 보면 산일 뿐이고 물을 보면 물일 뿐이다.(山只是山 水只是水)

청원유신 선사의 법문은 '산은 산이로다'를 가장 조리 있게 설파한 설법으로 손꼽힌다. 청원유신 선사는 법문을 다음과 같이 끝맺음 했다.

형제들이여, 이 세 가지 서로 다른 견해에 어떤 차별성이 있는가? 이를 명확히 설명할 사람이 있으면 이 노한(老漢)은 기꺼이 엎드려 절을 올리겠다.

선림은 이같이 세 가지 층차를 가지고 인식의 고하를 논한 논변을 '삼반견해'라 한다. '산은 산'이라는 선구의 선리(禪理)를 극명하게 밝힌 유신 선사의 삼반견해는 선학의 백미로 손꼽힌다.

한국불교 성철 전 조계종 종정도 종정 취임식 법어에 이 선구를 수시(垂示), 승속 간의 수많은 사람들에게 감명을 주고 선의식(禪意識)을 자극했다. 더구나 성철 종정은 취임식장에 나타나지도 않고 법어만 전해 더더욱 이 선구의 신비감을 느끼게 했다. 그 깊은 뜻이야 알 리 없건만 우리 모두에게 잠재한 평상심이 막연한 청량감 같은 걸 느끼게 했다. 현대 한국불교에서 이 한마디만큼 승속간의 선의식을 건드린 법문이 아직까진 없다. 세속 사람들이 불교의 선에 관심을 많이 갖게 된 것도 이 때부터다.

'산지시산 수지시수'를 통해 물아일체의 평상심을 설파한 대표적 선사들로는 운문문언, 운문보다 한 세기 앞서는 황벽희운, 그리고 청원유신을 꼽을 수 있다. 유신 선사가 3단계 층차로 나누어 설한 '산지시산' 법문을 한 층차씩 살펴보자.

①은 범부가 산과 물을 분별해 인식하는 알음알이다. 산과 물을 구분하는 분별지(分別智)로서 본 피상적인 앎이고 '나'라는 주체가 산이라는 '객체'를 바라본 대상적·상대적 지식이다. 대상적 지식은 마음 안에 있는 허상이며 외부의 대상에 철저하게 종속되어 있다. 영화 속에 몰입하여 현실과 영화를 구분하지 못하고 두려움과 슬픔을 생생하게 느끼는 것과도 같다. 나의 선입관과 편견이 개입되어 사물을 바라보는 '이아관물(以我觀物)'이다.

선과 노장은 이와 같은 사물 관법을 극구 배격하면서 사물을 있는 그대로 보는 '이물관물(以物觀物)'의 관법을 강조한다. 루드비히 비트겐슈타인의 "사려하지 말고 보기만 하라(Don't think but look)"는 명언도 바로 이런 관조법이다.

②는 상대적 지식을 허망한 그림자로 보는 깨달음의 초보자가 일체유심조(一切唯心造)의 공관(空觀)에 입각해 현상계를 부정적으로 보는 산이다. 본래의 실상(實相)은 무상(無相)이고 현상계에 나타난 모든 형상은 거품이나 이슬과 같은 일시적인 모습일 뿐이고 허망하다는 '범소유상 개시허망(凡所有相 皆是虛妄)'의 반야 공관이다. 여기서 공이나 무에 안주해 허무주의·염세주의로 흘러가면 안 된다. 그렇게 끝나면 진정한 깨침이 아니다. 공·무에서 '백척간두 진일보(百尺竿頭 進一步)'하는 향상일로(向上一路)를 거쳐 세상 만유의 존재 가치를 긍정하고 포용하는 허공과 같은 단계로 올라서야 한다.

③은 대상적인 분별지의 앎과는 전혀 다른 우주정신(universal mind)으로 세상을 포용하는 '반성적인 앎'이 보는 산이다. 이 반성적인 앎을 선은 깨달음이라 한다. 보는 마음(주체·주관)과 보이는 마음

(객체·객관)으로 분리된 마음을 하나 된 본래의 마음으로 되돌린, 이른바 회광반조(回光返照)한 마음이 바로 반성적인 앎이다. 여기서 선은 능소(能所: 주관과 객관)를 하나로 통일시켜 나[我]와 물(物)의 국경을 허물고 사물 그 자체가 바로 도인 경계에 도달한 자로서 산을 본다. 쉽게 말해 깨달은 자가 본 산이다. ③은 ②에서 가까스로 부처의 법신을 깨달아 절대무의 평등세계에 안주하며 이상한 행동으로 퇴보하기 쉬운 은둔·도피를 뛰어넘어 차별 세계를 인정하는 화신(化身)의 경계다. 이와 같은 경계에서는 산과 물이 분별되는 '무분별의 분별'이 가능하고 '평등 속의 차별', '차별 속의 평등'이 아무 장애 없이 자재롭게 펼쳐진다.

유신 선사가 설파한 세계 인식의 고하담론이 가지는 세 가지 층차를 선학적으로 정리하면 ①범부→ ②범입성(凡入聖: 범부가 성인의 세계로 들어감)→ ③성입범(聖入凡: 성인이 범부의 세계로 들어와 화광동진함)으로 요약할 수 있다. 참으로 깨친 성인[道人]은 속세를 떠나 잠시 입산수도해 화신으로 다시 태어나 속세로 돌아와 '속인 속의 성인'으로 어울려 자재롭게 산다. 이것이 바로 노자가 말하는 화광동진(和光同塵: 빛과도 먼지와도 함께 함)이기도 하다. 장자는 이처럼 동시에 범부·성인의 두 길을 가는 해탈 경계를 '양행(兩行)'이라 했다. 산은 산이고 물은 물일 뿐인 해탈 경계에서 사는 진인은 활발발지(活潑潑地)의 전체작용을 체득해 구사하는 대자유인이다.

'산지시산'은 곧 성인의 경계다. 『장자』「대종사」편은 성인의 경계를 다음과 같이 묘사했다.

노장으로 읽는
선어록 (상)

성인은 아무 것도 잃을 염려가 없는 경지, 일체를 그대로 받아
들이는 경지에서 노닐고 모든 것을 그대로 긍정하고자 한다.

(聖人將遊於物之所 不得遁而皆有)

　장자의 설법은 진정으로 깨친 자는 세계를 있는 그대로 긍정한
다는 것이다. 이는 바로 유신 선사가 제시한 ③의 견해와 일치한다.
도를 닦고 세상의 각종 지식을 익힌다는 것은 내면으로 들어가 그
핵심[道]을 관조하고 그 핵심으로부터 다시 구체적인 효용으로 차츰
차츰 표출되어 나와야 한다. 이것이 바로 ①산시산- ②산불시산-
③산지시산을 통해 인식의 높고 낮음을 담론한 유신 선사의 법문이
말하고자 하는 결론이다.

　선림에서는 ③의 확철대오한 후 속세로의 귀환을 '회향(廻向)'·'일
귀만법(一歸萬法)'이라는 용어로 표현한다. 진정한 깨침은 세속 회향
을 통해 왕성한 생명력을 발휘하면서 중생을 제도해야 완성된다.

　유신 선사의 '산은 산이로다'는 세계와 사물 인식의 최고 단계다.
이를 현대적 문법으로 풀어 말하면:

　　공·무라는 부정[凡入聖]에 머물지 않고 변증법적 부정을 통해
　　외형적으론 일상의 인식과 같은 긍정(산은 산이로다)으로 나간다.
　　여기서 현존하는 모든 것들은 있는 그대로 위대하게 긍정된다.
　　이 긍정을 바탕으로 현실 티끌 세계로 돌아가 빛과도 함께 하
　　고 티끌과도 어울리는 삶을 산다.

이것이 바로 노자가 말한 성인이 속세를 살아가는 '화광동진'이며, 역시 같은 개념인 장자가 말한 성(聖)의 세계와 속(俗)의 세계 두 길을 동시에 함께 걸어가는 '양행(兩行)'이다. 불교 선종이 말하는 공·무는 존재자를 단순히 부정하는 것도 허무주의·회의주의를 뜻하는 표현도 아니다. 선불교의 '공(空)'은 오히려 존재자를 최고로 긍정한다. 다만 실체적인 경계(境界)를 만드는 것을 부정한다. 공의 개방성은 개별 존재의 긍정뿐만 아니라 그들에게 머물 공간을 제공해 준다. 실상은 무상이지만 그 무상을 다시 부정해 제법실상(諸法實相)의 세계를 만들어낸다.

③의 '산은 산이요, 물은 물이로다'는 깨달은 후의 우주 대긍정, 무분별의 분별(평등 속의 차별), 무소득(無所得)을 체득한 구경 불지(佛地)를 나타내는 구경극칙(究竟極則)이다. 즉 깨달은 자가 만물의 개별적 고유성을 인정하는 지혜를 밝힌 중요한 법문으로『장자』의 '조철(朝徹: 깨침)' 후의 '견독(見獨: 道·佛性을 徹見함)'의 경계와 같고 20세기 실존주의 철학과도 상통하는 바가 있다.

유신 선사의 정신적 고하 담론에서 ①의 범부 인식과 ③의 깨친 자의 인식은 과연 어떤 차이점이 있는가? 언뜻 보면 그게 그거 아닌가? 다 같은 '산은 산'이라는 긍정인데 말이다.

①은 주관적 분별심으로 본 긍정적인 존재 인식이다. 언어와 개념으로 습득한 인식일 뿐 산의 실체 파악이 아니다. 언어와 개념은 사물을 지시하고 진리를 인식하기 위한 방편이지 사물이나 진리 자체가 아니다. 우리가 관습적으로 받아들이는 모든 명제들은 실은 언어 개념에 불과한 것이고 분별일 뿐이지 본질적인 차이를 이해한

것이 아니다. 불법이나 도와 같은 심오한 진리는 언어문자와 개념 밖에 존재한다. 때문에 우리의 감각이나 통상의 인식으로는 접근이 불가능하다. 직관적 관조만이 접근 가능한 길이다. 이것이 '불립문자'가 말하는 깊은 뜻이다.

범부의 ①'산시산 수시수'는 마치 향냄새가 옷에 배어 찌든 것 같은 훈습(熏習: vasana)으로 축적된 지식에 따른 분별지(分別智)다.

진인의 ③'산지시산…'은 무분별지로 본 산과 물의 대긍정이고 분별이다. 분별심을 버리고 만법이 하나로 돌아간 만물제동(萬物齊同)의 무차별적인 평등심에서 사물을 인식한 고도의 정신 경계다.

자연 그대로의 입장, 즉 우주의 근원인 도의 자리에서 보면 있어야 할 것과 없어야 할 것의 구분이 있을 수 없다. 주관적 분별심을 없앤 자연 그대로의 입장에 서면 모든 것은 각각 나름의 타당성과 존재 이유를 가지고 있다. 여기에 바로 '산은 산이고 물은 물'일 뿐인 대긍정이 자리하고 있다.

오직 불법 진리와 도에 통달한 자만이 만물이 다 같은 하나임을 알아 자신의 판단을 내세우지 않고 사물을 평상시의 자연 상태 속에 맡겨둔다. 진리의 본체는 만법귀일(萬法歸一)로 돌아가 하나 되어 평등하지만 그 본체의 작용으로 나타나는 현상 세계는 두두물물이 각기 고유한 모습을 가지는 차별 세계를 형성한다. 참으로 깨달은 사람은 이 같은 진리의 본체와 작용을 자연의 섭리로 받아들여 '평등 속의 차별'을 수용한다.

③은 깨친 자·도인·성인·진인·대종사가 도달한 최고의 정신 경계로 무분별의 분별, 평등 속의 차별로 분별과 무분별, 평등과 차

별, 긍정과 부정의 구분을 초월해 모두를 포용하는 대긍정이다. 우리는 모든 것을 긍정할 때 마음이 편안해진다. 크나큰 긍정은 삶을 즐겁게 한다. 자신의 삶을 크나큰 긍정으로 즐기는 것이 올바른 삶의 길이다.

2. 노장의 독법으로 읽는 '산시산'

　노자의 '화광동진'과 장자의 양행·인시(因是)는 유신 선사의 '산지시산'이 설파하는 바른 도의 작용을 구체화시켜 아주 명료하게 설명해 준다. 노장의 설법으로 '산지시산'의 세계를 한 번 산책해 보자.

　노장과 선은 일찍이 언어문자의 한계를 인식해 도와 불법 진리 같은 인간 인식 밖에 존재하는 고도의 진리 당체는 말이나 글로 다 표현해 낼 수 없다고 했다. 이는 선림이 거듭 강조하는 '불립문자'의 내용이기도 하다. 그러나 우리가 볼 수도 만질 수도 없는 도의 본체가 그 작용을 통해 현상계에 구체적인 모습을 드러냄으로써 수수께끼 같은 공·무가 아니라 실존하는 존재임을 일깨워 준다. 도의 작용과 실천을 실감나게 동적으로 설명한 일구(一句)가 바로 노자의 화광동진이다.

　유신 선사의 법문에서 가장 중요한 대목은 ③의 '산지시산'이다.

이 대목은 노장의 도론(道論)과 같은 맥락이다. 도의 체용론은 알 듯 모를 듯한 이 법문을 보다 명료하게 설파하고 있다. 유신 선사가 설파한 ③의 경계는 『노자』4장·56장에서 설파하고 있는 화광동진 과 같은 경지다.

화광동진(和光同塵)

화광동진은 '지혜의 빛을 조화롭게 하고(감추고) 속세에 뒤섞여 범 부들과 같아진다'는 뜻이다. 부연하면 진공(眞空)의 진리 당체를 깨 친 사람은 그 불빛을 휘황찬란하게 비추어 뽐내지 않고 흐릿하게 촉수를 낮추고 티끌세상의 범부들과 함께 어울려 산다는 것이다. 다만 도의 진공 본체를 깨친 선지식이나 대종사·진인·지인(至人)은 동전의 앞뒷면과 같은 도의 본체와 작용 중 작용을 통해 티끌세상 과 같이 하되 절대 오염되지 않는다는 것이 범부와 다른 점이다.

성인은 그 지혜의 빛을 거두고 세속과 더불어 하나가 되어 함 께 한다. 이를 일러 현묘한 도와의 일치됨이라 한다.

(和其光 同其塵 是謂玄同)

— 『노자』 56장

왕필·하상공과 함께 『노자』 주석의 대가인 당나라 도학자이며 불 교에도 깊은 이해를 가졌던 성현영 저술인 『노자의소(老子義疏)』는 이 구절을 다음과 같이 풀이했다.

"화기광의 광(光)은 지혜가 두루 비친다는 뜻이다. 성인의 지혜의 빛은 해와 달처럼 비추지만 자신의 빛과 자취를 감추고 보통사람들과 조화를 이루어 성덕(聖德)이 감춰지고 덮이어 사람들을 눈부시게 하지 않는다는 말이다. 진(塵)은 색·성 등 6진을 가리킨다. 동(同)이란 성인이 세상에 내려와 세속의 삶을 살면서 자신의 모습을 드러내지 않고 보통사람들과 함께 한다는 뜻이다. 눈·귀 등 6근이 범인들과 똑같아 속세에 있지만 더럽혀지지 않는 것이 범인들과 다르다. 이는 공자가 말하는 '화이부동(和而不同)'과 같은 맥락이다."

감산덕청 선사의 『노자 주석』도 같은 내용의 주석을 했다. 『노자』 55장은 "조화란 바로 불변하는 원리를 말하고 불변하는 진리를 아는 것을 명철함이라 한다(和日常 知常曰明)"고 했다. 또 『노자』 58장은 "빛나되 눈부시지 않는다(光而不耀)"고 했고, 52장은 "그 지혜의 빛을 사용하되 명으로 귀결시킨다(用其光 復歸其明)"고 했다.

주석들과 『노자』가 말한 화와 광을 종합해 정리하면 깨달음·지혜 광명을 보통 사람의 평상심에 맞추어 '하향 조정하는 것'이라고 할 수 있다. 이 같은 평상심의 구체적 실천이 세속과 함께 하는 삶을 사는 '동진'이다. "나를 소라고 부르면 소처럼 행동하고 말이라고 부르면 말처럼 행동하겠다"고 한 장자의 설법도 노자의 동진과 같은 뜻이다. 화광동진은 곧 평상심시도의 실천이기도 하다.

평상심시도의 핵심 사상인 '인성 해방(정신적 자유)'을 잘 드러낸 선구(禪句)로는 도통 선사의 "청산은 구름이 떠가는 것을 막을 수 없다(青山不碍白雲飛)"와 도솔종열 선사(1044~1091)의 계송 "아무리 빽빽한 대숲도 흐르는 물을 막을 수 없고, 산이 아무리 높다 해도 떠가는 흰구름을 방해할 수 없다(竹密不妨流水過 山高豈碍白雲飛)" 등이 있다. 백운·유수는 '인성'을 상징한다. 사람의 본성[佛性]은 하늘로부터 품수한 절대적인 것이기 때문에 어떠한 것도 그에 장애가 될 수 없다는 것이다.

일상적·형이하학적 인성 해방으로는 자연섭리를 따르는 신체 자유를 강조한다. 그 대표적 선구로는 임제종 곡은온총 선사의 화두 "잘 때는 눕고 앉을 때는 허리를 곧추 세운다(橫眠堅坐)"가 있다.

노자의 화광동진과 유신 선사의 산시산 법문 ③은 수행자가 도의 본체를 깨닫고 난 후 여법한 도의 작용으로 세속과 함께 살아가는 깨침의 실천을 그림처럼 보여준다. 유신 선사의 법문 ③은 도에 대한 인식론까지를 포함한 광의적인 지평을 가지고 있다. 그러나 도의 작용 측면에서는 화광동진과 전적으로 같은 맥락이다.

도의 오묘한 작용은 변화가 무궁하다. 도의 본체는 담연하여 움직이지 않으며 작용만 있을 뿐 흔적이 없다. 화광동진은 오묘한 도의 작용을 묘사한 것으로 선가의 '성입범(聖入凡: 성인의 세계에서 범인의 세계로 들어감)', 깨침의 회향과 같은 것이다.

만법귀일(萬法歸一)

|

유신 선사의 법문은 '무차별 세계(山不是山)'로부터 평등 속의 차별을 깨달은 후 '차별의 세계(山只是山)'로 나와 평등 속의 차별인 삼라만상의 존재를 그대로 수용하고 본래면목을 지키면서 살아가는 도인의 경지다. 조주 선사의 '만법귀일' 화두가 이 같은 경지를 잘 드러내 보여준다.

> 학인: 만법은 하나로 돌아간다는데 하나는 어디로 돌아갑니까?(萬法歸一 一歸何處)
> 조주: 내가 청주에 살 때 베옷 한 벌을 해 입었는데 그 무게가 일곱 근이었다.(我在青州作一袈布衫 重七斤)

학인의 '만법귀일'은 유신 선사의 법문 ②'산불시산(山不是山)'과 같은 파주(把住: 부정)를 통해 얻은 평등이다. 조주 스님은 '일귀하처'의 대답이 될 수 있는 '일귀만법(一歸萬法: 하나는 만물로 돌아간다)'을 자신의 베옷 무게가 일곱 근이었다는 방행(放行: 긍정)으로 대응, 평등 세계에서 차별의 세계로 이끌어 냈다. 사람의 체형과 크기에 따라 들어가는 옷감의 무게는 천차만별의 차등을 갖는다. 그래서 일곱 근은 '차별'을 뜻한다. 물론 이 선문답은 6조 혜능 대사의 '대대법(對待法)'에 따라 부정에는 반대인 긍정으로 대응하는 상대적인 유·무의 분별을 넘어선 절대긍정, 즉 불이법문(不二法門)의 범주로 볼 수도 있다.

어쨌든 조주 스님은 자신의 베옷 무게가 일곱 근이었다는 구체적 사례로 차별상[一歸萬法]을 보여주었다. 조주의 '만법귀일' 화두와 유신의 ③'산지시산(山只是山)'은 부정에서 긍정으로, 평등에서 차별로 빠져나온 논리구조가 똑같다.

옷 한 벌이라는 점에서는 평등이지만 들어간 옷감은 사람에 따라 6근·7근·8근으로 각기 다른 차별이 있다. 이것이 바로 평등 속의 차별이고, 차별 속의 평등이며 부정과 긍정, 유와 무의 회호(回互)다. 산과 물이 '공(空)'이라는 근원으로 돌아가면 같은 하나일 뿐이지만 도의 작용을 통해 나타난 현상계에서는 각기 분별상을 가지고 산은 산이고 물은 물로 분류된다. 조주 화상과 유신 선사는 다 같이 평등과 차별이 이중적으로 동거(同居)하는 우주의 실상을 드러내 보여주었다.

조주는 여기서 본체적 평등과 공·무에 안주하지 않고 한 걸음 더 나아가 만유(萬有)의 차별상을 긍정하는 제법실상의 경계에 다다른 7근짜리 삼베옷을 걸친 깨달은 부처인 자신을 드러내 보였다. 말을 바꾸면 빛과 먼지 중 하나만을 분별해 선택하지 않고 둘 다를 포용하는 이중적 동거, 즉 화광동진하고 있는 자신을 부처로 제시했던 것이다. 삼라만상의 고유 가치를 긍정하고 그 차별상을 수용하는 '네 앞의 조주'가 바로 부처고 너도 깨치면 부처가 된다고 법문했던 것이다.

노자의 '화광동진'과 유신 선사의 '산지시산'은 긍정과 부정, 귀(貴: 빛)와 천(賤: 먼지)을 함께 포용하는 이중성(二重性)의 동거다. 선과 노장은 다 같이 분별의 논리를 기피, 금기시한다. 선과 노장의 초월(해탈)은 세상만사의 부정이 아니라 도의 본체가 공·무임을 철견하기 위한 방편으로 피상적인 우리 인식 체계를 부정하면서 공중 부양해 허공이 공이면서 만유를 포용한 실존의 세계를 확인하고 내려와 개별적인 삼라만상을 적극적으로 수용하는 대긍정이다.

인간은 감각과 말의 논리를 칼처럼 날을 세워 분별의 예리함을 자랑한다. 감각과 말은 유보와 여백(餘白)의 생리와는 거리를 멀리한 채 일도양단의 택일을 요구한다. 그러나 선과 노장의 '이중성의 동거'는 개념적인 간택의 양자택일을 요구하는 흑백 논리와는 전혀 다르다.

분별의 논리는 이기적인 자아 중심의 논리다. 여기서의 예리함이란 이(利)·선(善)·귀(貴)를 선택하고 해·악·천은 즉각 버림을 뜻한다. 노자는 악은 선의 근원이 되기도 한다면서 선과 악 양변(兩邊)을 함께 포용할 것을 주장했다. 불교가 말하는 '중도가 부처다'라는 설법도 바로 이처럼 선악의 양변을 모두 떠나 자유롭게 드나드는 '걸림 없음'을 말한 것이다.

노자는 무의 도와 유의 덕을 터득하여 지성적 논리의 예리함과 심리적 감각의 호·불호를 떨쳐버리라고 종용한다. 선법문도 같은 맥락이다. 노자는 간택의 사유를 지양하고 선과 악을 동거시키는 너그러움을 일컬어 '화광동진'이라 했다. 빛과 먼지는 분명히 차이가 있음에도 그 차이를 '차별'로 분리하지 않고 이중적으로 동거하게 했다. 이는 봉투 하나에 편지와 사진을 함께 넣는 '동봉의 법'이며 이중 긍정의 묘미를 보여주는 절묘한 사유방식이다.

화는 복이 의지하는 곳이고 복은 화가 엎드려 있는 곳이다.

(禍兮 福所倚 福兮 禍所伏)

– 『노자』 58장

　　노자는 복과 화로 분별되는 두 개의 대립 개념이 위와 같은 상관
성을 가지고 있다고 했다. 이를 대대법(對待法)이라고 하는데 6조 혜
능이 『단경』에서 설한 '36대법(對法)'도 같은 맥락이다. 대대법이란 쉽
게 말하면 긍정을 물으면 부정으로, 부처[貴]를 물으면 똥막대기[賤]
로 대답해 존재의 상관성과 일체 평등을 일깨우는 하나의 방편이며
중도사상이다.

　　성인은 빛을 머금은 채 거두어들이고 자연의 운행에 따를 뿐 어
떠한 사량(思量)도 하지 않는다. 이를 그 빛을 누그러뜨리고 티끌과
함께 한다고 한 것이다. 이는 묘한 경계에 계합한 인물이 아니면 능
히 할 수 있는 일이 아니다. 그래서 이를 "현묘하게 도에 합일했다
(玄同)"고 한 것이다. 오묘한 도와의 합일과 크게 자유자재하게 소요
함이 여기에 이르면 그 마음은 우주 밖으로 나가 있으므로 가까이
함께 할 수도 없다. 성인은 몸을 세속에 맡겼지만 마음은 천지 만
물을 벗어나 있기 때문에 가깝다/멀다, 또는 이롭다/해롭다, 귀하
다/천하다 따위의 상대적인 관계에 머물지 않는다.

　　노자의 현동과 장자의 '인시(因是)'는 한마디로 말하면 대긍정이다.

　　각각 다른 만물을 그대로 받아들이는 것을 부(富)라 한다.

(有萬不同之謂富)

– 『장자』「천지」

유신 선사가 말한 범부의 산시산 ①은 언어와 개념으로 습득한 인식이다. 인간이 사용하는 언어나 개념은 사물을 가리키고 인식하기 위한 방편이지 사물이나 진리 자체가 결코 아니다. 따라서 언어나 개념으로 사물의 실상을 알 수 있다고 믿고 언어 문자에 집착하는 것은 착각이다. 선방에서 강조하는 선불교 4대 종지의 하나인 '불립문자'도 바로 이런 뜻이다.

장자의 이야기는 삼라만상을 있는 그대로 받아들이는 '대긍정'이 바로 정신적 풍요이고 지적인 부자라는 것이다. 선적으로 말하면 모든 존재의 평등한 본성·자성을 긍정하는 제법실상(諸法實相)이다. 곧 우주 안의 모든 사물이 그대로 진실한 자태로 있다는 대긍정이다. 다른 것과 차별되는 외형 그 자체가 고유한 가치를 가지고 있다는 뜻이기도 하다. 이러한 외형적 차별성과 '고유한 독자성[自性]' 때문에 수많은 타자들과의 '어울림'이 가능하다. 어울림은 같은 것의 중복이 아니며 동일한 것의 단순한 집합도 아니다.

자연 세계는 인간이 바라보는 가치 세계와 인간에게 보이는 모습을 초월한 상태로 존재한다. 그 같은 자연의 이치를 통달한 사람은 『장자』가 제시하는 인시(因是)적 태도로 자연과 조화할 수 있다. '인시'란 개념적 사고를 하지 않고 사물을 있는 그대로 관조하면서 사물 그 자체를 그대로 긍정하는 것을 말한다. 유신 선사의 산시산 법문 ③은 바로 장자가 제시한 이 같은 인시와 전적으로 동일한 맥락이다. 둘 다 산과 물을 있는 그대로 받아들여 긍정하는 성인의 지혜다. 유신 선사의 법문을 교학적으로 해석하면 법문 ②는 법신을 깨달은 공·무의 평등 세계이고 법문 ③은 화신으로서 차별 세계를 인정하는 인식이다. ③은 상대적인 무의 세계에 안주하는 아라한적 성불에 그치지 않고 일상의 차별 세계로 뛰어나와 삼라만상의 차별 상을 긍정하면서 활발한 자유를 구사하는 대자유인이다. 모든 사물에는 본디부터 그러한 까닭이 있으며 진실로 옳다고 할 만한 것이 갖추어져 있다. 여기서 어떤 사물이든 그렇지 않은 것도 없고 옳지 않은 것도 없다는 대긍정이 가능하다.

> 사람들이 하나 됨을 밝히려 애쓰지만 원래 시와 비, 긍정과 부정이 없는 본체의 자리에서 만물을 보면 하나일 뿐이고 동일하다는 것을 몰라서 그러는 것이다. 이를 원숭이의 어리석음에 비유하여 '아침에 세 개[朝三]'라 한다. 명분이나 실질에 있어 전혀 변한 게 없는데도 원숭이들이 도토리를 '아침 3개 저녁 4개 준다'는 데는 화를 내고 '아침 4개 저녁 3개 준다'는 데는 크게 기뻐했다. 주인은 있는 그대로의 대도를 따랐을 뿐인데 말이다. 그래서 성인은 시와 비를 조화시켜 '자연스런 균형[天鈞]'을 취한다. 이를 긍정과 부정, 시와 비를 동시에 수용해 행하는 양행(兩行)이라 한다.
>
> — 『장자』 「제물론」

우리가 익히 아는 『장자』의 '조삼모사(朝三暮四)'라는 우화다. 하나의 고사성어로 자리해 어리석은 시비지심·속임수·조변석개(朝變夕改) 등의 뜻으로 사용한다. '조변석개'는 원래의 뜻을 이탈한 오용이다.

『장자』의 핵심인 「제물론」이 강조하는 '만물제동(萬物齊同)'은 곧 대긍정이다. 다시 말해 형형색색의 차별상을 지닌 삼라만상을 그대로 수용해 각각의 존재 가치를 인정하는 것이다.

장자가 말하는 인시(因是)·천균·양행은 바로 노자의 '화광동진'이고 유신 선사의 산시산 법문 ③과 같은 논리구조와 문법의 설법이다. 장자의 이 설법은 노자의 화광동진을 풀어서 설명한 것으로 보아도 된다.

원래 시와 비는 동일한 것으로 그 바탕이 상대적인 유와 무를 초월한 하나뿐인 공·무의 세계에 뿌리를 두고 있다는 것이 선과 노장의 세계관이고 우주론이다. 현상계의 두두물물에 사로잡히지 않고 초연해지면 현상계의 구별이 사라진다. 주관적 분별심을 벗어나 자연 그대로의 입장에서 보면 모든 것이 각기 그대로의 타당성과 존재 이유를 갖고 있으며 있어야 될 것과 없어야 될 것이 구분되어 있는 게 아니다. 통달한 자는 이같이 만물이 뿌리로 돌아가면 다 같이 하나 됨을 알아 자연 상태 그대로 맡겨둔다. 이것이 성인이 시와 비, 긍정과 부정을 다 같은 하나로 수용하면서 자연의 조화와 균형에 머무는 것이고 '산은 산일 뿐'인 경지다. 깨친 자·진인·지인(至人)·대종사는 자연 대도 그대로를 따라 살 뿐, 자기가 옳다는 생각조차도 하지 않는다. 장자가 말하는 자연 대도를 따르는 '인시'와 '양행'은 바로 유신 선사의 산시산 법문 ③이기도 하다.

『장자』 주석의 대가인 곽상의 이 대목 해설을 보자.

천지자연을 있는 그대로 보면 모두 그렇지 않아야 될 것이 없다. 때문에 지인은 '천지가 한 손가락(天地一指)'이며 '만물이 한

마리의 말(萬物一馬)'임을 안다. …〈중략〉… 형태에는 비록 만 가지 다름이 있다 하더라도 성품은 같은 것에서 얻은 것이므로 도에서는 하나가 된다고 말한다. …〈중략〉… 만물은 원래 하나이고 동일해 이것과 저것이 다를 바 없는데도 시비 다툼이 있는 것은 마치 원숭이들이 조삼모사나 조사모삼이 다를 바 없음에도 기뻐하고 성내는 것과 같다. 때문에 성인은 편벽되게 치우치지 않고 '자연적 균형[天鈞]'에 맡겨둔다.

한마디로 시비논쟁의 불필요성과 헛된 노고를 일깨운 설법이라는 얘기다. 자연 대도에 따른 대긍정이 곧 시비의 통일이다.

감산 대사는 '인시'를 "자연의 섭리와 마음이 계합하여 주관적 독단에 의지한 판단을 하지 않는 것"이라고 풀이했다. 대도와 합치하지 못한 사람이 인위적으로 대립을 통일시키려고 애쓰지만 근본 원인인 대도엔 본시 시와 비의 대립이 없음을 알지 못해서다. 마치 원숭이가 조삼모사와 조사모삼에 엇갈리는 희비의 감정을 보이는 것과 다를 바 없다. 그러므로 성인은 모든 시비를 넘어선 자리에서 시비를 대자연의 조화와 균형에 맡김으로써 사람과 만물이 제 본성대로 살아가도록 한다는 것이다.

인시(因是)

|

'인(因)'은 의지한다, 따른다는 뜻이다. '시(是)'는 옳음·긍정을 뜻한

다. 좀 더 구체화시키면 시비 판단을 내리지 않고 있는 그대로를 따르는 대긍정, 언어와 개념을 초월해 시와 비를 스스로 조화시키는 자연 대도를 가리킨다.

그런데 성인·도인이 따르는 '시'와 원숭이들이 주장하는 '시'는 문자 상으로는 같지만 내용이 다르다. 성인의 인시는 자연 대도의 긍정이고 도의 본체가 지니고 있는 속성인 초월적인 옳음인 반면 원숭이의 '옳음'은 주관적인 긍정일 뿐 절대성이 없다. 시비지심(是非之心)에 집착하는 원숭이는 아침 3개 저녁 4개와 아침 4개 저녁 3개가 숫자의 이름이나 실익인 7개라는 수량에 전혀 변함이 없는데 분노하고 기뻐하는 상반된 반응을 보였다. 언어와 개념에 얽매인 원숭이는 속임수에 불과한 주인의 말 바꿈에 기뻐하고 노여워하는 어리석음을 적나라하게 드러냈다.

원숭이는 아침에 더 많이 주는 게 옳다는 편견에 사로잡혀 결과적으로 하루 7개의 도토리를 먹는 데 변함이 없음에도 시와 비를 따지는 '분별심'을 벗어나지 못했다. 장자의 원숭이 우화는 시와 비, 긍정과 부정을 분별해 자기가 옳다고 생각하는 한 쪽만을 간택하는 분별심에 끄달리는 깨치지 못한 어리석은 속인의 비유다. 원숭이는 주관적인 자기 견해에 집착해 허구적인 명칭에 기뻐했을 뿐이다.

장자가 설하는 '인시'와 '양행'은 결론적으로 말하면 시/비·긍정/부정의 통일이다. 말을 바꾸면 분별심의 제거다. 노자의 화광동진, 장자의 인시, 유신의 산시산 법문 ③은 다 같이 시비 통일 후의 대긍정이다.

감산 대사는 '조삼모사'의 우화에 나오는 "진실한 옳음(자연 대도)

에 의지해 이미 그러하고도 그러한 까닭을 모르는 것을 도라 한다 (因是已 已而不知其然謂之道)"는 구절을 다음과 같이 주석했다.

> "시비 없는 하나의 모습을 통달하면 시비의 분별이 만 가지로 변화를 일으켜도 시비 없는 도의 본질을 상실하지 않는다. 이렇다면 가는 곳마다 옳지 않음이 없다. 이처럼 도의 옳음을 의지함이 진실한 옳음이다."

자연 대도를 따라 시비의 감정을 일으키지 않으면 삼라만상의 존재가 모두 정당하다는 것이다. 이는 『노자』 25장의 "도는 스스로 그러함을 본질로 한다(道法自然)"는 설법과 같은 맥락이다. 감산 대사는 『장자』의 '조삼모사' 우화 바로 앞장 주석에서 "스스로 그러함에 따르는 것, 이것을 일컬어 도라고 한다(順乎自然 此謂之道)"고 했다. 즉 자연이 곧 도라는 얘기다. 근원적인 도[自然]로 들어가면 유무·미추 같은 분별이나 상대적인 시비 다툼이 없는 하나의 모습이 된다는 것이다.

양행(兩行)

|

시비가 존재하지 않는 도로써 조화시키기만 하면 시와 비 양쪽이 모두 옳다는 대긍정에 이른다. 노자가 설파한 지혜 광명의 빛을 먼지에 조화시켜 세속과 함께 하는 도인으로서 속인의 삶을 사는 화

광동진과 같은 맥락이다.

　원숭이의 시비 문제는 스스로 그러함(자연 대도)에 비추어 보면 상대적인 두 입장이 명분이나 실질에 있어 결국 동일한 것인데 감정의 희비가 엇갈렸다. 노자의 '현동(玄同)'이나 장자의 양행은 모두 시비의 통일이다.

　현동의 '현'은 거무스름하다는 뜻인데 하늘의 색깔을 묘사하는 형용사이기도 하다. 노자의 '현'은 없음(空·無)과 비움(虛)에 대한 문학적 표현이며 시비의 자리가 없는 도를 뜻한다. 『노자』 1장은 도를 '현지우현(玄之又玄)'이라고 묘사해 현묘하고도 현묘한 도의 본질이 공·무이고 허임을 강조했다.

　원숭이의 분노를 즐거움으로 바꾸기 위해 주인은 원숭이가 옳다고 생각하는 바[因是]를 따라서 도토리 숫자를 '아침 4개 저녁 3개'로 바꾸었지만 실질에서는 아무 변화가 없었다. 원숭이의 인시는 허구적인 명칭[언어문자]에 집착한 어리석음이었지만 주인은 원숭이의 인시를 자연 대도의 인시로 바꾸어 따름으로써 시비를 조화시켜 원숭이들을 즐겁게 해 주었다. 그렇지만 주인의 실질(도토리 7개)에는 아무런 변화도 없었다.

　노장과 후기 선불교는 세속 속의 초월을 통해 성인과 속인의 삶을 동시에 사는 '이중성의 동거'를 실현하고자 했다. 자연 산수와 깊은 산속의 절간·도관을 도심의 정원과 마음속의 도량으로 바꾸어 놓고 세상을 소요하는 정신적 자유를 즐겼던 것이다. 이를 뒷받침한 논리적 구조와 지혜는 시비·유무를 하나로 통일하는 것이었다.

3. 광경구망(光景俱忘: 주·객 부정의 不二法門)

마음(빛)과 사물(경계)을 다 던져버린다

마음달 홀로 둥글어(心月孤圓)

삼라만상을 삼켜버렸도다.(光吞萬象)

달빛이 만상을 비추지 않으니(光非照境)

삼라만상 또한 존재하지 않는구나.(境亦非存)

마음과 사물 다 던져버렸는데(光景俱忘)

또다시 이 무슨 물건인고?(復是何物)

— 『전등록』 권7

마조 대사의 법제자인 반산보적 선사의 상당 법문 게송이다. 주체와 객체 둘 다를 부정하는 불이법문이다. 마음(빛·주체)과 사물(경계·객체), 유와 무, 공과 색 등이 모두 사라진 경지에 이르렀을 때 다시 구경의 경지가 무엇인가를 물으면 현상계, 즉 색계의 일체 만상이 두두물물로 다시 존재하게 된다는 선리(禪理)를 설파한 유명한 법문이다. 마음도 경계도 모두 사라진 후 나타나는 현상계가 바로 진여실상(眞如實相)의 삼라만상의 진유(眞有)이고 '산은 산(山只是山)'인 경계다.

이 때의 '산은 산'인 경계는 도를 깨치기 전의 범부가 보고 아는 (인식하는) '산은 산'과는 차원이 다른 유(가유·긍정)와 무(공·부정)를 초월한 절대의 유이고 만물의 자성으로서의 '산은 산'이다. 말을 바꾸면 색과 공이 한 가지라는 뜻이다. 자성의 본체인 공은 현상계에 의해 구체적 형상으로 뚜렷이 나타나게 된다. 이것이 현상계[色]와 본체계[空]가 같은 하나일 뿐이라는 선학의 체용일여론(體用一如論)이다. 보고 듣고 만질 수도 없는 공의 본체는 작용을 통해 구체적 형상으로 나타남으로써 비로소 그 실체를 확인할 수 있다.

반산의 말후구인 "또 다시 이 무슨 물건인고?"의 물(物)은 바로 이러한 색과 공이 통일된 진여실상으로서의 현상계 두두물물이다. 여기에서는 푸른 대나무도 부처님의 법신이고 울긋불긋한 들꽃도 모두 반야가 된다. 이른바 진유(眞有)의 도가 만물의 자성으로 두루 나타나 있다는 도의 편재론, 즉 도무소부재론이다. 돈오 남종선은 우두종의 '청청취죽 진시법신, 욱욱황화 무비반야(靑靑翠竹 盡是法身 旭旭黃花 無非般若)'를 이어 받아 '현성공안(現成公案)'이라 했다. 실존하는 두두물물 모두가 불성을 지닌 진리 당체라는 것이다. 유신 선사의 산은 산 법문 ③도 이 같은 현성공안의 하나다.

모든 것이 우주의 자성에 의해 섭수된 경계에는 오직 보름달 같은 하나의 원이 있을 뿐이다. 원은 곧 자성의 상징이다. 자성의 본체는 모두가 사라진 진공(眞空)이다. 이 진공의 세계는 야생의 꽃과 풀들이 스스로 우거져 있을 뿐이다. '야화방초자총총(野花芳草自叢叢)'한 세계가 바로 진공묘유(眞空妙有)다. 이 지점이 바로 유신 선사의 법문 ③이 뜻하는 구경의 깨달음이 인식한 세계다.

참선인의 구도의 단계에서 보면 도를 깨치기 전에는 '산시산', 도를 깨친 후에는 '산불시산'이고 휴헐(休歇)을 거친 다음에는 진유로서의 '산지시산'이다. '야화방초자총총'은 송대 임제종 황룡파 보명 선사의 〈십우도송〉이 깨달음의 최종 단계로 제시한 게송의 마지막 구(句)다. 보명과 쌍벽을 이루는 곽암 선사의 〈십우도송〉 열 번째 구는 깨친 후 세속의 저잣거리로 나와 두 손을 벌려 중생을 감싸 안는 '입전수수(入廛手垂)'다. 둘 다 유신 선사의 법문 ③과 같은 현상세계의 대긍정이고 깨달음의 사회 회향을 강조한 법문이다. 원래 선림은 색계로부터 진공을 깨닫는 오도를 중시한다. 그래서 현성공안들이 많다.

『장자』「대종사」편은 공자의 제자 안회의 입을 빌어 빛과 경계를 모두 잊는 장자의 광경구망인 '좌망(坐忘)'을 다음과 같이 설했다.

안회가 공자께 자신의 수행 진도를 여쭙는 가운데 "저는 뭔가 이룬 것 같습니다"라고 했다. 공자가 "무슨 일이냐?"고 묻자 "좌망의 경계에 이른 것 같습니다"라고 대답했다. 공자가 다시 "무엇을 좌망이라고 하는가?"라고 물었다.
안회는 "손발과 육신에 대한 집착을 놓아버리고, 귀와 눈의 작용을 쉬게 하고, 일상적인 지식에서도 벗어났습니다. 그리하여 큰 트임과 하나되는 것을 좌망이라 합니다"라고 설명했다.

공자가 말했다.

"자연의 대도와 하나가 되면 좋아하고 싫어하는 경계가 없어지고, 대도의 변화를 따라 함께 가면 집착하는 데가 없게 되니 자네는 역시 훌륭하이. 나도 자네의 뒤를 따르고 싶네."

장자가 역설한 좌망은 '앉아서 모두 다 잊는다'는 뜻이다. 분별심을 떠나 무차별적인 인식으로 사물을 대하는 깨달은 사람의 인식 태도를 말한 것이다. 이 경지에 이르면 '산은 산이고 물은 물일 뿐'이다. 만유 평등의 실존 자체가 오묘한 도의 구현이며 두두물물 모두가 부처 아님이 없는 경계다. 인식의 대상과 주관적인 지식이 단멸(斷滅)되고 사물과 나 둘 다를 잊고 관대하게 텅 비고 훤출하여 내외가 하나로 통하면 물외(物外)의 세계로 나간 방외지사(方外之士: 해탈자)가 된다. 사물과 나라는 차별상이 사라지면 대상을 취사선택하는 감정과 인식작용도 따라서 소멸된다.

마음과 경물을 모두 잊고 어디에도 집착하지 않는 것을 선양하는 것은 노장 사상의 중요한 대목이다. 3무 3망설(無物·無情·無待, 忘物·忘己·忘適)이 그 중요 내용이다. 망물·망기를 통해 내외의 집착을 부정하고 진아(眞我)를 드러나게 한다. '무대(無待)'는 분별심의 제거를, '망적'은 시비를 잊고 안적(安適)하는 마음까지도 잊는, 열반에도 집착하지 않는 부주열반(不住涅槃)을 말한다.

나와 대상을 함께 잊고 오직 대자연의 순수한 생명 활동을 보고 그 활동에 동참한다. 이 활동은 모든 대립을 벗어난 도의 성격을 가진 활동이며 여기서는 아무런 장애도 있을 수 없다. 장자는 이를 정신이 모든 감관의 영향을 벗어나 대도에 일치한 행위, 즉 '함이 없는 함(無爲之爲)'으로 묘사한다.

돈오 남종선의 개산조인 6조 혜능의 무(無)와 노장의 무는 다 같이 대긍정을 뜻한다. 후기 선종은 '본래 한 물건도 없다(本來無一物)'로 도의 본체가 무상(無相)임을 표현하고 노장은 "초월 후 무물에 복귀한다(復歸于無物)"라고 한다.(『노자』 14장) 노장이 말하는 '무물'은 어떠한 형상의 실존체도 갖추고 있지 않은 것을 뜻한다. 이처럼 노장과 후기 선종사상의 핵심인 '무'는 깊이 결합해 있다.

유신 선사의 산시산 ③은 무분별[山不是山]의 부정을 통해 인식한 분별이다. 선학이 말하는 무분별의 분별이다. '산은 산이 아니다'를 다시 부정하면 '산은 산이 아닌 것이 아니다'가 되는데 부정의 부정은 곧 긍정이라는 논리 법칙을 따라 긍정, 즉 '분별'이 된다. 무분별을 부정함으로써 인식된 분별은 대긍정(절대긍정)이다.

노장 사상의 핵심인 인간과 자연의 합일은 두 가지 경로로 표현된다. 하나는 우주 생성론의 본원에서 논증한 '천인합일(天人合一)'이고, 다른 하나는 본체론적 본연(本然)에서 인간도 태어날 때부터 자연성을 품수했다는 '천인합일'이다. 뒤의 천인합일은 개체성을 잃지 않는 합일을 강조한다. 여기가 노장의 천인합일 사상과 유신의 법문 ③이 일치하는 지점이다. 인간과 자연의 합일에서도 산과 물의 개체성이 그대로 인정되어 '산은 산이고 물은 물'인 분별과 각자의 고유한 절대성이 그대로 인정된다. 노장과 후기 선종의 자연사상은 본질적으로 계합하는 곳이 많다.

유신의 산 법문 ③은 부정을 통해 도달한 무분별의 평등 세계인 ②로부터 무분별에 대한 집착을 끊고 더 높은 층차로 올라가 만물이 각자의 개체성을 가지는 분별적인 존재임을 확인한 것이다. 개체성을 보유한 합일이 진정한 합일이고 공자가 말한 화이부동(和而不同)이다. 합일이라고 해서 본연적인 자성조차 말살하고 무조건 하나가 되어서는 안 된다.

노장이 도를 상징하는 '하나(一)'에 치중하는 데 반해 선은 하나도 아니고 그렇다고 둘도 아닌(不一不二) 논리로 본연적인 합일성과 개체적인 분별성을 양립시킨다. 혜능은 "세상 사람의 심성은 공하다(世人性空)"고 설파했다.(『단경』 24절) 그러나 그는 허공이 텅 비어 있는 공이면서 그 속에 우주 삼라만상이 다 들어 있는 것처럼 공과 유를 하나로 회통해 반야의 실존을 '진유[是名眞有]'로 긍정했다.(『단경』 26절)

이것이 바로 부정의 부정을 통해 긍정을 얻어내는 선종의 공·유를 초월하는 '부정의 미학'이다. 유신의 산 법문 ③도 이와 같은 문법이다. 그는 '산은 산이 아니다'를 다시 부정해 '산은 산일 뿐이다'라는 긍정을 얻어냈다.

노장은 도가 세상 만유에 편재해 있다는 '도무소부재론'을 통해 도를 깨달은 자의 입장에서는 산하대지가 모두 법왕(法王)의 몸을 드러내고 있다고 한다. 범부의 '산시산'은 가유(假有)에 집착하는 미망이다. 그러나 제3단계의 '산지시산(山只是山)'은 진가(眞假)를 뛰어넘어 자성의 실상에서 산과 물을 관조하는 긍정[山是山]과 부정[山不是山]을 초월한 존재 인식이다. 제3단계의 인식은 노장적으로는 해탈도인의 임운자연(任運自然)·적의회심(適意會心)의 경계이고 선적으로는 쌍민(雙泯: 물아양망)·입전수수의 경계다. 임운자연과 적의회심은 마음이 하고픈 대로 해도 자연 대도에 어긋남이 없는 것이고 보명 선사가 〈십우도송〉의 마지막 10단계에 붙인 제목인 '쌍민'은 모든 것이 사라짐을 뜻한다. 곽암 선사의 〈십우도송〉 제10단계 제목인 '입전수수'는 팔을 저자에 드리운다는 뜻인데 깨달음의 세속 회향, 즉 보살행을 말한다. 이는 공자의 『논어』에 나오는 인생 6단계의 마지막인 70세면 '종심소욕 불유구(從心所欲 不踰矩)'라 한 불유구의 정신과도 같다. 나이 70이 되면 (깨닫고 나면) 마음이 하고자 하는 대로 해도 자연 대도에 어긋남이 없다는 것인데 선가·유가·도가의 공통된 설법이다.

'산은 산이로다'는 깨친 진인의 세계관이다

유신 선사의 산 법문 ③은 물아양망(物我兩忘)의 사물 인식이다. 주체(사람)와 객체(사물)가 모두 사라진 자리에서 실존을 있는 그대로 바라보는 것이다.

현상학적으로는 이것과 저것이 있지만 실상(實相)에서는 이것과 저것을 가르는 불변의 근거가 없다. 또한 불변의 근거는 없지만 현상적으로는 이것과 저것이 있다. 그렇기 때문에 있으면서 없고 없으면서 있다. 이것과 저것, 시와 비, 죽음과 삶이 서로 별개의 것은 아니지만(不二) 별개의 것(不一)으로 현상한다. 그래서 이 둘(불일과 불이)을 함께 보아야 한다. 선학은 이를 '하나도 아니고 둘도 아니다(不一

不二)'라고 한다. 흔히 '불이법문'만을 강조하는데 실은 둘도 아니지만 하나도 아니다. 불이법문은 노장의 하나로 통일되는 도의 본체론에 역점을 두는 설법이다.

이것과 저것을 마주 세우지 않고 별개의 근거가 없는 별개의 현상을 있는 그대로 바라보는 인식(마음)이 바로 '산은 산이로다(山只是山)'라는 법문이 뜻하는 바다. 장자는 이 같은 관법을 문짝을 안팎으로 자유로이 여닫게 하는 데 필수적인 지도리에 비유해 '도추(道樞: 도의 지도리)'라고 했다.

진인은 만물이 하나라고 보는 것도(山不是山) 하나의 입장으로 인정하고 각 존재자의 고유성에 바탕해 만물은 하나가 아니라고 보는 것(山只是山)도 하나의 입장으로 수용한다. '도추'는 이처럼 만물의 다양성을 폭넓게 수용한다. 하나로 보는 입장은 만물의 연속성을 보는 것, 즉 존재의 실상을 보는 것인데 사람과 자연이 하나가 되는 천인합일이다.

그러나 연속되어 있다 하더라도 개별자들의 고유성은 다르게 나타난다. 그래서 진인은 인간 세상에서 각 존재자의 고유성과 다양성을 인정하고 그렇게 함으로써 세상 사람들과도 하나가 된다. 진인은 세속에 살지만 세속적인 가치를 추구하지 않고, 그것을 무시하지도 않는다. 마치 거울이 빛을 만나면 빛을, 먼지를 만나면 먼지를 비추면서 빛이 되고 먼지가 되듯이 화광동진의 모습을 보인다. 진인은 하나라는 입장(하늘·자연)과 하나가 아니라는 입장(사람·개별자)이 한 몸에 연결되어 있는 손과 발이 서로를 이기려 하지 않는 것처럼 서로 분리되지 않은 천인합일의 자리에서 존재의 실상을 인식하는 사람이다. 선의 '광경구망'과 장자의 '물아양망'은 표현이 다를 뿐 같은 문법의 설법이다.

펑펑 쏟아지는 눈송이…

　|

　펑펑 쏟아지는 눈! 송이송이 떨어지는 곳이 따로 없구나.

　(好雪! 片片不落別處)

중국 선불교의 '유마 거사'로 불리는 방온 거사(?~808)의 화두다. 선림에서 가장 미묘한 화두 중의 하나다. 그 결론은 주·객 부정의 불이법문(不二法門)이다.

방거사가 법계상 사형사제 간인 호남성 약산에 주석하는 약산유엄 선사를 방문했다. 유엄 선사는 담소를 나누고 떠나는 방거사를 10여 명의 선객들로 하여금 산문 밖까지 나가 전송하도록 했다.

산문에 이르자 때마침 함박눈이 펑펑 내렸다. 방거사가 거듭 감탄하면서 "호설! 편편불락별처"라고 했다. 속성이 전씨인 상좌가 "별다른 곳에 내리지 않으면 어디에 내립니까?"라고 물었다. 방거사는 다짜고짜 전상좌의 뺨을 내리갈겼다. 전상좌가 "무례하다"고 항의하자 방거사는 다시 상좌의 뺨을 때리면서 "그 따위 견해를 가지고 선객 행세를 하면 죽은 뒤에도 염라대왕이 그 잘못을 그냥 두지 않을 것이오"라고 꾸짖었다.

자, 방거사가 전 선객의 따귀를 후려친 낙처(落處: 궁극적인 뜻)는

노장으로 읽는
선어록 (상)

어떤 것인가? 간단명료하게 정리하면 이렇다.

눈이 펑펑 쏟아지니 그대는 주체(전 선객)와 객체(눈)의 입장을 떠나 그저 느끼는 그대로 받아들이기만 하면 되는 것이다. 눈이 펑펑 쏟아진다는 것은 눈에 대한 평가가 아니다. 평가한다는 것은 눈을 대상으로 삼는다는 것이다. 나와 눈의 분별을 떠나 하나가 되어야 현상으로 나타난 도의 본체인 눈의 실체를 똑똑히 볼 수 있다는 주·객 부정의 불이법문이다. 다시 말해 눈 속으로 녹아들어가서 펑펑 날리는 눈이 되어야 한다. 이러한 물아일체의 경지에서 본체의 작용으로 나타난 현상계의 두두물물을 대긍정하는 것이 유신의 산 법문 ③의 경계고 방거사가 전 선객에게 전해주는 '한소식'이었다.

"다른 곳에 떨어지지 않는다(不落別處)"는 것은 이곳엔 내리고 다른 곳엔 내리지 않는다는 뜻이 아니다. 장소로서 눈을 보는 것이 아니다. 장소는 공간이다. 그렇다고 시간적 관점에서 눈을 보는 것도 아니다. 시공의 관점에서 보면 눈은 사라진다. 그렇게 되면 단지 생각 속의 눈이 되고 만다. "눈이 펑펑 쏟아져 다른 곳에 내리지 않는다"는 것은 '지금 여기(Now and Here)', 선학 용어로 말하면 '당하(當下)'를 뜻한다. 그러니까 지금 바로 이 자리에서 깨닫는 돈오를 촉구한 선구고, 화두고, 법문이다. 또한 이 화두는 생활하는 도처에 모두 의미가 있으나 우리가 간과하고 있을 뿐이라는 도의 편재론을 일깨우고 있기도 하다.

세계의 의미는 우리가 '보는 것' 가운데 있으며 '살피는 것' 속에 숨어 있다. 개념과 논리를 떠나 직접 현상계 속으로 뛰어 들어가 주·객이 부정되면서 나와 사물이 하나가 되어 공(空)을 바탕으로 해서 펼쳐진 세계의 실상을 보는 것이 '견성(見性)'이다. 이것이 색에 즉(即)해서 공을 깨닫는 선가의 깨침이다. '즉'은 의지해서, 연관해서의 뜻이다.

방온 거사의 화두가 지향하는 낙처는 주체와 객체의 분별을 부정하는 불이법문이다. 펑펑 날리는 눈송이가 되어 자연과 하나가 된 인간 실존을 십분 즐기라는 소식이기도 하다.

포정해우(庖丁解牛)

반산보적 선사의 상당 법문 게송이며 근세 한국 선불교(조계종) 중흥조인 경허 선사의 임종게이기도 한 '광경구망[物我兩忘]'은 『장자』에 나오는 '포정해우(庖丁解牛)'와 유사한 선리(禪理)이다.

우선 『장자』「양생주」에 나오는 포정의 이야기 원문을 보자.

요리사 정(丁)이 문혜군(文惠君)을 위하여 소를 잡았다.

손은 소에 대고, 어깨는 기울이고, 발은 소를 밟고 무릎은 굽히고, 획획 서걱서걱 칼로 연주를 하듯이 음률에 맞지 않음이 없었다. 〈뽕나무 숲〉이라는 춤곡에 맞춰 춤추는 것 같고, 악장 〈다스리는 우두머리〉에 맞춰 율동하는 것 같았다.

문혜군이 말했다.

"참, 훌륭하도다! 기술이 어찌 이런 경지에까지 이를 수 있는가?"

요리사 정은 칼을 내려놓고 대답했다.

"제가 좋아하는 것은 도(道)입니다. 기술에 이 도를 씁니다. 처음 제가 소를 잡을 때 보이는 건 전체로서 소였습니다. 3년 뒤엔 전체로서 소가 보인 적이 없었습니다. 방금 저는 소를 정신[神]으로 만났지 눈으로 보지 않았습니다.

감관은 멈출 곳을 알고 신(神)은 갈 곳을 따릅니다. 천리(天理)에 의지해 큰 틈에 칼을 밀어 넣고 큰 구멍으로 이끕니다. 그 본래의 그러함에 인하기 때문에 기술이 뼈와 살이 이어진 곳도 지나가본 적이 아직 없는데, 하물며 큰 뼈를 건드리겠습니까?

훌륭한 요리사가 해마다 칼을 바꾸는 것은 살을 가르기 때문입니다. 평범한 요리사가 달마다 칼을 바꾸는 것은 뼈를 가르기 때문입니다. 지금 저는 19년째 수천 마리의 소를 해체하였지만 칼날이 숫돌에 새로 간 것 같습니다. 뼈의 마디에는 사이가 있지만 칼날은 두께가 없습니다. 두께가 없는 칼날로 사이가 있는 곳에 들어가니 넓고도 넓어서 칼이 노는 그 곳에 반드시 남아 있는 공간이 있습니다. 그래서 19년이나 되었지만 칼날이 숫돌에 새로 간 듯합니다.

비록 그렇지만 근육과 뼈가 붙은 곳에 이를 때마다 저는 그 어려움을 발견하고 두려워하면서 경계합니다. 시선이 그 때문에 멈추고 움직여가는 것이 그 때문에 느려집니다. 움직이는 칼이 매우 세미하면서 빠르게 움직이는 순간, 해체되는 것이 마치 쌓아놓은 흙이 한 번에 무너지는 것과 같습니다. 칼을 들고 서서 사방을 둘러보고 잠시 주저하다가 뜻이 만족스러우면 칼을 잘 씻어 저장합니다."

문혜군이 말했다.

"훌륭하도다! 나는 요리사 정의 말을 듣고 '삶 기름[養生]'을 체득하였다."

포정이 소를 해체하는 과정에서 보여준 정신적 경지는 동양 미학에서 최고의 예술적 경계로 평가되는 물아양망의 대표적 본보기다. 선적(禪的) 체험도 주체[光]와 객체[境]의 통일이며 감각적 인식을 부정하기 때문에 물아양망의 경계라고 한다. 선 체험의 광경구망은 노장 사상과 선사상이 유사해 선이 노장의 아류라고 폄하하는 대표적 사례의 하나이기도 하다. 선과 노장은 유사점도 많지만 깊이 천착하면 차이점과 선만의 고유한 독자적 사유체계가 적지 않다.

장자가 말한 '포정해우' 설법의 핵심은 포정이 소를 잡는 과정에서 "소를 정신으로 만나고 감각적인 눈으로 보지 않는다(臣以神遇而不以目視)"라는 대목이다. 이는 감각적 인식작용이 정지되고 정신 작용만 있는 상태, 즉 천리(天理)에 대한 완벽한 이해를 의미한다. 다시 말해 도와의 합일 상태를 이룬 도인의 경지로 소의 뼈와 살을 갈라낸다는 것이다.

요리사 정은 감각적인 인식작용을 멈추고 정신을 집중해 소를 살과 뼈로 구성된 복합체로 해체한다. 이는 대상에 대한 감각적인 인식을 정지시키고 정신적 관조로써 철견해야 한다는 의미다. 불교의 지관(止觀) 선법과 같은 것이다.

요리사 정이 대상으로서 인식한 소는 감각적으로 인식한 소의 외형이 아니라 소의 내적 구성이라는 점에서 감각적인 소의 외형 인식

노장으로 읽는
선어록 (상)

보다 우월하다. 여기서 포정의 기능적 숙련은 손놀림뿐만 아니라 감각의 사용을 통제하고 정신을 사용하는 방식을 익히는 것까지를 포함하고 있다. 감각 사용의 통제는 선이 강조하는 휴헐(休歇: 모든 생각을 쉼)과 같은 것이다.

포정의 이 같은 기능은 직접적인 체험에 의해 얻어지는 것이기 때문에 자식에게도 가르쳐 전할 수가 없다. 선에서 깨침은 자득할 수 있고 이심전심할 수는 있지만 말과 이론으로 가르쳐 전해줄 수 없다는 교외별전·불립문자를 종지로 강조하는 것과 같은 도의 체득이다. 노장의 도의 체득과 선의 견성·전등(傳燈)은 전적으로 같은 맥락이다.

포정 해우에서 또 하나의 중요한 대목은 이성적·논리적 방식으로 대상을 파악하는 것이 아니라 감각적 인식을 멈춘 상태인 물아양망의 경지에서 직관한다는 것이다. 선종의 사물 인식 방법도 직관이다. 그러나 하나의 깨달음이 우주 만법의 진리에 대한 깨달음이 되는 통합적인 선종의 깨달음과 하나의 대상에 그치는 노장의 본질 파악은 모든 대상으로 확대되지 못한다. 흔히 하나의 화두를 투과하면 1700공안을 모두 돌파해 마친다는 선림의 화두 관통과 같은 확장성이 노장에는 없다. 이 점이 노장의 물아양망과 선종의 물아합일이 가지고 있는 큰 차이점이다. 노장의 도의 경지에 이른 숙련된 기능은 소의 해체·수레바퀴 깎기 등 하나의 대상으로 한정되는 한계를 가지고 있다.

한국 불교의 명법 비구니는

"노장의 물아양망과 선의 광경구망이 다 같이 주체와 객체를 던져버린다. 잊는다는 '망(忘)'자를 사용하지만 선은 주·객을 완전 소멸한 공의 세계를 지향한다. 반면에 『장자』의 포정(주체)이 천리를 따라 소(객체)를 해체하는 도인의 숙련 기능은 객체가 완전 소멸되지 않고 남아 있다는 점에서 노장사상과 선사상은 유사성보다는 차이점이 더 크다"고 보았다.(명법 저, 『선종과 송사대부의 예술정신』 pp.186~189)

선불교에서의 현상은 곧 마음의 작용이므로 현상에 대한 깨달음은 바로 마음의 깨달음이다. 따라서 마음의 깨달음은 마음의 모든 작용에 적용된다. 그래서 선종의 깨달음은 '하나'를 통하면 전체를 통하게 되지만 장자의 물아양망은 하나의 대상에 대한 기능적 숙련이거나 정신 활동의 통제이기 때문에 특정 대상과의 관계를 벗어나 보편적으로 적용되는 데에는 한계가 있다는 것이다.

선불교의 〈심우도(尋牛圖)〉는 본래 소도 없고 목동도 없는 공이며 주관도 객관도 없다. 선은 모두가 사라진 경계에서 본래 하나임을 깨닫는다. 그래서 선수행은 소를 길들이는 데서 끝나지 않고 주체와 객체가 모두 공임을 깨닫는 것으로 귀결된다. 〈심우도〉의 마지막 장면은 목동이 소를 타고 피리를 불며 저잣거리로 돌아온다. 이는 현상계[世界]가 공이며 번뇌가 곧 보리임을 설파하는 선종의 종지를 나타낸 것이다. 그러나 『장자』의 포정해우는 물아양망의 상태에서도 소가 포정의 인식 대상으로 존재한다. 여기서는 소가 공하지 않기 때문에 사실상 포정과 완전한 하나를 이룰 수 없다. 반면 선 체험의 특징은 포정과 소의 분별상을 제거함으로써 인식의 대상이 곧 마음의 경계가 되어 주·객 일체를 깨닫게 된다.

이는 장자의 물아양망과 유사하지만 대상에 대한 파악이 아니라 대상 자체를 심경화(心境化)한다는 점에서 다르다. 즉 장자는 인식 대상인 소의 존재를 체험하지만 선 체험은 지금 여기서의 순수의식이 찰나적으로 경험하는 공의 체험이다. 다시 말해 선 체험은 마음이 현현하는 존재의 체험이며 순간적인 경험이다. 때문에 그것은 분석되거나 해체될 수 없는 하나의 체험, 곧 공에 대한 체험이다.

광경구망은 마음(주체)과 경계(객체)를 소멸시켜 현상계가 공임을 깨닫는 선 체험이다. 지금 여기서의 순수의식이 찰나적으로 경험하는 공의 체험은 마음에 현현하는 존재의 체험(산은 산일 뿐)이며 분석되거나 해체될 수 없다. 산과 물이라는 분별의식을 제거함으로써 인식하는 대상은 곧 마음의 경계일 뿐이라는 것, 즉 대상 자체가 마음에 근원하는 주·객 합일의 심경화가 이루어진다. 현상계는 이처럼 마음이 만들어낸 가탁(假託)일 뿐이고 마음 자체도 그 본질이 공이라는 것을 깨닫는 것이 선 체험이다. 찰나적인 선 체험은 현상계의 존재를 있는 그대로 보고 듣는 존재 경험이다. 여기서 산과 물이 허상이면서 각각 현존하는 현상세계를 긍정하는 존재 경험을 하게 된다. 이것이 바로 유신의 산 법문 ③의 선 체험이다.

여기서 잠시 머리도 식힐 겸 '광경구망'과 관련한 한국 불교 얘기를 좀 해 보자.

근세 한국 불교의 중흥조로 추앙 받는 경허 선사(1849~1912)는 만년에 법의와 주장자를 분질러 내던지고 격렬한 환속 회향을 했다. 함경도 삼수갑산 웅이방으로 들어가 서당 훈장을 하다가 천화했다. 그는 천화 직전 붓을 들어 8구의 율시인 반산보적의 게송 중 가운데 제3·4구를 생략하고 앞의 제1·2구와 끝의 5·6구를 내리써서 자신의 임종게를 대신했다.

心月孤圓 光吞萬象
光境俱忘 復是何物

요사이 세태로는 '표절'이라고 시비할지도 모르겠다. 그러나 선림에서는 자신이 깨달은 경계가 그와 같다고 생각하면 선대 선사들의 게송을 그대로 사용한다. 성철 전 조계종 종정의 취임 법어 말후구 '산은 산이로다'도 선대 선사들의 법문을 그대로 인용한 것이다. '산은 산이로다'는 황벽희운─운문문언─청원유신 선사 등이 대표적으로 이어오며 사용한 선구이고 화두다.

시(是)자를 즉(卽)자로 고치다

바람 불어 새로 난 소나무 끝이 요동치고(風來松頂淸難立)
달 떠오르니 파도의 중심이 고요해지려 한다.(月到波心淡欲沈)
소나무 바람이 원래 소나무 밖에 있음 알아(會得松風元外物)
강의 마음이 비로소 내 마음임을 안다.(始知江心是吾心)

송나라 소흥 연간(1131~1162)에 한 문인이 초산 풍월정에 올라 풍월(風月)을 시제(詩題)로 읊조린 시다. 후일 월암선과 선사(1079~1152)가 지나다가 이 시를 보고는 제 3·4구의 '원(元)'자와 '시(是)'자를 각각 비(非)·즉(卽)으로 고쳤다.

시(是)자를 즉(卽)자로 고친 이유

…是吾心→…卽吾心
…元外物→…非外物

'시오심(是吾心: 내 마음이다)'은 일종의 판단으로 강물에 비친 달과 나 사이에 성립된 논리적 관계이다. 즉 강에 비친 달과 내 마음은 완전히 다른 둘이며 강물에 비친 달이 하나의 또 다른 존재로 내 마음 속에 존재함을 의미한다.

그러나 '즉오심(卽吾心: 곧 내 마음임)'은 무분별의 경계로 내가 만물에 대해 무심함으로써 사물과 내가 나누어지지 않고 강물에 비친 달과 내 마음이 '하나'임을 뜻한다. 즉 강물에 비친 달이 내 마음이고, 내 마음이 바로 강물에 비친 달이라는 것이다. 여기서는 세계가 '불이(不二)'의 경계에 있는 그대로 드러났다. 나(주체)도 없고 사물(객체)도 없는데 어찌 '~이다', '강의 마음이 내 마음이다'라는 논리가 성립될 수 있는가. 강 마음과 내 마음이 하나로 일치됐음을 나타내기 위해서는 '시(是)'자를 '즉(卽)'자로 고쳐야 한다. '즉'자는 ~와의 연관, 의존관계를 뜻한다.

선사들은 '도란 무엇인가?', '어떤 것이 부처인가?', '불법 대의는 어떤 것인가?'와 같은 추상적 질문에 대해 구체적인 사물로 대답한다. 부들꽃·버드나무 솜·봄날 닭 우는 소리·물 따라 흘러가는 낙화·곧은 대나무가 끌어오는 시원한 바람 등과 같은 구체적 물상들이 그 같은 대답의 예들이다.

이때 선사들의 목적은 의미 없는 판단을 그만두고 현재의 체험에 관심을 갖도록 하려는 것이다. 즉 불법 대의 같은 궁극의 진리는 언어와 개념·이성적 판단을 넘어서 있는 초논리적 절대성을 가지고 있기 때문에 본체인 그 도의 작용으로 나타난 현상(구체적 물상)들을 직접 보고, 만짐으로써 도의 실존을 확인하라는 얘기다. 그러기 위해서는 나와 사물 둘 다를 집어던지고 하나로 혼연일체가 된 새 생명으로 태어난 눈과 귀·손발을 가져야 한다.

선사들은 제자들의 질문에 논리적인 답을 하지 않고 그들의 질문을 깨부수고 그들의 문제(추상적 개념)를 부정하면서 아무 해석도 없는 해석을 내민다. 불법 대의는 '~이다', '~이 아니다'와 같은 간단한 판단으로 대답하거나 추구할 수 있는 것이 아니다. 따라서 선사들의 대답은 '대답할 수 없는 질문을 거두라'는 것이다. 결코 봄날 닭 우는 소리에 주목하라는 것이 아니다. 그렇다고 구체적인 감성이 논리적인 질문보다 더 중요하다는 것도 아니다. 선이 강조하는 것은 오직 물아일체의 경계에서의 순수 경험일 뿐이다. 내 마음이 강의 마음이 되어 고요해지라는 것이 '시'자를 '즉'자로 고친 이유다.

선불교는 불(不)·비(非) 같은 부정적 어휘로 가득 차 있지만 불교 인명학(논리학)의 차전(遮詮: 사물의 이치를 부정적 형식으로 설명하는 것)도 초월한다. 왜냐하면 부정적 방식인 차전도 역시 논리적인 것이기 때문이다. 차전은 진여(眞如)를 설명할 때 '생겨나지도 않고 소멸되지도 않는다'고 설명하는 것이고 '광명이 낭랑히 밝다'와 같은 긍정 형식의 설명은 표전(表詮)이다.

풍월정의 〈풍월〉시에서 시(是)와 즉(卽)의 차이는 전자는 분별심이고 후자는 무분별의 물아일체 경계를 나타낸다. 공과 불(不) 같은 부정을 다시 부정해 현상계의 실존을 수용하는 '대긍정'에 이른 산법문 ③의 경계와 월암 선사가 한 글자를 고친 '강심즉오심(江心卽吾心)'은 다 같이 주·객 부정의 불이법문이다. 산도 없고 산을 가치 판단하는 나(주체)도 없는 진공의 상태 속에 실존하는 산이나 하나가 된 강심과 내 마음은 다 같이 주체(나)와 객체(사물)를 다 버려야 가능하다.

원(元)자를 비(非)자로 고친 이유

"원래 사물 밖에 있다(元外物)"는 강월·송풍 등 삼라만상은 내 마음 밖에 있어 욕망을 일으키거나 정신을 가로막을 수 없다는 것이다. 선에서 보면 이는 투철한 깨달음이 아니다. 선은 만상이 내 마음 밖에 있다는 판단에 절대 찬성하지 않는다.

선불교의 무심(無心)은 마음에 아무런 생각이 없으니 마음에 상대되는 것도 없고 마음과 대치되는 사물은 더욱 없다는 뜻이다. 여기서 세계가 스스로 드러날 뿐이다. 이것이 무심의 경지다.

"소나무 바람이 사물 밖에 있지 않음(松風非外物)"은 나와 사물 사이의 간격을 해체하고 동시에 살피는 자(주체)와 살피는 대상(객체)

사이의 관계[能所]를 해체한다. 그렇다면 소나무 바람이 내 마음 속에 있다는 걸까? 일부 불교학자는 마음속에 있다며 소나무 바람 역시 '내 마음의 소나무 바람'이라 한다.

그러나 이는 또 다른 극단(변견)이다. 소나무 바람은 만상 속에서 홀로 몸이 드러난 '만상지중독로신(萬象之中獨露身)', 즉 독자적인 자성의 발현일 뿐이다. 소나무 바람을 이처럼 바라보는 게 곧 사물을 있는 그대로 바라보는 '무위관조(無爲觀照)'다. 산시산 법문 ③은 이 같은 무위관조를 통해 도의 실존을 확인한 깨친 자의 고도한 인식이다. 여기서도 주체와 객체는 완전히 부정되고 해체된다.

4. 체용일여론(體用一如論)

화상들이여, 망상을 부리지 마라.
하늘은 하늘이고 땅은 땅이고 산은 산이고
물은 물이고 승은 승이고 속인은 속인이다.

(諸和尙子 莫妄想 天是天 地是地 山是山 水是水 僧是僧 俗是俗)

– 『운문광록』

청원유신 선사보다 앞선 당말 오대 운문문언 선사(864~949)의 상당법어다. 운문 선사는 선종 5가 7종 중 운문종 개산조인 선장(禪匠)이다. 성철 전 조계종 종정이 그의 종정 취임 법문에 말후구로 수시했던 "산은 산이요, 물은 물이로다"도 운문의 이 상당법어를 빌어 참으로 깨친 자의 우주 대긍정을 설파했던 것 같다. 필자는 당시 법어를 작성하는 데 참여했던 성수 스님(조계종 총무원장 역임)의 이야기를 20여 년 전 직접 듣고 이 같은 생각을 굳혔다.

운문의 '산시산' 법문은 마치 동전의 앞뒷면과도 같은 도의 본체와 작용이 하나이면서 둘이고, 둘이면서 하나인 불일불이(不一不二)의 형태로 존재한다는 사실을 깨달은 반야지(般若智)로 산과 물을 분별하는 '무분별의 분별'을 설하고 있다. 산과 물을 보는 정신적 고하(高下) 담론의 최고 단계인 해탈자의 우주정신은 도의 본체의 작용으로 나타난 삼라만상의 존재를 있는 그대로 수용하는 대긍정으로 만상을 포용한다.

운문의 법문은 유신의 삼반견해 중 ③과 같은 최고 인식의 '산은 산'이다. 그러니까 운문은 일찍이 유신의 ①②단계를 생략하고 깨친 자의 최고 경계를 펼쳐보였던 것이다. 범부가 산을 산으로 보는 ① 단계 인식은 언어와 개념으로 습득한 분별지(分別智)일 뿐 산의 실체 파악이 아니다. 간단히 말하면 분별지에 의지한 피상적인 인식이다. 깨친 자의 산시산은 ③은 분별심을 떠나 도의 본체와 작용을 하나로 통일시킨 반야지로서 산과 물을 구분하는 평등 속의 차별이고 무분별의 분별이다.

산시산 법문에서 가장 핵심이 되는 ①과 ③의 다른 점을 밝히는 가장 간편한 설명은 '분별지'와 '반야지'라는 차이다.

『장자』「제물론」은 이러한 차이를 "성인은 사물을 구별하지 않고 있는 그대로만 인정하고 보통사람은 그것을 구별함으로써 자기의 주장을 과시한다(聖人懷之 衆辨之以 相示也)"고 했다.

체용론(體用論)은 오랜 중국 전통 사상의 하나로 일반 철학에서는 본체와 현상, 노장에서 본체와 작용, 불교에서는 본적(本迹: 본체와 자취)으로 표현하는데 그 의미는 전적으로 같다. 도의 본체와 작용을 불교용어 색과 공에 대입하면 본체=공, 작용=색이 된다. 공은 형상이 없어 볼 수도, 들을 수도, 만질 수도 없지만 색(현상·작용)을 빌어서 볼 수가 있다. 간단히 말해 색[有]을 빌어 공[無]을 보는 것이 깨달은 자의 '반야지혜'이고 산은 산일 뿐인 정신적 해탈의 최고 수준인 산 법문 ③이다. 색[山]은 공의 입장에서는 존재하지 않지만 본체의 작용으로 나타나 있는 순간적이고 우연적인 현상에서 공[本體·無]의 실상을 철견한 사람(깨친 자)에게는 산은 산일 뿐이다. 색에서 공을 볼 수 있는 사람이 바로 깨달은 사람이다. 불교 교학은 '색즉시공(色卽是空: 현상에 의지해 본체를 본다)', '색불이공(色不異空: 색과 공은 다르지 않다)'이라는 말로 간명하게 표현한다.

색에서 공을 본다는 형이상학적인 얘기를 구체화시켜 비유하면 새우의 발광(發光)을 빌어 눈으로 삼는 물고기나 반딧불이의 불빛을 등불 삼아 책을 보는 것이라고 할 수 있다.

영화 〈매트릭스〉 2편에 "사랑은 단어일 뿐이다"라는 대사가 나온다. 범부가 보는 산시산 ①은 이처럼 단어일 뿐인 산이다. 산의 본체인 공을 꿰뚫어 보지도 않고 먼저 '습(習)'에 찌든 깨닫지 못한 마음으로 정의해 버린 것이다.

눈은 보는 기능과 아는 기능 두 가지 기능을 가지고 있다. 깨친 자의 눈의 기능은 보는 것이 아니라 아는 것이다. 범부의 눈은 단순히 피상적인 껍데기를 보는 기능밖에 없지만 깨친 자의 눈은 산을 보면서 산의 진여실상인 본체가 공임을 아는 기능을 한다. 범부는 눈의 보는 기능만으로 산을 산이라고 보지만 깨친 자는 산의 실상은 공에 근원한 본체의 작용이 나타난 우주 자연의 존재 양식임을 알고 산을 산으로 받아들인다. 이러한 깨친 자의 앎을 선학 용어로는 '무지의 지(無知之知: 앎이 없는 앎)'라 한다. 무지의 지란 어느 한 쪽만을 선택하지 않은 통합·융합적인 앎을 뜻한다. 쉽게 말해 무엇을 인식한다고 할 때 그 대립면(반대 쪽)까지 포착하고 그 운동과정까지를 파악하는 것이다.

유·무 중 한 쪽만을 선택한 인식이 범부의 '산은 산' ①이라는 앎이다. 본체와 현상, 유와 무 등에서 둘 사이의 관계성과 변화를 파악한 인식은 '산은 산일 뿐' ③인 깨친 자의 앎이다. 이러한 '무지의 지'를 노자는 '지혜의 밝음(明)'이라 했다. 노자에 따르면 이 세계는 상반된 반대편들이 서로 새끼줄처럼 꼬여 있으며 서로가 반대편을 향해 부단히 움직이고 있다는 것이다. 노자는 이를 "유와 무는 서로를 살려주고 있다(有無相生)"고 설파했다. 깨친 자의 산시산 ③은 본체와 현상에서 한 쪽만 선택하지 않고 양쪽을 다 포용한 노자의 '유무상생'과 같은 존재론의 입장에서 본 산이다.

운재천 수재병(雲在天 水在瓶)

수려한 몸 학처럼 고고하고(練得身形似鶴形)
천 그루 소나무 아래 경전 두 상자(千株松下兩函經)
내가 찾아와 도를 물으니 별다른 말 없이(我來問道無餘說)
구름은 하늘에 물은 병 속에 있다 하네.(雲在靑天水在瓶)

조용한 곳 찾아 정취 즐기니(選得幽居惬野情)

한 해 다하도록 오가는 이 없다.(終年無送亦無迎)

때로 홀로 산봉우리에 올라(有時直上高峰頂)

달 아래 구름 헤치고 긴 휘파람 분다.(月下披雲嘯一聲)

- 『전등록』 권14

약산유엄 선사(745~828)의 유명한 화두 '운재천 수재병(雲在天 水在瓶)'을 탄생시킨 자사 이고의 〈약산유엄에게 드림〉이라는 시다. 이고는 약산 선사의 유발상좌였다. 이고는 약산을 참문하고 돌아와 위의 시를 지어 보냈다.

약산 화상은 "어떤 것이 도입니까?"라는 자사의 참문에 "구름은 하늘에 있고 물은 병 속에 있다"고 답했다. 이 시의 시안(詩眼)이며 약산 화상의 선지이기도 한 '운재천 수재병'은 유치원생도 다 아는 얘기다. 그런데 과연 무슨 특별한 뜻이 있을까?

"구름은 하늘에 있다"는 드러나 있어 보기 쉽지만 "물은 병 속에 있다"는 불투명한 병 속의 물은 보이지 않아 있는지, 없는지를 알기가 어렵다. 구름과 물이 형상은 다르지만 다 같이 수소 성분의 물이라는 본질은 하나다.

이는 현상과 본체, 색과 공은 둘로 나눌 수 있으나 근본에서는 다 같은 물이기 때문에 구름과 물로 나누어 분별할 수 없음과 같이 둘이 아닌 하나일 뿐이라는 얘기다. 도의 체용일여는 이와 같이 하나이면서 둘이고, 둘이면서 하나인 불일불이(不一不二)다.

이 화두가 뜻하는 바 또 하나의 낙처는 도는 어느 곳에나 있다는 것이다. 도의 본체는 그 작용을 통해 삼라만상의 현상으로 나타나 구름·물 같은 모든 만유(萬有)에 편재하고 있다는 사실을 일깨운 것이다. 색에서 공을 보는 '눈 밝음'이란 바로 이러한 사실을 꿰뚫어 보고 깨닫는 것이다.

도나 불성의 실존은 그 본체의 작용으로 나타난 현상(두두물물)에서 분명히 확인할 수 있다는 것이 '체용일여론'의 핵심이다. 우주 삼라만상은 도의 양면 중 한 면인 '작용'에 의해 나타난 것이기 때문에 도의 '본체'와 똑 같은 비중을 갖는 진리 당체다. 때문에 도의 작용에 의해 나타나 있는 산을 기꺼이 수용할 수 있다는 것이 산시산 법문 ③의 요지이기도 하다.

약산 선사의 '운재천 수재병'은 이 같은 도의 체용일여론과 편재론을 설파한 우주 대긍정의 유명한 화두다. 이고의 시 미련(尾聯: 7·8

〈약산유엄 선사 묘탑〉
—
중국 호남성 약산 소봉령(笑峰岭)의 약산유엄 선사 묘탑과 그의 도영(원내) 탑 전면에 선사가 달빛을 보고 크게 웃었다는 달을 원형구멍으로 조각했다.

구)에 나오는 휘파람[嘯]은 약산 화상의 트레이드마크이기도 하다.

그는 달 밝은 밤이면 혼자서 약산 정상에 올라 박장대소를 하면서 긴 휘파람을 불었다고 한다. 산꼭대기에서 웃는 그의 웃음소리가 80리까지 퍼져나갔다는 과장 섞인 '약산산정대소(藥山山頂大笑)'라는 일화도 있다. 선림에서는 선사들의 휘파람에 다음과 같은 네 가지 의미를 부여한다.

①태초인(太初人) 감탄의 제 1성

②우주에서 홀로 깨어난 맑은 영혼의 기지개

③독립자존의 선언

④분방한 낭만

종합하면 선사들의 산꼭대기 휘파람은 우주 정기의 맑은 기운이 모여 넘쳐 풍기는 향기라고 할 수 있다. 서진(西晉) 육기의 〈맹호행(猛虎行)〉이라는 시에 "깊은 산골짜기 아래선 한껏 고요에 젖고, 높은 산봉우리 위에선 길게 휘파람을 분다"는 구절이 있다. 웃음은 기쁠 때 나타나는 생리적 현상이다. 통속적으로는 울화를 해소하는 최고의 양약이기도 하다.

선종 5가 7종 중 위앙종이 체용일여론을 가장 강조한다. 위앙종은 선종 분등사(分燈史)에서 가장 먼저 종파를 만들어 개산한 맏형이다. 위앙종은 본체 그대로가 현상으로 나타나고 현상 그대로가 본체로 귀결되는 즉동이적(卽動而寂)·즉적이동(卽寂而動)을 기본 종지로 내세웠다. 본적(本迹: 본체와 작용)이 하나로 작용하고 사(事)와 무사(無事)·동(動)과 적(寂)이 하나로 통일되어 있지 못하면 진정한 깨침이라고 할 수 없다는 것이다. 허망(虛妄)에 의해 무사무위(無事無爲)에 이르지 못하면 깨달음의 본체와 현상계의 자취가 일치하지 못하여 인위적인 유사(有事)에 빠지고 만다는 것이다.

산의 본체가 공이기 때문에 일원론적인 입장에서 보면 산은 산이 아니지만 본체와 작용으로 분리되는 도의 이원론적 입장에서 보면 본체의 작용에 의해 산은 산으로 존재하는 유(有)가 된다. 여기서 서양철학의 일원론과 동양철학의 이원론적이면서 통합적인 일원론의 극명한 차이점이 드러난다. 다시 말해 본체·정(靜)·무사에 의지하면 산은 산이 아닌 산 법문 ②의 공[無]이 되지만 현상·동·유사에 즉(即)하면 산은 산인 ③이 된다.

도의 절대적 경지, 즉 노자가 말하는 인식과 존재의 궁극적 중현(玄之又玄)과 선가의 본래 한 물건도 없는 무무(無無)는 그 개념상 유(有)를 완전히 털어버린 것이지만, 그 현묘한 도는 종본강적(從本降迹)하여 현상계에서 자신을 펼쳐나간다. 이것이 우주 만유의 실상이고 불법 진리가 여여하게 펼쳐진 화장세계다. 여기서는 푸른 대나무가 바로 부처의 법신이고 울긋불긋한 들꽃이 반야 아님이 없다.

산이라는 현상은 그 존재의 궁극적인 공이 본체적 실상이지만 물질성과 현상성을 초월해 있는 공[道]의 세계에서 체용일여의 원리를 따라 본체의 현상화를 통해 '본(本)'이 '적(迹)'으로 나타날 수 있고 '적'이 만물을 낳을 수 있다. 이 같은 위앙종의 체용일여론은 노장의 체용론과 전적으로 일치한다. '중현(重玄)'은 『노자』 1장이 천명한 언어문자를 초월해 있는 도의 본질인 '현지우현(玄之又玄)'을 말한 것이다. '현'은 ①심원합 ②걸림과 집착이 없음을 뜻한다. 인간의 관점이 아닌 도의 관점에서 만물을 관조하면 산과 물, 유와 무, 색과 공이 서로 구분되어 독자적으로 존재하지 않는다. 이것이 유신 선사의 산 법문 ②"산은 산이 아니다"인데 노자의 전현(前玄)에 해당한다. 전현의 부정을 다시 부정해 변증법적 통일을 이루면 체용일여·본적일치에 따라 산은 산으로, 물은 물로 각각 존재하게 된다. 이것이 산 법문 ③인 "산은 산일 뿐(山是是山)"인 경계다. 이러한 심원한 경계를 '중현(重玄)'이라 한 것이다. 즉 도에는 심원함이 겹겹으로 겹쳐 있다는 얘기다.

위앙종의 체용일여론은 장자의 체용론과도 같은 궤도 위에 있다. 장자는 「제물론」의 결론인 '호접몽(胡蝶夢)'에서 꿈에 나비가 되어 아상(我相)을 떠난 나와 남의 경계가 무너진 평등과 사사무애(事事無碍)를 설파했다. 선학도 실재[本體]와 경계[現象]를 하나로 통일, 서로 걸림이 없는 사사무애를 가르친다. 바로 색공불이(色空不二) 법문이다.

장자는 만물제동(萬物齊同)을 주장, 색과 공이 둘이 아니라 하나이므로 현상은 그냥 허망하기만 한 것이 아니라 본체가 드러난 것임을 잊지 말아야 한다고 강조한다. 드러난 실재(實在)는 물결처럼 늘 변하여 정해진 모습이 없을 뿐이다.

'체용의 통일'은 선과 노장 다 같이 본[體]과 적[用]의 부정을 통한 긍정, 즉 변증법적 통일의 논리 구조를 통해 이루어진다. 선림에 '사구백비(四句百非)'라는 변증법이 있다. '마조사구백비'라는 화두도 있다. 4구란 제1구 유(긍정), 제2구 무(부정), 제3구 역유역무(亦有亦無), 제4구 비유비무(非有非無)를 말한다. '백비'는 비비유비비무(非非有非非無) 등으로 계속 끝없이 부정함으로써 유·무의 분별을 없도록 하는 것이다. 『장자』「제물론」이 말하는 ①본(本) ②적(迹) ③비본비적(非

本非迹) ④비비본비비적(非非本非非迹)도 선림의 4구와 같은 존재에 대한 인식 과정을 밝힌 변증법이다. 선과 노장의 이 같은 변증법이 지향하는 바는 용(用)에 즉해(연관해) 체(體)를 보는 체용의 통일이다. 선가의 유와 공, 노장의 체와 용은 모든 존재 관계에 일관되게 나타난다.

채다일사(採茶軼事)

> 위산: 온종일 찻잎을 따고 있는데 네 목소리[作用]만 들릴 뿐 네 모습[本體]은 보이질 않는다.
>
> 앙산: (차나무를 흔들었다.)
>
> 위산: (잠시 침묵 후) 너는 '용'은 깨쳤지만 '체'는 아직 못 얻었구나.
>
> 앙산: 그럼 스님은 어떻게 하시겠습니까?(스님은 체만 있고 용은 없습니다.)
>
> 위산: 30방을 때려야 할 일이지만 오늘은 용서해 주마.
>
> 앙산: 스님의 방은 제가 맞겠습니다만, 제 방(棒)은 누가 맞아야 하나요?
>
> 위산: 30방을 더 때려야겠구나.
>
> － 『전등록』 권9

'채다일사'라는 화두다. 위산영우와 앙산혜적은 사제 간으로 위앙종을 개산한 선장(禪匠)들이다.

이 화두는 자성이 가지고 있는 체용일여의 실천 구조를 드러내 보여준 대표적 법문이다. 화두의 요지를 간추리면 다음과 같다.

불법 진리의 본체는 언어 문자를 통한 설명이나 가시적인 모양으로 보여 줄 수 없는 초극의 실체이기 때문에 그 작용을 통해서만 확인시켜 줄 수밖에 없다. 그래서 앙산이 본체를 보여 달라는 위산의 요구에 차나무를 흔드는 동작, 즉 용으로 체를 드러내 보였다. 앙산은 대대법(對待法)으로 체를 묻는데 용으로 답했고 위산은 불립문자인 '침묵'을 통해 체를 드러내 보였는데 모두 선지에 들어맞는 거량이다.

그러나 '유마일묵(維摩一黙)' 이후 침묵은 불이(不二)의 불법, 즉 진리 당체를 상징하는 표현인데 앙산이 "스님은 체만 있고 용은 없다"고 공격한 것은 근본적인 잘못이다. 왜냐하면 작용은 본체에 내재하는 것으로 작용 없는 본체란 있을 수 없기 때문이다. 쉽게 말해 위산의 '침묵'은 체와 용을 다 포함한 것인데 앙산이 '체만 있고 용은 없다'고 한 것은 체용일여의 불법 진리를 깨닫지 못한 것이었다. 체가 있으면 용은 그 안에 자동적으로 내함되어 있다. 이것이 바로 '체용일여'다. 그래서 위산이 30방을 때리겠다고 한 것이다. 그렇지만 앙산이 체를 묻자 용(차나무를 흔듦)으로 답한 체용회호(體用回互)의 솜씨는 훌륭했다고 칭찬하면서 30방을 면해 주었다.

이 화두의 요지는 체용 회호의 원리다. 불법 진리의 당체는 체와 용이 서로 오가면서 통일을 이루어 실존하고 있다는 것이다. 앙산이 차나무를 흔들고 위산이 침묵을 통해 진리 당체의 본체를 드러낸 불언지교(不言之敎: 말 없는 가르침)는 언어 문자를 사용하지 않고 선지를 드러낸 불립문자다. 불립문자는 선불교를 특징짓는 대표적 종지의 하나로 언어와 문자로 구조화된 세계의 역기능을 타파하는 독특한 수단이다. 때로는 문자를 세우고 때로는 문자를 무너뜨리면서 긍정과 부정, 체와 용 어느 편에나 자유롭게 되면 불립문자의 정신은 완성된다.

사물을 언어 문자로 개념화, 고정시키는 것을 반대하는 선불교의 '불립문자'와 노자의 '불언지교(不言之敎: 언어 문자에 의지하지 않는 가르침)'는 같은 맥락이다. '불언지교'란 "상대적 관계로 얽혀 부단히 변화하는 세계에서 고정시키고 축적하는 기능을 하는 언어는 세계를 이해하는 데 적합하지 않다는 것이다.(『노자』 2장)" 이 대목에서도 선과 노장은 피가 통하고 있다.

선사들이 설파하는 "산은 산이로다(山只是山)"는 정(正)과 반(反)이 변증법적으로 통일되어 정·반의 구분이 없어진 합(合)이고, 그 합은 저절로 합이고 반은 저절로 반인 묘한 상태다. 이는 비반비불반(非反非不反)의 경계로 공과 유를 부정해서 도달한 비비유비비무(非非有非非無)의 대긍정이다. 유명한 조주의 '무(無)'자 화두 '개에게는 불성이 없다'는 역설도 이렇게 되어 '개에게도 불성이 있다'는 긍정으로 뒤집힌다.

선학과 시학은 '역설의 미학'을 십분 즐긴다. 유명한 선구나 화두는 대체로 역설적 진리다. 밤의 어둠을 바탕으로 삼지 않고서는 별빛의 영롱함을 그려낼 수 없다. 이별의 슬픔이 없이는 사랑의 애절함을 가시화할 수 없다. 우리는 문학 작품들에서 이별의 슬픔을 통해서 사랑의 기쁨을 드러내는 역설(逆說), 또는 아이러니를 맛보면서 감동한다. 선법문도 이 같은 역설의 미학이 많다. 소월의 시 〈진달래〉·괴테의 『젊은 베르테르의 슬픔』 같은 문학 작품의 역설적 표현과 조주의 '무'자 화두·운문의 '간시궐' 화두 등의 역설은 멀리는 노자의 대대법(對待法: 귀함은 천함을 바탕으로 함)에까지 거슬러 올라갈 수 있다.

조동오위(曹洞五位)

|

불교의 존재론은 주관적 유심론이다. 선종은 이를 한층 강화시켜 본체와 현상이 하나라는 체용일여의 유심론적 존재론을 전개한다. 선불교 조동종은 체와 용의 일치를 통해 존재의 근원에 도달하는 인식론으로 '조동오위(曹洞五位)'라는 선학 이론을 제시했다.

일명 군신오위(君臣五位)·편정회호(偏正回互)라고도 하는 조동오위론은 임제종의 '사료간(四料簡)'과 함께 선종 존재론의 백미를 이루는 선학 이론이다.

조동오위는 체용합일에 이르는 단계를 다섯 단계로 나누어 설하고 있어 사료간보다 섬세하다. 참고로 조동종은 동산양개와 조산본적 사제가 개산한 조동종의 종파 명칭이 위앙종처럼 관례대로라면 '동조종'이 되어야 하는데 발음상 순서가 바뀌어 조동종이 됐다. 조동오위는 본체와 현상의 관계를 다음 다섯 단계로 나누어 설명한다.

1. 정중편(正中偏)—군위(君位)
2. 편중정(偏中正)—신위(臣位)

3. 정중래(正中來)─군시신(君視臣)
4. 편중지(偏中至)─신향군(臣向君)
5. 겸중도(兼中到)─군신합(君臣合)

정(正)은 본체·군(君)·암(暗)·이(理)·공을, 편(偏)은 현상(작용)·신·명(明)·색·사(事)를 각각 상징한다. 동산양개 선사는 오위의 각 단계마다 자신이 직접 게송을 지어 해설했다.

'정중편'은 본체가 있음을 인정하지만 사물이 정신적 본체로부터 파생한다는 사실을 알지 못하는 단계를 말한다. 동산은 이런 단계의 수행자에게는 체에 의지한 용을 일으키라고 요구한다.

'편중정'은 바깥 현상이 거짓된 것이라고 인정하지만 선종이 말하는 현상을 통해 본체를 보는 묘(妙)를 모르는 경우다. 이런 수행자는 용에서 체로 돌아가야 한다. 다시 말해 현상도 동전의 앞뒷면처럼 본체의 한 면으로 붙어 있음을 깨달아야 한다는 것이다.

'정중래'는 현상 속으로 들어온 본체를 말한다. 여기서는 본체로부터 나가 현상에 이르도록 노력해야 한다.

'편중지(일명 겸중지)'는 체와 용이 조화를 이루려는 노력의 단계다. 여기서는 환영(幻影)에 불과한 현상의 거짓됨을 인식했지만 나아가 현상을 통해 본체를 파악해야 한다.

앞의 1·2 단계는 불교 입문의 초보적 단계고 뒤의 3·4는 비교적 높은 단계다. 그러나 네 단계 모두 나름의 일면성만을 가지고 있어 완전하고 이상적인 유심론적 세계관의 경지에는 이르지 못했다.

'겸중도'는 체와 용의 관계를 완전 해결한 단계로 양자 관계가 조

노장으로 읽는
선어록 (상)

화를 이룬 것이다. 바로 임금과 신하가 하나로 일치한 상태다.

선종은 확고한 유심론의 입장에서 본체와 현상의 관계를 통일시키려 한다. 선종은 현상 세계의 모든 물질적 존재가 곧 본체임을 인정하지 않는다. 그렇다고 해서 현상과 본체의 관계를 허구화해 허무주의로 대중을 현혹하거나 인식을 마비시키려 하지도 않는다.

중국 불교는 위진남북조 시대부터 본체와 현상의 관계, 본말(本末)의 문제를 탐구했고 당나라 때는 화엄종이 유심론적 존재론의 체계를 정립하기도 했다. 그러나 조동종의 '오위군신'이라는 교의(敎義)가 보다 체계적인 체용론으로 꼽힌다.

조동오위 체용론의 구경지인 제5위를 동산양개 선사가 직접 해설한 게송을 들어보자.

> 현상[有]과 본체[無]는 최고의 조화를 이루었다. 유·무를 넘어서 세상 흐름을 따를 자 누가 있겠나. 남들은 모두들 기특한 것 좋아하지만 저 사람은 집에 돌아와 검은 숯더미 속에 앉아 즐겁다 하네.
>
> (兼中到 不落有無 誰敢和 人人盡欲 出常流 折合還歸炭裏坐)

조동오위의 최고 경계인 '겸중도'를 설명한 동산의 키워드는 "깜깜한 숯더미 속의 어둠[炭裏]"이다. 깨친 사람은 하늘을 바닥에 딛고 우주 땅덩어리를 작디작은 겨자씨 안에 보쌈말이한 장부다. 이런 사람은 어둡고 무거운 모태(母胎) 안에서 생명의 양수 속에 있었던 본래면목의 원인간(原人間)이다.

밤하늘의 찬란한 별빛은 어둠이 와야 비로소 볼 수 있다. 칸트는 "이 세상에서 영원히 알 수 없는 것은 밤하늘의 별이요, 마음속의 시(도덕률)"라는 경이로움을 토로한 바 있다.

칸트의 '밤하늘 별빛'의 경이로움과 동산양개의 '숯더미 속 환희의 불빛'이 가지는 공통점은 어둠이 와야 그 정체를 볼 수 있다는 것이다. 별빛(깨달음의 광명)을 보는 경이로움은 단순한 보는 것이 아니라 깊이 생각하는 것이다. '깊이 생각한다'는 영어 consider의 라틴어 어원은 con(with)과 sidus(star)다. 그러니까 깊이 생각한다는 것은 '별과 함께 한다', 즉 별을 쳐다보는 것이다. 사르트르는 '본다'는 것은 대상을 지배하고 정복하는 것이라고 했다.

저녁이라는 어둠이 오지 않으면 별을 본다는 것은 불가능하다. 깨달음이라는 견성(見性)도 어둠 속에서만 그 불빛을 볼 수 있다는 것이 동산의 키워드가 뜻하는 바다. 동산의 스승인 운암담성 화상이 캄캄한 밤 종이 초 불빛을 밝혀 제자 덕산선감 선사를 깨닫게 한 '덕산성오(德山省悟)'라는 유명한 화두도 있다.

밤하늘의 별빛 이야기가 나왔으니 시흥을 살려 윤동주(1918~1945)의 시 〈자화상〉을 잠시 감상해 보자.

산모퉁이를 돌아 논가 외딴 우물 홀로 찾아가선 가만히 들여다봅니다.
우물 속에는 달이 밝고 구름이 흐르고
하늘이 펼치고 파아란 바람이 불고 가을이 있습니다.
그리고 한 사나이가 있습니다.

어쩐지 그 사나이가 미워져 돌아갑니다
돌아가다 생각하니 그 사나이가 가엾어 집니다.
도로 가 들여다보니 그 사나이는 그대로 있습니다.
다시 그 사나이가 미워져 돌아갑니다.
돌아가다 생각하니 그 사나이가 그리워집니다.
우물 속에는 달이 밝고 구름이 흐르고 하늘이 펼치고
파아란 바람이 불고 가을이 있고 추억처럼 사나이가 있습니다.

깜깜한 밤의 우물은 어둡다. 그러나 그 우물 속에는 "달이 밝고 구름이 흐르고 하늘이 펼치고 파아란 바람이 불고 가을이 있다." 칠흑 밤은 아래 위가 뒤바뀐 이 같은 가상공간을 보여준다. 이 '가상공간'이 하늘을 바닥에 딛고 우주를 겨자씨 안에 싸넣은 깨친 장부가 앉아 있는 자리다.

> 도는 보려 해도 형체가 없고 도는 들으려 해도 소리가 없다. 사람들은 그것은 어둡고 어둡다고 말하는데 사람들이 논하는 도는 절대 진정한 도가 아니다.
>
> (視之無形 聽之無聲 於人之論者 謂之冥冥 所以論道 而非道也)
>
> ─『장자』「지북유」

도는 어둡고 어둡다. 도는 논할 수는 없지만 체험할 수는 있다. 도는 초현실적인 절대이기 때문에 논설하거나 묘사할 수 없다. 다만 신비한 직각으로 체험할 수 있을 뿐이다. 도를 체득한 자란 도를 직관할 수 있는 진인(眞人)이다. '조동오위'가 말하는 숯더미 속의 어둠, 윤동주가 진여(眞如: Being)가 자리한 곳으로 제시한 칠흑 밤의 우물, 장자가 말하는 어둡고 어둔 암흑은 진리 당체의 체와 용이 하나로 통일된 최고의 정신적 경계다. 본체와 현상을 통일시켜 하나로 보는 눈을 가지면 '산은 산이고 물은 물'인 무분별의 분별과 평등 속의 차별을 수용할 수 있게 된다. '산은 산일 뿐이다(山只是山)'는 진여를 깨달은 자의 존재 인식이다. 다시 말해 분별과 무분별, 평등과 차별을 다 같이 수용하는 것이다. 진여실상의 공(空)은 원래 유(有)를 내함하고 있음을 알기 때문에 이 같은 존재인식이 가능하다.

> 정말로 큰 음악은 소리가 없고 정말로 큰 형상은 모양이 없다.
> (大音希聲 大象無形)
>
> — 『노자』 41장

'대음희성'은 드러난 현상이 곧 그대로 본체임을 밝히고자 "큰 소리는 들리지 않는다(소리가 없다)"고 한 것이다. 이는 체용일원(體用一源)·본적일원(本迹一源)을 뜻한다.

근원의 소리는 어떤 울림도 없이 고요하여 그 본체가 현상으로 드러나도 무성을 그대로 유지한다. 체용일여를 구체화시킨 설명이다. 원래의 소리(자연의 소리·도의 소리)는 우주 구석구석에서 진동하고 있으나 본래의 소리 없음을 그대로 유지하고 있어 음가(音價)의 분별에 따라 소리를 구별하려고 하는 한 그 소리를 들을 수가 없다. 미세한 음까지도 잘 구별했다는 춘추시대 진(晉)나라 음악가 사광일지라도 그 원음의 소리를 들을 수 없다.

'대상무형'은 성현영의 주석에 따르면 "유(有)가 곧 그대로 무(無)임을 밝히고자 한 것"이다. 역시 '대음희성'과 마찬가지로 체용일원을 나타낸 것이다. 도의 큰 형상은 무형 그대로 현상화된 모습으로 현실 세계에 나타난다. 때문에 모양이나 색 따위로 사물을 분별하는 분별지(分別智)로는 현상으로 나타난 도의 큰 형상을 파악할 수가 없다.

성인(깨친 자)은 유 그대로를 무로, 무 그대로를 유로 인식하기 때문에 능히 틈이 없는 오묘한 이치인 무위(無爲)와 계합할 수 있다. 무위는 은밀하고 조밀하기 때문에 틈이 없다. 그러나 유위[人爲]는 어떤 선입관이나 의도를 가지고 강하게 거기에 집착해 자신의 주의·주장을 고집한다.

『노자』 24장은 이 같은 도의 무위를 "있지 않음이 틈 없는 무위에 계합한다(無爲入無間)"는 한마디로 도의 무위를 설명한다. 쉽게 풀이하면 '형태가 없는 것은 틈이 없는 곳으로도 들어간다'는 말이다. 유가 그대로 무임을 깨달으면, 다시 말해 체용일여를 깨달으면 도의 묘리(妙理)와 하나가 된다는 것이다. 틈새가 없는 도와 계합할 수 있기 위해서는 '무분별'의 체득, 즉 무위여야 한다는 결론이다.

보살사상은 만물이 공(空)이라는 무분별성을 자각하는 데서 시작된다. 무분별이란 사물 사이의 구별 자체를 부정하는 것이 아니다. 성인이나 보살의 분별은 텅 빈 평등지(平等智: 반야지)에서 나오는 것이기 때문에 근본적으로 그러한 분별이 절대적이지 않음을 전제로 한 구별이며 만물이 하나라는 자각 위에서의 분별이다. 바로 이 지점에서 '무분별의 분별', '무집착의 집착'인 자비행이 가능해 진다.

5. 무위관조와 견독(見獨)

　선은 원초적으로 선(善)한 '진정한 자아(본래면목)'가 있다는 낭만적인 생각에 기초하고 있다. 그저 마음만 비우면 된다는 것이다. 나만이 옳다는 아상(我相)이 사라지면 마음은 허공과 같아진다. 여기에는 만물을 판단할 수 있는 어떤 기준도 없기 때문에 텅 빈 마음이라 한다.

　마음이 연못과 같이 깊고 고요한 경계에 이르면 거울처럼 만물을 있는 그대로 비춘다. 만물을 그대로 비춘다는 것은 만물을 자신이 의도하는 바대로 판단하고 관찰하는 것이 아니라 만물을 있는 그대로 받아들인다는 말이다.

　세계를 '봐야 하는 대로'가 아니라 '보여지는 대로' 볼 수 있게 되면 무위의 경지다. 이러한 무위의 경지에서 바라보면 '산은 산이고 물은 물일 뿐'이다. 유신 선사가 설파한 산 법문 ③은 바로 '무위관

노장으로 읽는
선어록 (상)

조(無爲觀照)'의 경계를 드러내 보여주는 선지(禪旨)다. 노장이 말하는 "억지로 일을 꾸며 하지 않으면 이루어지지 않는 일이 없다"는 '무 위이무불위(無爲而無不爲)'의 도리와 '할 일 없는 승려[無事僧]'의 자유 자재한 해탈의 경계를 뜻하는 선지다. 선과 노장은 '무위'와 '무사'를 다시 없이 귀하게 여긴다. 그래서 선림은 깨닫고 난 후 더 이상 할 일이 없는 초월자를 '한가로운 도인[閑道人]', 불법 진리를 '무위법'이 라고 한다. 무위와 무사는 깨달은 요사장부(了事丈夫)의 대자유를 뜻 한다. 선에서 '한가하다[閑]' 함은 마음에 어떤 번뇌도 욕망도 없음 을 뜻하는 것이지 할 일 없이 빈둥거림을 말하는 게 아니다.

선림의 무사한도인과 풍전한(風顚漢: 미치광이 같은 대자유인)의 사례 에서 단연 압권인 단하천연 선사의 일화에서 유래한 화두 '무사승 (無事僧)'과 '단하소불(丹霞燒佛)'이라는 화두를 잠시 살펴보자.

단하천연 선사가 원화 3년(802년) 낙양에 올라갔다가 어느 날 천진교(天津橋) 위에서 두 다리를 쭉 뻗고 누워 쉬고 있었다. 때 마침 낙양 유수(부시장) 정(鄭)공이 행차 중 이를 보고 질책했다. 그러나 그는 들은 척도 않은 채 일어나질 않았다. 수행 중인 관 리가 연유를 물었다. 단하는 느릿느릿한 어투로 대꾸했다.
"할 일 없는 중이외다.(無事僧)"
유수가 기이하게 여기고 비단 한 필과 옷 두 벌을 올린 후, 날 마다 쌀과 밀을 보내니 이로 인해 온 낙양이 단하 선사에게 귀 의했다.

단하천연 선사(738~802)는 중국 선종의 대표적인 풍전한(風顚漢: 광기가 있는 괴짜승)이다. 풍전은 치둔(癡鈍)의 철학·오물의 철학·묘지의 철학 등과 함께 선사상의 밑바탕을 이루는 중요한 주춧돌이다. 선가에서 특히 강조하는 풍전과 치둔은 실제로 미치거나 어리석은 것이 아니다. 그저 그런 척할 뿐인 양광(佯狂)·양치(佯癡)다. 곧 속세를 살아가는 처세술로서의 '적극성'과 '순수성'을 말한다.

돈오 선종은 한마디에 깨우친 사람들을 더 이상 배울 게 없는 할 일 없는 '한가한 도인'이라고 한다.

『수능엄경』에 이런 고사가 있다. 옛날 인도 마가다국 수도 슈라바스티에 아주나닷다라는 부자가 살았다. 그는 거울 속의 자기 얼굴을 보는 걸로 낙을 삼다가 어느 날 문득 자신의 얼굴 자체를 보고 싶어 발광했다. 미쳐서 시내 거리를 헤매던 중 어떤 사람으로부터 네 얼굴은 네 자신에게 있다는 가르침을 받고 '자아'를 발견, 광기를 멈추었다. 선가는 이 발광이 그친 곳, 즉 깨우친 후를 '무사(無事)'라 한다.

임제의 스승인 황벽희운 선사는 "도인이란 일 없는 사람이어서 실로 허다한 마음도 없고 나아갈 만한 도리도 없다. 더 이상 일이 없으니 헤어져들 돌아가라"고 말했다.(『전심법요』)

또 그의 어록 『완릉록』은 "밝음과 어둠에도 속하지 않는 눈으로 볼 수 있는 것을 '법'이라 하고, 법을 보는 것을 '부처'라 하며 부처와 법이 모두 함께 없는 것을 '승(僧)' 또는 할 일 없는 중, 한 몸의 삼보(一體三寶)라 한다"고 설파하고 있다.

임제 선사(?~866)는 진정한 견해를 갖고 생생히 살아 있는 현재를 그대로 자유롭게 살고 있는 사람, 다시 말해 인위적 조작 없이 대범함을 갖춘 사람을 '무사시귀인(無事是貴人)'이라고 했다. 매일매일의 일상사를 따르면서도 그것들에 미혹당하지 않는 것이 바로 '무사'다. 이런 사람이 곧 '할 일 없는 귀한 사람'인 것이다.

단하가 낙양 유수에게 설파한 '무사승'은 할 일이 없는 '실업자'라는 소리가 아니다. 그저 고단하면 천진교 위에서 다리를 뻗고 쉬듯이 평상(平常)의 자유를 마음껏 누리며 살아가는 생생한 도인의 실상을 보여준 것이다. 기존의 상식이나 관행으로는 높은 관리의 행차 앞에 감히 다리를 뻗고 누워 있는 단하의 행위는 무례요, 불경이다. 그러나 단하는 이 같은 기성의 관행이나 틀에 순종하기를 거부했다. 말하자면 혁명아적 기질이다. 본래 선이 추구하는 불법(佛法)의 본질은 이같이 기성의 노후한 가치와 차별적인 기준을 깨버리는 '자유'다.

'무위'와 '무사'는 노장에도 나오지만 7세기 이후로는 선불교의 전용어가 되었다. 영어로는 무위를 non-action, 무사를 no-business라고 번역하지만 서양엔 이에 비견할 사유방식이 없어 그 뜻을 완전히 드러내지 못한다. 무위와 무사는 인간의 내적·외적 추구행위가 지닌 기만성을 자각한 후 그 행위 자체를 포기하는 것이다. 중요한 것은 추구로부터 도피하는 것이 아니라 그것을 극복해 버리는 것이다. 선은 즉금즉처(卽今卽處: Now and Here)가 바로 실재(實在)임을 깨닫길 요구하기 때문에 적극적이라고 할 수 있다. 여기서 우리는 삶과 죽음에 관한 그릇된 이분법적 사고를 극복, 원융무애한 현실을 살 수 있고 다른 사람들을 구원할 수 있게 된다.

단하의 충격적인 '풍전' 하나만 더 보자. 그는 유력(遊歷) 중 어느 추운 겨울날 낙양 혜림사(慧林寺)에 도착했다. 다짜고짜로 대웅전에 모신 목불(木佛)을 끌어낸 뒤 도끼로 패 불을 피워 놓고 언 몸을 녹였다. 이를 본 주지가 놀라 달려와 "아니 불상을 쪼개서 불을 피우다니! 이 무슨 망발이오"라며 부들부들 떨었다.

단하는 태연스레 목불이 탄 재를 뒤적이며 말했다.

"사리가 얼마나 나오는지 찾고 있는 중이오."

주지가 말했다.

"이 사람 정말 미쳤군. 목불에서 무슨 사리가 나온단 말인가?"

단하가 힐난했다.

"사리가 없다면 부처가 아니지. 아직 몸이 덜 녹았으니 나머지 두 협시불도 마저 내다가 불 땔 때 버립시다."

단하가 목불을 불태운 만행(萬行)을 화두로 '단하소불(丹霞燒佛)'이라 한다. 이쯤이면 미치광이라 할 만하다. 그렇지만 단하의 말이 맞다. 목불을 우상화하고 있는 신앙 현실을 힐난한 그의 사자후는 어리석은 인위적 불상 조성보다 깨우침을 통한 무위와 무사를 이루는 게 옳은 불법의 길이라는 한소식이다. 단하는 한마디로 철저한 우상 파괴주의자였다. 현실 속에서 행동하는 부처, 과감히 발언하는 보살, 행동하는 양심을 가진 불자(佛子)를 그는 요구한다.

후일 운문종의 보은행승 선사에게 한 중이 물었다.

"단하 선사가 목불을 태운 뜻은 무엇입니까?"

보은 선사가 답했다.

"날씨가 추우니 불을 피우고 쬐었다."

불을 피워 추위를 면한 단하의 '평상심'을 멋지게 설파한 답이다.

조주종심 선사에게 한 관리가 물었다.

> 관리: 단하 화상이 목불을 태웠는데 어째서 주지승의 눈썹이
> 빠졌습니까?
> 조주: 귀댁에서는 누가 날 것을 삶아 요리합니까?
> 관리: 머슴입니다.
> 조주: 그것 참 저 단하 화상 같은 좋은 솜씨를 가졌군요.

중국에는 사법(邪法)을 설하면 눈썹이 빠진다는 속설이 있다. 혜림사 주지는 화[嗔]를 낸 죄업 때문에 눈썹이 모두 빠져버렸다고도 한다. 조주의 대답은 단하가 목불을 태워 추위를 피한 것이나 머슴이 일상적으로 날 것을 익혀 요리하는 것이나 똑 같은 평상심의 발로라는 것이다. 선가의 사홍서원(四弘誓願)은 배고프면 밥 먹고, 졸리면 잠자고, 추우면 화롯불 쬐고, 더우면 부채질한다는 것이다. 평상심시도(平常心是道)라는 것은 바로 이를 두고 하는 말이다.

그대로 사법을 설하고 화를 내고 있다가는 귀관도 혜림사 주지처럼 눈썹이 빠져버릴지 모른다고.*

* 졸저 『중국선불교 답사기』 권1, pp.318~322

단하천연 선사가 '할일 없는 중[無事僧]'이라고 한 '무사(無事)'는 무위와 같은 의미다. 무사는 속세나 외계의 영향을 받지 않는다는 뜻이다. 지략이나 인위적 수단에 의하지 않는다는 의미를 갖는 무사

는 인위적인 성취의 부정이기도 하다.

좀 더 불교적으로 말하면 마음이 본바탕에 들어감을 뜻한다. 이는 흔들린 마음을 즉각 되돌려 그 흔들림이 다른 곳으로 이어지는 힘을 무력화시키는 것이다. 이를 간단명료하게 드러낸 것이 어떠한 일도 더 이상 할 것이 없는 상태, 즉 무사다. '무사'야말로 삶을 풍요롭게 하는 넉넉한 마음의 터전이다. 단하의 무사승은 '도를 배우고 익히는 스님'이라는 말이다. 수행자의 본분은 자신에 내재하는 도를 닦고 갈아 성인의 도로 완성하는 것이다.

임제의현 선사는 살아 있는 현재를 당당한 자세로 자유롭게 살아가는 사람을 '할 일 없는 귀인[無事貴人]'이라고 했다. 무사·무위는 원래 노장의 전문 용어였으나 중당(中唐) 이후 선불교가 이를 적극 사용함으로써 선불교 용어처럼 되어버렸다.

도는 항상 무위이지만 이루어지지 않음이 없다.

(道常無爲而無不爲)

— 『노자』 37장

무위란 아무 것도 안 하는 게 아니다. 무위는 세계와 관계할 때 이미 습득해 가지고 있는 이념, 가치관 등과 같은 기존의 틀이나 방식에 갇힌 상태가 아님을 뜻한다. 이 세계를 '보여지는 대로 보는 사람(無爲)'은 세계를 '봐야 하는 대로 보는 사람(有爲)'을 항상 이긴다. 보여지는 대로 보고 세계에 반응한다는 것은 세계의 변화에 딱 맞게 적응함을 뜻한다. 이것이 바로 노자가 말하는 '무위'다. 이 무위

노장으로 읽는
선어록 (상)

의 힘을 가지면 세상에 이루지 못할 일이 없게 된다.

　세계를 봐야 하는 대로가 아니라 보여지는 대로 볼 수 있게 된 무위의 경지가 바로 유신 선사의 산 법문 ③이 말하는 '산은 산이로 다'이다. 가치론적 판단을 모두 걷어내고 세계를 있는 그대로 볼 수 있는 인식의 단계가 곧 무위다. 무위를 달리 말하면 자신의 내적 자발성에 바탕한 주도적 행위다. 그러니까 무위란 어떤 이념이나 기준과 같은 관념의 구조물에 수동적으로 의존하지 않고 세계의 변화를 따라 자발적이고 유연하게 접촉하려는 시도라고도 할 수 있다. 유위는 세계를 '봐야 하는 대로' 보게 되지만 무위는 어떤 기준의 지배도 받지 않기 때문에 세계를 보여지는 대로 볼 수 있다.

　후자는 앞으로 나가지만 전자는 과거에 묶여 있을 수밖에 없다. 따라서 무위의 태도를 지녀야만 변화하는 진실과 접촉할 수 있게 된다. 변화에 제대로 적응하고 적절히 대처하면 어떤 일도 이루어지지 않을 리가 없다. 이것이 바로 '열린 마음(open mind)'이다. 자신의 가치론적 의지 없이 세계의 실상 그대로에 텅 빈 마음, 열린 마음으로 반응하는 방식을 노자는 무위라고 했던 것이다.

　선가의 공과 노장의 무(無)는 소유할 만한 어떤 것도 없다는 뜻이다. 공·무의 세계가 바로 무위자연이다. 장자는 무위자연의 세계를 시각화한 유토피아로 '어떤 소유할 만한 것도 없는 곳(無何有之鄕)'을 제시했다. 『장자』「소요유」편에 나오는 '무하유지향'은 아무 것도 없는 넓고 넓은 들판일 뿐이다. 탐욕을 자극하는 어떤 것도 없는 곳이 바로 진정한 이상향이다.

　선불교의 자성[佛性]과 노장의 도는 보편적인 것이면서도 특수성을 억누르는 보편성이 아니라 특수성(개별성) 그대로가 보편성을 띠고 있는 양태를 취한다. 각자의 특수성을 가진 산과 물을 다 같은 도의 현현으로 볼 수 있는 것은 이 같은 논리에 근거한다. '산은 산이로다(山只是山)'는 보편성 속의 특수성이면서 특수성 속의 보편성을 설한 고차적인 법문이다. 하나가 곧 많은 것이고, 많은 것이 곧 하나인 '일즉다 다즉일(一卽多 多卽一)'이라는 선과 노장의 설법은 서구적 사고로는 모순적이지만 '일'과 '다'가 자유롭게 회호하고 호환되는 동양적 사고에서는 이미 고대로부터 상식화 되어 있다.

1970~80년대 우리나라에서 한동안 담론의 명제였고 유행했던 "가장 한국적인 것이 가장 세계적"이라는 말을 상기하면 이해에 도움이 될 것 같다.

신은 도를 얻어 영묘하고 만물은 도를 얻어 생겨난다.

(神得一以靈 萬物得一以生)

− 『노자』 39장

여기서의 '일(一)'은 도를 상징한다. 만물은 일인 도를 품수 받아 생겨나고 성장할 수 있다. 그래서 만물은 평등하다. 그리고 하나인 도는 각기의 고유성을 갖는 만물을 생겨나게 함으로써 그 하나는 '만(萬: 多)'이 된다.

자기를 부정하고 만법이 공이라는 법(도·자성)의 입장에서 보면 만물 각각의 차별상은 차별대로 있으면서 근원이 똑같이 도라는 점에서 차별 그대로가 평등한 존재로 간주되기에 이른다. 이것이 바로

'무분별의 분별'이다. 이렇게 함으로써 도가 그대로 우리에게 체현되도록 하는 것, 바로 이것이 만물 평등의 가르침이다. 현상계의 '산은 산이고 물은 물'인 분별은 이 같은 무분별의 분별이다. 불법을 참으로 깨달은 도인의 경계에서 사물을 있는 그대로 본 고차적인 인식이다.

우리는 선사들이 던지는 한마디에 황당함과 당혹감을 느끼기도 한다. 『장자』「소요유」에 나오는 대붕의 비상에 매미와 메추라기가 보였던 당황스러움과 당혹감도 아마 이런 것이었을 것이다. 부처가 '뜰 앞의 측백나무'라거나 '마른 똥막대기'라는 조주와 운문 선사의 한마디가 그런 예들이다. 동산수초 선사는 부처를 '삼 서 근(麻三斤)'이라 했고 임제 스님은 "부처를 죽이고 조사를 죽이라"고까지 했다. 선사들의 한마디는 때론 감당하기 어려운 거대 담론의 제목 같기도 하다.

일상의 삶을 뛰어넘고 상식을 파괴하는 선종의 화두는 그 앞에서 당황하고 어쩔 줄 몰라 하는 우리의 모습을 즐기려는 듯도 하다. 그러나 화두는 상식의 세계에 갇혀 있는 우리의 편견을 깨부수어 파편적이고 편협한 인식으로부터 벗어나 전체를 넓게 바라볼 수 있는 눈이 열리기를 바라고 있다.

'무위'는 우리의 삶이 일회적인 선물임을 파악하는 일이기도 하다. 이는 생겨나려고 하는 일들을 그대로 우리에게 허락함을 뜻한다. 그래서 강물에 자신을 믿고 내맡겨 결국에는 그것과 하나가 되어 흘러가는 것이다.

작위·유위·조작함이란 선과 노장의 입장에서 보면 일개 부분이

가당치도 않게 전체에 맞서 어떤 일을 관철하거나 실행하려고 대든 다는 것을 말한다. 장자는 이를 사마귀가 제 능력 한계도 모른 채 길 가운데서 다리를 곧추 세우고 지나가는 수레를 막아보겠다고 하 는 어리석음에 비유해 '당랑거철(螳螂拒轍)'이라 했다.

무위는 자신을 세계와 우주에 확 열어 개방하는 것이다. 이렇게 하면 우리 자신과 세계와의 관계가 전혀 새로운 국면으로 접어들게 된다. 이 국면에서 우주의 본체·도·불성 같은 육안으로는 볼 수 없 는 것들을 보는 마음의 눈(心眼)이 열려 '산은 산이 아니라'는 부정을 넘어선 '산은 산일 뿐'으로 보는 대긍정의 안목을 갖추게 된다.

관조란 사전적으로는 '꿰뚫어 보는 것'이다. 선과 노장에서의 '관 조'는 사물과 우주의 본질에 대한 이해를 위해 사물을 있는 그대로 바라보는 것을 말한다. 우주의 진리를 깨닫기 위한 동태적 살핌으 로서의 관조는 수행자가 기본적으로 갖추어야 할 필요충분조건이 다. 수행자의 관조는 반드시 '무위관조'여야 한다. 무위적인 관조가 아니면 사물의 진실에 절대 접근할 수 없다.

사물을 관(觀)하는 세 가지 방법이 있다. ①위 아래로 또는 멀리 가까이 보기 ②이것을 통해 저것을 보기 ③표면을 통해 내면을 파 악하기가 그것이다.

관조에서의 무위는 텅 빈 마음과 고요, 즉 허정(虛靜)이다. 노자 는 "마음이 연못과 같이 깊고 고요한 경계에 이르면 만물을 있는 그대로 비춘다"고 했다. 『노자』에 나오는 "마음은 깊은 연못처럼 깊 고 고요하길 잘한다(心善淵)"는 것이 바로 이런 뜻이다.

범부들은 이 세상이 특정한 내용을 가진 배타적 존재들로 꽉 채워져 있다고 믿는다. 이것이 범부의 '산시산' 인식이다. 이런 인식은 산은 산이요, 물은 물로 구분할 뿐 둘 다 같은 근원에서 나와 이름이 다를 뿐이라는 사실을 모른다. 같은 근원이란 공(空), 즉 존재의 심연을 말한다. 그래서 이러한 인식은 '산은 산이 아니다'라는 부정을 거쳐 '산은 산일 뿐'인 긍정과 부정을 다 아우르는 대긍정에 도달해야 한다. 『노자』 1장이 유와 무의 근원은 한 뿌리임을 설파한 '차양자 동출이명(此兩者 同出異名)'도, 『장자』 「제물론」이 강조하는 '만물제동(萬物齊同)'도 유와 무, 긍정과 부정, 본체와 현상이 근원에서는 같은 하나이지만 우주 현상계에서는 각각 다른 이름으로 존재한다는 사실을 밝힌 것이다.

유신의 '산시산' ③은 무위관조를 통해서 산이라는 존재를 인식한 고차원의 정신 세계. 범부와 깨친 자의 인식이 문자 표현상으로는 같지만 그 각각의 의미는 천양지차만큼이나 크다.

깨달은 후에야 비로소 개별자의 고유성을 인정할 수 있다.

(朝徹 而後能見獨)

– 『장자』 「대종사」

'조철'이란 아침의 환한 밝음인데 아침 햇살처럼 밝고 환한 '깨달음'을 뜻한다. 만물과 나의 삶이 모두 실체가 아님을 깨닫고 그리하여 물(物)과 생에 대한 모든 집착에서 벗어나게 되면 마주하는 사태들에 편안하고 막힘이 없음을 느끼게 된다. 즉 세상을 바라보는 눈이 열려 눈앞의 세상이 마치 아침 햇살을 받은 듯이 환하게 보인다.

조철해 지혜의 눈이 열리고 끊임없이 오가는 개별자들의 '각득기의
(各得其意: 고유성)'를 분명히 확인, 다시는 의심할 여지가 없게 된다.
'독(獨)'은 개별자들의 독자성·고유성, 즉 '각득기의'다.

만물이 실체가 아닌 공임을 깨달음으로써 오히려 만물의 고유성
을 있는 그대로 받아들여 수용할 수 있게 된다. 바로 이 점이 선철
학과 장자철학이 무와 허를 기반으로 하면서도 허무주의로 흐르지
않는 이유다.

'견독'의 경지에서 모든 부수적 조건들(천하·사물·마음)을 제거한
채 사물 자체의 모습을 관조하는 것이 유신 선사의 산 법문 ③이
다. 다시 말해 주체(나)와 대상(사물)을 잊고 무분별의 조철(해탈·깨달
음) 경계에서 사물 자체를 관조하는 절대의 경지가 '견독'이다. 이때
눈앞에 나타난 산은 그대로 산일 뿐이다.

고전적『장자』주석의 일인자인 곽상은 '견독'을 "만나는 대상마다
편안히 바라보게 되는 것이니 이는 앞뒤로 연결된 관계를 제거했기
때문이다. 이를 견독이라 한다"고 풀이했다.

마음이 인식 활동을 할 때 우리는 늘 인식하는 주체와 인식되는
대상으로 분리하는 것을 전제로 한다. 주·객을 분리하는 이러한 마
음의 틀은 인식 활동을 시작하는 순간 무의식적 관행으로 작용한
다. 현상계의 사물들은 수많은 관계와 관계로 얽혀 있다. 따라서 사
람들은 사물 자체를 통찰하지 못하고 고리들로 얽혀 있는 사물의
외형과 껍데기만 바라보게 된다. 이러한 껍데기들을 걷어내고 사물
자체의 본래 모습(본래 면목)을 응시하는 것이 바로 견독이고 도인의
경지이고 산 법문 ③의 경계다.

견독의 경계에서는 시간을 초월한 무고금(無古今)으로 임운자연하면서 불생불멸(생사일여)의 열반을 누릴 수 있게 된다. 성현영은 '무고금'을 "날로 새로워지는 자연의 흐름에 몸과 정신을 맡긴 채 사물의 변화를 따라 함께 움직이는 것"이라고 풀이했다. 임운자연(任運自然)은 소극적으로는 시간의 변화에 마음을 쓰지 않는 태도를 말하고 적극적으로는 시간의 변화를 함께 하는 것이다.

우리는 누구도 생사라는 자연법칙을 벗어날 수 없다. 다만 삶과 죽음을 다른 것으로 구별하지 않음으로써 삶을 기뻐하지도 않고 죽음을 두려워하지도 않는 달관의 경지에 들어갈 수 있을 뿐이다.

대종사가 된 선지식(善知識: 깨달은 선승)은 산의 본래면목이 공임을 무위관조를 통해 철견하고 그 본체와 현상을 통일시켜 본체의 작용으로 현현한 산을 있는 그대로 받아들이는 화광동진의 삶을 산다. 대종사는 스승이 될 만한 자격을 갖춘 큰스님, 또는 도인을 말한다. 한국 불교의 최고 법계(法階)도 '대종사'다.

'산은 산이로다'를 이해해 보려고 많은 노장의 설법을 원용했다. 선학에는 노장만큼의 논리적 체계가 없고 문학적인 송고(頌古)·염송 등을 사용해 화두나 유명 선구를 풀이하기 때문에 선지가 뜻하는 바를 논리적으로 산뜻하게 정리하기가 어렵다. 7~10세기의 동아시아 선불교는 노장 사상을 적극 흡수, 당시의 내로라하는 선장(禪匠)들의 법문과 게송에는 노장의 그림자가 짙게 드리워져 있다. 가톨릭 수사이며 세계적인 저술가로 『장자』를 연구해 『장자의 길』이라는 책까지 낸 미국의 토마스 머튼 신부는 "장자의 사상과 정신을 정통으로 계승한 사람들은 중국 당나라의 선사들이다"라고 했다.

불교 선종은 중국 노장 사상 위에서 새롭게 태어난 불교라고도 한다. 선과 노장의 유사성은 1950년대부터 이미 미국과 유럽 등에서도 폭넓게 지적되어 왔다.

6. 선과 실존철학

그저 다른 견해만 내지 않으면 산은 산, 물은 물, 승은 승, 속인
은 속인일 뿐이다. 산하대지와 일월성신이 모두 나의 마음을 벗
어나지 않으며 삼천대천세계가 모두 너의 본래면목이다.

(但莫生異見 山是山 水是水 僧是僧 俗是俗….)

– 『완릉록』

선어록 문헌상 '산은 산'이라는 선법문의 효시인 위의 선법문은
황벽희운 선사(?~850)의 어록인 『완릉록』에 보인다. 황벽은 돈오 남
종선 개산조인 6조 혜능 대사의 5세 법손이다. 『완릉록』은 절도사
배휴가 황벽 선사와 자신의 문답과 상당법어를 정리해 저술한 황벽
선사의 선어록이다.

황벽과 운문이 말한 '이견(異見)'·'망상(妄想)'은 분별심을 뜻한다.

즉 사물을 유/무, 선/악 등 상대적인 이분법(二分法)으로 구분하는 분별심만 없애고 그 본래면목이 갖추어 가지고 있는 본체와 현상을 하나로 통합, 동전의 앞뒷면처럼 보는 대긍정의 입장에 서면 산은 산, 물은 물일 뿐인 현상계의 실존을 수용하고 화광동진하면서 살아갈 수 있다는 얘기다.

청원유신 선사가 설한 산을 인식하는 세 단계 중 제1단계 '산은 산(山是山)'은 현상계만의 인식이다. 즉 색계로 나타난 산과 물일 뿐이다. 이것은 본체와 현상으로 구성되어 있는 산의 실체에서 안은 보지 못하고 겉만 본 것이다. 현상은 일시적으로 존재하면서 무한한 변화를 계속한다. 그래서 실상이 아니고 가상(假相)이라고 한다. 그러니까 가상만을 보고 있는 것이다.

제2단계는 현상계를 넘어가 본체계[空界]를 인식한 단계다. 현상계는 동전의 한 면일 뿐이고 공을 바탕으로 하는 본체계라는 동전의 또 다른 한 면을 자각한 것이다. 그래서 본체의 작용으로 나타난 산은 그 본래면목을 다 드러낸 것이 못 되기 때문에 공인 본체계의 입장에서 '산은 산이 아니다(山不是山)'라고 부정했다. 현상계의 산은 유(有)만을 인정한 것이고 무(無)라는 산의 본체를 보지 못한 실체적인 산이 아니라고 부정한 것이다.

제3단계는 현상으로서의 만물이 모두 본체를 토대로 변화해 나온 것임을 알게 된 최고 수준의 인식이다. 현상계는 잠시 피었다가 지는 꽃과 같이 무한한 변화를 거듭한다. 예컨대 댐 공사를 하면 산은 호수로 변해버리기도 한다.

장자는 이 같은 현상계의 변화를 '물화(物化)'라고 했다. 물화는 장자 철학의 핵심인 만물제동(萬物齊同)을 설한 「제물론」의 결론으로 제시된 '호접몽(胡蝶夢)'이 뜻하는 바를 가리키는 말이다. 선이 말하는 깨달음과 장자의 물화가 뜻하는 대긍정이 완전 하나로 합치하지는 않지만 장자의 물화도 득도의 경지임에는 틀림없다.

호접몽(胡蝶夢)

장자가 꿈에 호랑나비가 되어 즐겁게 훨훨 날았다. 자신이 장주임을 몰랐다. 잠을 깨고 보니 자신은 틀림없는 장주였다. 장주가 나비가 되었던 것인지, 나비가 꿈에서 장주가 되었던 것인지 알 수가 없었다. 장주와 나비는 반드시 구별이 있을 터, 이런 것을 일러 물화라 한다.

– 『장자』「제물론」

장자의 '호접몽' 이야기다. 장자가 만물 평등, 망아(忘我)의 물아일체 결론으로 제시한 '물화'는 만물의 변화를 뜻한다. 이는 장자의 이상인 차별 없는 세계, 상대적 대립이 없는 경지를 내보인 것이다. 만물은 계속 변화하면서 하나의 자연물로 존재하는데 피상적인 분별이나 차이는 있지만 그 자성을 바꾸는 절대적인 변화는 없다는 것이 장자의 결론이다.

장주가 호랑나비로 유쾌함을 느끼게 된 관건은 유쾌함을 느끼면서도 자기가 장주임을 몰랐다는 것이다. 이른바 망아(忘我)·상아(喪

我)의 경지다. 만약 장주가 꿈에 호랑나비가 되었을 때 여전히 자신이 장주임을 의식하고 있었다면 반드시 따져보거나 생각하는 마음이 일어나 유쾌하게만 느끼기 어려웠을 것이다.

자신이 장주임을 알지 못했기 때문에 꿈속의 호랑나비가 장주의 모든 것이 됐고, 따지거나 생각할 전후 사정도 사라져버리고 스스로 유쾌함을 느낄 수 있게 됐던 것이다. 호랑나비로 물화한 이후의 고립된 지각이 자기와 대상을 시간과 공간으로부터 단절시켜 버림으로써 자기와 대상이 저절로 의기투합해 주·객 합일의 경지를 이루었다. 고립된 지각이 아닌 일반적인 인식작용은 항상 인식의 대상을 시간이 연속하는 가운데나 공간 관계 속에 끼워 맞춰 고찰하게 마련이다. 만약 꿈에 호랑나비가 된 장주가 시간의 연속선상에서 자기가 장주임을 기억한다면 망아의 상태에서 느끼는 유쾌함을 맛볼 수 없었다. '앞과 뒤'가 이어짐을 잊는 것이란 바로 이런 고립된 지각에 침잠함을 말한다.

주·객 합일의 하나됨을 선과 노장은 하나(一) 이외에는 다시 아무 것도 없다고 한다. 도를 의미하는 하나는 곧 일체(一切)가 되는 것이다. 하나가 모든 것(一卽一切)이라면 그 하나는 원만 구족의 상태로서 스스로 유쾌한 기분을 느낄 수 있게 해 주는 것이기도 하다.

호접몽 체험에서 가장 중요한 포인트는 앎을 잊는 망지(忘知)로 생겨난 두 가지의 '모른다'는 부정이다. 장주가 꿈에 나비가 된 것인지, 나비가 꿈에 장주가 된 것인지를 모른다는 것이 바로 그것이다. '모른다'는 상태는 망아·상아·물화의 정신 상태 속에서 이론과 실천의 관계를 해소하고 당신의 지각 활동(꿈)을 통하여 앞과 뒤가 단절

된 고립 상태를 이루는 것이다. 호접몽은 자신의 생명이 물화의 과정을 통해 만들어낸 미화되고 예술화된 득의(得意: 깨달음) 경계를 꿈이라는 상황을 빌어 사람들에게 드러내 보여준 것이다.

산의 본래면목을 볼 수 있는 심안(心眼)은 망아·상아·물화의 경지에 들어서야만 열린다. 장자의 대각(大覺)을 의미하는 호접몽은 존재의 변화 과정에서 이루어진 노장과 선이 거듭 강조하는 '물아일체'다.

불교의 깨달음이란 종교적으로는 영혼(의식)의 변화이고 세속적으로는 인격과 관점의 변화다. 물화는 단순한 장자와 나비 사이의 형태 변화를 뛰어넘는 영혼의 변화, 또는 깨달음의 경지일 수 있다. 장자 철학자 로버트 앨린슨은 "영혼의 변화는 의식의 바뀜에 비유될 수 있다. 그것은 자신의 인격과 관점의 변화를 일으킨 체험이다. 이런 체험을 통해 사람들은 예전과 다른 방식으로 세상을 보게 된다"고 했다.(앨린슨 저, 『장자, 영혼의 변화를 위한 철학』 p.21)

장자의 호접몽은 작게는 장자의 정신적 변화와 성장을, 크게는 장자가 미몽의 상태에서 벗어나 크게 깨친 경지에 이르렀음을 상징한다. 꿈속의 나비는 혼돈 속을 헤매는 몽매한 중생을, 장자는 어둠을 벗어나 밝은 지혜를 얻은 깨친 자를 가리킨다는 해설도 있다. 이런 구도는 『장자』 「소요유」에서 물고기 '곤'이 어둠의 바다 북명에 갇혀 있는 미몽의 존재라면 남명에 도착한 '붕새'는 밝은 지혜를 얻은 깨친 자의 대붕 이야기와 같은 구도라는 것이다.

호접몽은 물아일체·물아양망(物我兩忘)에서 산과 내가 하나 되어 무분별의 분별 속에서 산을 바라보는 깨친 자의 '산은 산일 뿐'인 경계와 상통한다.

실존철학의 존재 인식도 선과 상통하는 구석이 많다. 우리는 무엇이 존재하고 있다는 든든한 믿음이 인간 정신의 밑바탕을 이루고 있다는 사실을 인정할 수밖에 없다. 실존철학의 태두 마르틴 하이데거와 칼 야스퍼스 등은 이러한 '존재'를 확인하기 위해 일찍 동양의 노장 사상과 선사상을 깊이 들여다보았던 것으로 알려져 있다.

하이데거(1889~1976)는 모든 사물의 고요하고 성스러운 성격을 '존재'라 했다. 그 존재의 성스러움은 기술적으로 처리할 수 없고 이론적으로도 완전히 해결할 수 없는 그 어떤 것이다. 이는 선학의 '본래면목'·'불립문자'와 노장의 도론(道論)과 같은 맥락이라고 볼 수 있다. 노자가 "도를 도라고 말하게 되면 불변의 도가 아니다(道可道非常道)"라고 한 것이나 선학이 불법 진리는 언어 문자로 다 설명할 수 없다고 한 '불립문자'와 같은 문법이다.

하이데거가 자신의 경험을 술회한 시를 보자

숲은 가로누워 쉬고 있고 개울물은 급히 흐른다.
바위는 묵묵히 그렇게 서 있고 비가 촉촉이 내린다.
들녘의 논밭은 기다리고 샘물이 솟는다.
바람이 잔잔히 불고 축복이 은은하게 가득하다.

– 박찬국 저, 『삶은 왜 짐이 되었는가』

하이데거의 '존재 경험' 시를 선학적으로 말하면 오도송(悟道頌)이라고 할 수 있다. 우선 시는 선의 가장 뚜렷한 특징인 '단순성

(simplicity)'이 역력하다. 선의 게송[禪詩]·선구(禪句)의 단순함은 희귀한 풍요로움과 충만함을 간직한 단순함이다. 하이데거의 시는 이러한 단순성을 십분 발휘하고 있다. 하이데거의 시를 선에 그대로 옮겨놓으면 역대 선사들이 깨달음의 경계를 읊조린 게송들에 손색이 없다.

가을의 밝은 달, 겨울의 흰 눈을 자연 대도로 받아들여 유유자적하고 산꼭대기 토굴의 방 한 칸을 구름과 반반씩 나누어 쓰면서 낙도(樂道)하는 선사들의 넉넉함이 그대로 묻어나 있다. 존재 경험이란 존재자들(인간·자연·모든 사물)의 고유한 존재 모습(모든 사물의 고유한 성스러움)을 보는 것이다. 쉽게 말해 사물을 있는 그대로 보는 관조다. '산은 산일 뿐이다(山只是山)'도 이런 존재 경험이다.

무문혜개 선사(1183~1260)는 그의 저서 『무문관』 7칙 송고(頌古)에서 다음과 같이 읊조렸다.

    강남에 산들바람 불고
    자고새는 꽃그늘에서 운다.

정토유정 선사(북종, 생몰 연대 미상)의 게송 〈산중게(山中偈)〉:

    다리 위의 산은 일만 층이요,(橋上山萬層)
    다리 아래 물은 천리에 흐르네.(橋下水千里)
    오직 해오라기들만이(唯有白鷺鶿)
    날 보러 이곳에 늘 온다.(見我常來此)

하이데거의 존재 경험 시는 무문·정토 선사의 게송과 시어(詩語)나 시정(詩情)이 붕어빵처럼 닮았다. 하이데거의 존재 경험과 선사들이 설파하는 '산은 산일 뿐'이라는 법문은 같은 맥락의 존재 인식이다. 하이데거의 시는 존재의 '성스러움'에 대한 놀라움이다. 바로 평소에 자명하고 진부한 것으로 보아 넘겼던 것들에 대한 놀라움이다. 산과 물의 존재(신비로움)를 우리는 도저히 언어로 표현할 수 없기 때문에 '산은 산일 뿐'이라고 말할 수밖에 없는 것이다. 선과 노장·실존철학은 다 같이 궁극적인 존재 인식에서 이 같은 입장이다.

존재의 빛.

일상적으로 경험하는 사물들을 경이로운 기분으로 바라볼 때 전에는 볼 수 없었던 광채, 즉 존재의 빛을 보게 된다. 이 때의 존재는 구체적 의미가 결여된 공허하고 추상적인 존재가 아니고 우리가 규정할 수 없는 무한한 의미로 충만한 존재다. '존재의 빛'을 보고 함께할 때 우리에게 우주정신으로 만물을 포용하는 만물여아동체(萬物與我同體)의 경지가 열린다.

선과 노장이 말하는 도의 본질은 공·무다. 그러나 선불교의 '비어 있음(空)'은 개별적인 것을 부정하지 않는다. 도를 깨달은 자의 관점으로 보면 개개의 존재자가 각각의 고유한 방식으로 빛나고 있는 것이 보인다. 그러한 존재의 세계에서는 아무 것도 주인 행세를 하지 않는다. 모든 존재자는 스스로를 내세우지도, 다른 것을 반대하지도 않으면서 함께 어울려 거주한다. 유신 선사의 산 법문 ③이 말하는 '산지시산(山只是山)'은 바로 이 같은 깨친 자의 눈으로 산을 보고 인식한 존재의 실상이다.

하이데거는 "선은 분명 내가 평생 동안 노력해 왔던 그것을 말할 줄 안다"고 술회한 바 있다.(한스 페터 헴펠 저, 『하이데거와 선』 p.280)

그는 중국인과 함께 『장자』의 일부를 독일어로 번역했고 강연·강의 등에서 노장과 선을 자주 인용하기도 했다. 하이데거는 자신의 독특한 용어인 '생기(生氣)'라는 말로 노장의 도와 선의 자성을 대신했다. 생기는 곧 존재의 성스러움이기도 하다. 그는 마음대로 처분할 수 없는 생기를 "눈에 띄지 않는 것 중에서 가장 눈에 띄지 않는 것, 단순한 것 중에서 가장 단순한 것, 가까운 것들 중에서도 가장 가까운 것, 먼 것 중에서도 가장 먼 것이며 죽을 자인 우리는 항상 그 안에 체류한다"고 묘사했다. 그는 또 『노자』의 "근원인 뿌리로 돌아감을 일러 고요함이라고 한다(歸根曰靜)"의 '정(靜)'을 일종의 '기이한 적막함'이라고 이름하기도 했다. 하이데거의 생기 묘사는 『노자』·『장자』의 설법을 금시 떠올리게 한다. 물론 선도 자성·본래면목·불성을 묘사할 때 같은 문법을 즐겨 사용한다.

그가 사용한 '근원적인 존재'라는 용어는 노장이 말하는 도의 본체와 선의 본래면목과 같은 개념으로도 볼 수 있다. 『노자』 39장의 "석지득일자…만물득일이생(昔之得一者…萬物得一以生)"에서 도를 상징하는 일(一)을 하이데거의 용어를 빌어 다음과 같이 옮기면 그 뜻이 훨씬 명확하게 와 닿는다.

"옛날에 근원적인 존재가 있었다…만물은 그 근원적인 존재가 있음으로 해서 생겨났다."

뜰 앞의 측백나무(庭前柏樹子)

'뜰 앞의 측백나무'는 조주 화상의 유명한 화두다.

> 학인: 불법의 대의는 어떤 것입니까?
> 조주: 뜰 앞의 측백나무다.(庭前柏樹子)
> 학인: 스님, 경계를 보여주시려 하지 마십시오.
> 조주: 경계를 보여주지 않았네.
> 학인: 그러면 어떤 것이 불법의 진리입니까?
> 조주: 뜰 앞의 측백나무다.

'정전백수자'라는 화두를 만들어낸 조주 화상과 한 학인의 선문답이다. 이 선문답은 세 단계로 나누어 각각의 의미를 갖는다.

첫 번째 단계는 논리적 이성을 부정한다. 불법 대의는 묻고 설명하는 것이 아니고 체험과 영성(靈性)에 의해 깨닫는 것이라는 얘기다. 일단 물으면 시비의 경계에 떨어지고 만다. 그래서 조주 스님은 자신이 주석하고 있는 조주 관음원(현 하북성 조주 백림선사) 방장실 앞의 측백나무가 불법 대의라는 대답으로 이성적 사로(思路)를 막아버렸다. 불법의 대의가 저기 서 있는 측백나무라는 건 난센스 퀴즈 같은 얼토당토 않는 현문우답이요, 동문서답이다. 그러나 여기에는 깊고 깊은 도리가 담겨 있다.

두 번째 단계는 비유적 문답으로 받아들인 착각이다. 학인은 조주의 '정전백수자'를 하나의 비유로 여겼다. 그래서 왜 경계를 보여

주느냐고 항의하면서 논리적 설명을 요구했다. 그러나 학인의 생각은 천리만리 어긋난 착각이었다.

세 번째 단계는 여전히 제1단계와 똑같은 '정전백수자'다. 이것은 1단계의 논리적 이성을 부정한 '정전백수자'와는 전혀 다른 나와 측백나무가 하나로 일체화한 초월적 상호 결합의 경계가 완성된 '측백나무'다. 실존철학 용어로 정리하면 '존재 자체가 바로 세계를 의미하는 전부다'라는 뜻이다. 한자로 표현하면 '존재즉차재(存在卽此在)'다. 즉 나라는 주체와 측백나무라는 객체를 둘 다 부정해서 얻은 대긍정으로 나와 나무가 하나 되어 새롭게 탄생한 생명, 바로 '깨달음'의 긍정이다.

불법은 원래 번거롭지 않다. 지금 이곳 바로 눈앞에서 스스로 원만하게 이루어지고 있다. 조주와 학인의 선문답 중 제1경계는 물음을 부정한 것이다. 이 물음의 경계는 도를 언어로 설명하는 것이다. 하지만 도는 결코 말로 설명할 수 없다. 도는 언어의 길이 끊어져 있고 마음으로도 닿을 수 없는 심원하고 경이로운 세계이기 때문에 논리적 설명을 하지 말라는 '불립문자'가 선종의 중요 종지다.

제2경계는 비유의 부정인데 도는 무엇과도 비교할 수 없다는 것이다.

제3경계는 만법귀일(萬法歸一)이 일귀만법(一歸萬法)으로 돌아와 푸른 산은 스스로 푸른 산이고 흰구름은 스스로 흰구름인 현상계 개별자들의 고유성과 존재가 긍정된 세계다. 제1단계에서는 이성을 초월함으로써 시비 판단을 뛰어넘는다. 제2단계는 사람과 경계(사물)의 상대적·분별적 견해를 뛰어넘는다. 이로부터 진입한 제3단계는 무심한 자세로 일에 임하는 참된 경계다.

　조주 화상이 가리킨 측백나무는 도를 실은 몸체도 아니고 사물로써 도를 비유하는 도구도 아니다. 만물 밖에 하나의 추상적인 절대 정신의 본체가 존재하지도 않는다. 세계의 의미는 스스로 결정하는 것이지 도에서 얻는 것이 아니다. 존재 자체가 세계를 의미하는 전부다. 조주의 '측백나무'는 실존철학의 문법을 빌리면 그 존재 자체가 바로 여기에 있는 불법 세계이고 불법 대의라는 얘기다. 선은 이처럼 오래 전 현대 실존철학의 틀에 맞는 '존재 인식'을 하고 있었던 것이다.

　선사들이 불법 대의를 설파한 화두나 법문은 아주 재미있다.

　석두희천 선사는 "긴 허공에 흰구름 걸림 없이 날아오르네"라고 했고, 지휘 선사는 "사시사철 꽃이 모여서 피고 삼동(三冬)에는 기이한 풀이 푸르네"라고 했다. 대매법상 선사는 "부들꽃" "버드나무 솜"이라 했고 조주 스님은 "대도는 장안으로 통한다"고 했다.

　선불교는 세계 의미를 "진(眞)이 실(實)이고 실이 진이다"라는 말로 간결하게 설한다. '실'이란 실존의 세계를 가리킨다. 선은 실존의 진실한 의미를 떠나지 않으면서 진실의 존재적 의미를 강조한다. 존재가 바로 진실이니 세계의 의미는 자기 자신에게 있을 뿐, 그 속에 존재하는 '무(無)'나 '도(道)'에 있지 않다는 것이다. 때문에 실존이 바로 의미이고 마음이 곧 부처다.

　하이데거는 현상계의 '현 존재(Dasein)'를 '세계 내 존재(In der welt sein)'라고 칭했다. 선과 노장의 공·무는 실제 존재하지만 보이지 않기 때문에 편의상 공·무라 말한 것일 뿐 무 역시 하나의 존재방식이다. 때문에 유와 무 모두 존재의 세계이고 상도와 비상도(非常道) 역시 도의 존재 양상으로서 하이데거의 틀을 빌리면 "은(隱)과 현(顯)이라고 하는 존재방식이 다를 뿐"이다. 은현은 숨었다 나타나는 은폐와 현현이다.

세계는 이처럼 보이지 않는 본체계와 보이는 현상계가 있고 이 두 개의 세계는 장자와 호랑나비처럼 물화(物化)를 통해 오가면서 춤을 춘다. 본체계는 보이지 않아 없다고 할 뿐 사실은 없는 것이 아니라 보이지 않는 가운데 '있는' 것이다. 이것이 하이데거가 말하는 은과 현이다. '은'은 본체계가 보이지 않는 것이고 '현'은 모습을 갖추고 나타난 도이기 때문에 볼 수 있는 것이다. 도의 은현은 도의 체용(體用)과 같은 것이다.

'산은 산이로다(山只是山)'는 도의 이 같은 체용[隱顯] 관계를 체득한 반야지혜로 본 산이다. 몸은 분명히 가합(假合)의 존재이고 공이지만, 그 공은 '없는 것'이 아니라 공 그대로 존재하는 '유'이기도 한 것이다. 이것이 바로 공이 곧 색이라는 공즉시색(空卽是色)이다.

몸은 도를 받아들이는 그릇이므로 지나치게 애착하지도 말아야 하지만 싫어하고 미워할 수도 없다. 지나치게 애착하면 '유위'에 막히고 싫어하고 미워하면 공견(空見)에 빠진다. 탐하지도 싫어하지도 않으면서 '중도'에 서지만 중도라는 생각도 잊어버리는 것이 참으로 도를 닦는 것이다. 선사들이 거듭 일깨우는 부주열반(不住涅槃)도 바로 이것이다. 진공(眞空)과 묘유(妙有)의 융합, 그것이 곧 세계의 진상이다. 몸에 애착하지도 말아야 하지만 그렇다고 버리고 떠나서도 안 된다. 죽음 후의 열반이나 해탈이 무슨 의미를 가질 수 있는가!

몸은 공이면서 동시에 유이며 또한 공도 아니고 유도 아니기 때문에 양쪽을 모두 취하면서 동시에 극단적인 공·유의 양변을 다 버리는 중도의 길을 가야 한다. 그리고 그것이 중도라는 의식마저도 완전히 잊어야 한다. 말을 바꾸면 대상[所]인 경(境)이 비공비유이므로 주체[能]인 지(智) 역시 '경'에 애착도 없고 그렇다고 싫어서 떠나지도 않아야 한다. 즉 대상을 있다고도 없다고도 생각지 않는다. 대상을 대상 그대로 관조하는 것이며 이에 의해 경(景)과 정(情)이 서로 섞여 한 몸이 되어 자타가 구별되지 않는 진리의 경계에 이른다.

대상을 대상 그대로 본다는 것은 주·객의 분별이 해소된 상태를 의미한다. 이는 대상이 집착을 일으킨다는 이유로 그것을 버리고 벗어나야 한다는 의식 자체를 초월한 상태이기도 하다. 따라서 대상을 버려야 한다는 주장인 '산은 산이 아니다(山不是山)'는 부정, 즉 공에만 집착하는 것은 아직 완전한 깨달음이 아니다. 공과 유 두 가지 방식으로 구성된 세계를 있는 그대로 수용, 진공묘유(眞空妙有)의 경계로 들어가야 깨달음은 완성된다. 그리고 그 깨달음의 최종 목표는 깨달음 자체가 아니라 그 깨침을 중생들에게 베풀어 그들도 자득(自得)하도록 도와주는 보살행이다. 이른바 중생제도(衆生濟度)라는 것이다.

'산은 산일 뿐이다(山只是山)'는 실존의 인정이다.

선과 노장의 실존철학적 입장을 살펴보자. 『장자』 「전자방」은 "하늘은 저절로 높고 땅은 저절로 두터우며 해와 달은 저절로 밝다(天之自高 地之自厚 日月之自明)"고 했다. 『장자』 「천도」는 또 다음과 같이 말했다.

노장으로 읽는
선어록 (상)

천지에는 원래 법칙이 있고 해와 달은 원래 밝으며 별들에는 원래 별자리가 있으며 짐승들은 원래 무리를 이루고 나무는 원래 서 있다…. 도를 따라 행하는 것이 가장 좋은 것이다.

'천지자고(天之自高)'의 '저절로'를 뜻하는 자(自)는 외부적인 작용이 아니라 스스로 그러함을 나타낸다. 원래 그러함을 나타내는 '자'에는 '본성'이라는 의미가 들어 있다. 다시 말해 자연계가 드러내는 특수한 양상은 바로 그 자신의 본성과 자연성의 결과라는 얘기다.

각 사물을 자고(自高: 스스로 높고), 자명(自明: 스스로 밝고)이라는 각도에서 보면 장자가 각 사물의 자성(自性)을 강조하고 있음을 알 수 있다. 6조 혜능의 돈오 남종선 또한 이 '자성'을 불성·도를 달리 표현한 용어로 사용하면서 거듭거듭 강조한다. 선과 노장은 이처럼 각각 물(物)의 자발성과 저절로 그러한 자연성을 곧 도로 본다. 이들은 세계를 저절로 존재하고 운행하는 것으로 봄으로써 종교적인 신론(神論)에 빠지지 않는다. 이 점이 선가와 도가의 큰 장점이기도 하다.

자연은 사물이 그냥 그대로 있기를 허락한다. 그대로 있다는 것은 큰 자유를 의미한다. 선사들이 '산은 산일 뿐(山只是山)'이라고 설파하는 데는 이 같은 실존의 관점이 그 배경을 이룬다고 볼 수 있다. 노장의 관점도 이와 같다. 자연은 생색을 내지 않는다. 공치사도 결코 하지 않는다. 천지가 인간처럼 편애하는 행동을 하면 만물이 버텨낼 수 없을 것이다. 요 임금의 임금 자리 선양을 거절한 고사(高士) 허유는 그의 스승인 '도'가 어떤 것인가를 묻는 질문에 다음과 같이 답했다.

"내 스승은 말야, 만물을 이루어 놓고도 의롭다 하지 않으며, 영원한 은택을 베풀고서도 어질다 하지 않는다네. 아득한 옛날부터 살고도 늙었다 하지 않으며 천지를 싣고 감싸 온갖 모습을 새겨놓고도 재주 있다고 하지 않는다네."

– 『장자』「대종사」

마음 씀씀이의 토대를 이루는 것은 개별 사물에 대한 '경험적 의식'이 아니라 바깥 사물의 존재에 대한 '존재로서의 의식'이다. 어떤 사물은 경험적으로 존재할 수도, 존재하지 않을 수도 있지만 사물이 경험하는 주체와 관계없이 존재한다고 믿을 때 그러한 인식이 '존재론적 의식'이다.

이러한 존재론적 의식이 마음 씀씀이의 바탕이라는 사실을 받아들이면 '산은 산일 뿐'인 것이다. 마음이 육체에 깃들어 있고 그 육체가 어떤 '존재'라는 가정을 받아들이면 마음 씀씀이는 육체보다 존재에 대한 의식이 선행한다. 결국 우리는 무엇인가가 존재하고 있다는 든든한 믿음을 가질 수밖에 없다. 이것이 종교가 성립하는 배경일 수도 있다.

'산지시산(山只是山)'은 존재론적 의식이 산의 실존을 그대로 수용한 것이다. 실존철학도 '실존'의 존재를 의식, 수용하는 데 그 초점이 모아져 있다. 이래서 선과 노장과 실존철학은 서로 상통하는 점이 적지 않다.

7. 앎이 없는 앎(無知而知)

용은 뿔로 듣고 소는 코로 듣고 물고기는 눈으로 듣는다. 이는 동아시아인들에게 널리 퍼져 있는 상식이다.

조선조 실학의 선구자인 이수광은 그의 저서 『지봉유설』에서 "용은 날개가 없으나 날 수 있으니 날개 아닌 것으로 날개를 삼은 것이고, 뱀은 발이 없어도 가니 발 없는 것으로 발을 삼은 것이다"라고 했다. '앎이 없는 앎'이란 이처럼 날개 없는 날개, 발 없는 발과 같은 어법이다.

> 아는 사람은 잘 모르겠다 하는데 이것이 최상의 덕이다. 잘 알지도 못하는 사람이 오히려 안다고 하는데 이는 병이다.
>
> (知不知, 上 不知知, 病)
>
> ─ 『노자』 71장

노자의 설법은 다음과 같은 의미들로 해석될 수 있다.

① 모르는 것이 무엇인지를 아는 것이 최고의 앎이다.

② 알지만 알지 못한다고 생각하는 것이 최상이다.

③ 현상으로 자취를 드러내고 있으나 텅 비고 심원한 본체와 전혀 괴리되어 있지 않은 체용일치가 최상이다.

④ 본체(도의 근원)를 아는 앎이 최상의 앎이다.

⑤ 안다는 모습(相)이 없는 앎이 최고의 앎이다.

⑥ '근원적인 앎(不知)'을 아는 것이 앎의 으뜸이다.

장자는 노자의 '부지(不知)'를 '무지(無知)'로 바꾸어 사용하는데 다 같이 무분별지(無分別智)를 뜻한다. 노자의 '부지'는 근원을 아는 것을 역설적으로 표현한 것인데 '깨달음'이라고도 할 수 있다. 깨달음의 구체적 내용이 바로 '무분별지'를 체득하는 것이다. 텅 비고 심원한 도·불성·자성의 본체는 언어와 문자를 빌리는 세속적인 '분별지(分別智)'로는 도저히 알 수 없다는 것이 선이 거듭 강조하는 '불립문자'이고 노장의 철저한 언어관이며 종지의 하나다.

도를 아는 것은 분별지가 아닌 무분별지, 바꿔 말해 '무지(無知)'일 뿐이다. 우리는 알고자 하는 것들을 다른 것들로부터 떼어내 그것을 드러내 놓고 무엇이라고 규정하여 그 규정을 본질로 하고 그 본질을 드러내는 작업을 정의 내린다고 한다. 따라서 그러한 앎은 본질·규정·구분·정의·말·체계 등과 가까운 핏줄이다. 지(知)와 지(智)는 흔히 혼용해 쓴다.

그러나 노자의 세계관은 반대편과의 관계 속에서 비로소 드러나

는 것이 세계다. 따라서 분별과 규정을 수행하는 분별지를 가지고
서 세계를 인식하려고 덤비면 안 된다는 것이다. 그런 방법은 세계
의 진상과 맞지 않기 때문이다. 그래서 세계를 올바로 인식하는 데
는 바로 분별심을 없앤 무지(having no-knowledge)의 태도로 해야 한
다는 것이다. 그렇다고 무식(having-no knowledge)해도 좋다거나 지
식을 사용함이 없는 상태를 유지해야 한다는 얘기는 결코 아니다.

성인은 무지하지만(분별심이 없지만) 현상계에 드러난 세속적인 지
(분별지)도 취한다. 화광동진하기 위해서다. 공(空)을 깨달은 사람은
무지이지만 또한 현세적인 지도 갖는다. 이것이 '무지의 지'다. 성인
의 '지'는 무지를 유지한 상태의 현상적 지로서 무심한 상태로 현상
계의 사물을 접촉하고 판단한다. 그래서 세속의 현상적 분별지는
병통이지만 성인의 '현상적 지'는 병통이 아니다. 성인의 '무지의 지'
는 체용일원(體用一元)·본적일치(本迹一致)의 관계에 있기 때문이다.

'무지의 지'를 좀 더 쉽게 풀이하면 유·무 양자 중 어느 한 쪽만
을 선택하지 않는 통합·융합적인 지를 말한다. 무엇을 인식할 때
그 대립면까지 포착하고 그 운동과정까지를 파악해야 한다는 것이
다. 유·무 중 한 쪽만을 선택해 '산은 산이다'라고 한 범부의 인식은
분별지이며 산과 물의 유·무 관계성과 변화까지를 알고 있는 깨친
자의 '산은 산일 뿐이다'는 무지의 지, 곧 '반야지(般若智)'다. 노자는
이를 일러 '밝음(明)', 해와 달처럼 빛나는 지혜라고 했다.

노자에 따르면 이 세계는 상반되는 반대 면들이 새끼줄처럼 꼬
여 있는 '유무상생(有無相生)'이면서 반대편을 향해 부단히 움직이고
있다는 것이다. 이는 『주역』의 음양설로부터 시작된 전통적인 동양

철학의 세계관이다. '산지시산'은 이러한 빛나는 지혜를 체득한 깨친 자가 유·무 양쪽을 다 포용한 초월의 경계에서 본 산이다.

도를 깨친 자는 유·무 한 쪽만을 선택하는 일을 하지 않는다. 양쪽을 모두 포용한다. 삶과 죽음이 서로 상대방에 근거하여 각기 의미를 갖게 되고 만물이 삶과 죽음 사이에서 순환, 왕복하는 이치를 아는 사람은 삶은 긍정하고 죽음은 부정하는 태도를 갖지 않는다. 삶과 죽음 둘 다에게 똑같은 눈빛을 주고 둘 다를 기꺼이 포용하는 것이 무지의 지이고 무분별의 분별이다. 이것이 만물을 평등하게 대하는 하늘의 도이고, 불도이고, 노장의 도다.

> 하늘은 편애함이 없다.(天道無親)
>
> — 『노자』 79장

어느 것에도 특별한 눈길을 주지 않는 것이 하늘의 운행방식이고 자연의 이치다. 그 같은 공평무사한 천도(天道)가 구체화된 것이 왕도(王道)이다.

허공부잡안(虛空不眨眼)

황제: 짐은 대당(大唐) 황제로소이다. 그런데도 짐을 거들떠보지도 않다니….

혜충: 폐하께서는 저 허공을 보십니까?

황제: 그렇소.

혜충: 저 허공이 폐하께 특별한 눈짓이라도 하나이까?

당 숙종 황제와 남양혜충 국사(?~775)의 선문답이다. 6조 혜능 대사의 5대 제자 중 한 사람인 남양혜충 국사가 761년 궁중 법회의 법주로 초빙되어 법회 중 주고받은 문답이다. 법회 중 황제는 혜충 국사에게 많은 질문을 했지만 그는 전혀 황제를 거들떠보지도 않았 다. 급기야 화가 난 황제는 혜충 국사를 힐난하기에 이르렀다. 이 선 문답의 말후구는 유명한 '허공부잡안(虛空不眨眼)'이라는 화두가 되 어 선림에 풍미했다.

'허공부잡안'은 노자의 '천도무친'과 전적으로 같은 맥락이다. 허 공처럼 텅 비어 있으면서 모든 것을 포용하는 원만 구족한 불성· 도·자성은 언제나 모든 사람과 사물에 평등할 뿐이다. 허공은 황제 라고, 재벌이라고 해서 아첨을 하거나 별달리 대하지 않는다.

'황제께서는 아무 자취도 남기지 않는 허공의 도리를 올바로 살 펴 자신의 내면 깊숙이 들어 있는 성태(聖胎: 자성의 씨앗)를 키워 야 우리 선문의 심요(心要)를 체득하게 되십니다'라는 법문이다.

이 법문에서 '허공'은 혜충 국사 자신을 가리킨다. 부처의 경지인 나 혜충은 황제와 백성을 차별하지 않는 절대 평등의 세계에서 노 니는 사람이라는 당당한 도인의 자세다. 신라 불교에도 비슷한 선문 답이 있다.

지증 대사: (연못 속의 달을 보면서) 옳긴 옳습니다만, 더 이상 드릴 말씀이 없습니다.

헌강왕: 부처님의 청련화(靑蓮花) 같은 눈에 전해지는 바 풍류가 진실로 이에 들어맞습니다.

신라 헌강왕이 882년 초여름 지증 대사(824~882)를 궁중으로 초빙해 법문을 청했다. 대사는 최치원의 사산비(四山碑) 중 하나인 경북 문경 봉암사 〈지증대사적조탑비〉의 주인공이기도 하다.

마침 궁중 연못에 둥근 보름달이 밝게 비치고 있었다. 헌강왕은 지증 대사의 한마디를 듣고 흔쾌히 마음에 계합해 일어나 대사께 절을 올렸다. 사족을 붙이면 연못 물속의 달은 그림자가 없다. 그림자 없는 물체는 물속의 달밖에 없다. 따라서 그림자(흔적) 없는 물속의 달은 진여 자성·본체를 상징한다. 청련화는 '청련화목(靑蓮花目)'의 줄임말로 범어로는 우발라(upala)라 한다. 청색의 연꽃처럼 청백이 분명함을 비유한 것이다. 헌강왕의 절은 불법의 원점, 본체 자성을 의미한다. 조계종 성철 전 종정이 생전에 자신을 친견할 때 3천 배(拜)를 요구했던 것도 이 같은 불법의 원점, 즉 모든 망념을 떨어버린 일념(一念)을 가지고 오라는 것이었다.

8. 부진공(不眞空)과 진망화합구조(眞妄和合構造)

부진공(不眞空)

실체가 없는 공(空). 공이란 자성적 실체를 가진 고정불변의 실체가 아님(不眞)을 뜻한다. '산은 산이로다(山只是山)'의 깊은 뜻을 이해하기 위해서는 불교의 공사상과 진짜와 가짜를 하나로 통일하는 만물일체 사상을 깊이 천착할 필요가 있다. 불교경전의 중국어 번역 제1인자인 구마라집(344~413)에 따르면 '공'이 뜻하는 바는 "상(相)을 제거하고 집착을 파하는 것(掃相破執)"이다. 부연하면 유도 아니고 무도 아니며, 생도 없고 멸도 없으며, 언어의 길이 끊기고 사량 분별이 없어진 자리가 불법 진리가 위치하고 있는 곳이라는 것이 그 구체적 내용이다.

구마라집을 계승한 해공제일(解空第一)의 승조 대사(384~413)는 「부진공론」을 통해 불후의 공 해석으로 손꼽히는 학술적 업적을 남겼다. 구마라집 문하 4철(哲) 중 한 사람인 동진 승려 승조 대사의 공(空) 해석은 인도의 반야공관 사상과 중국의 전통 사상인 노장 사상을 융합해 중국적인 문법으로 공을 해석했다. 출가 전 노장을 폭넓게 섭렵했던 그는 심오한 노장 학설을 섭취, 인도 불교사상에 기초한 중국적 불교를 정립하는 데 학술적으로 크게 기여했다.

승조의 부진공 사상이 자리하는 곳은 비유비무(非有非無)로 또한 유이고 또한 무이며, 유·무가 둘이 아니고 서로 떨어져 있으면서 공에 모이는 중도사상이다. 선사들이 흔히 말하는 '중도가 곧 부처다'라는 법문도 바로 이것이다. 승조의 공관(空觀)은 무(無)를 근본으로 삼고 유(有)를 지엽으로 낮추는 종래의 가치상 차별을 혁파한 새로운 것이었다.

참다운 공은 유·무의 대립을 초월해 둘 다를 포용하는 보다 고차적이고 차별 없는 경지라는 것이 승조가 새롭게 제시한 공사상의 핵심이다. 그에 따르면 무는 유에 의지해 살고 있으며 그것 자체가 유일 수밖에 없다는 것이다.

유와 무는 서로 상대를 이루어 떠받치면서 서로를 살게 해 주고 있다는 것이다. 즉 유는 무에서 살고 무는 유에서 살아간다는 것이다. 이처럼 둘이 서로 상호 의존하고 있다는 관점에서 보면 무는 유로부터 결코 벗어날 수 없다. 이같이 무와 유가 등가(等價) 관계인데 왜 열반의 경지를 '무[空]'라고 할까? 이 때의 무는 유가 존재하지 않음을 밝히기 위한 목적으로 사용한 것이지 무가 실체로 존재한다는 의미가 아니다. 그렇다면 유·무의 관계를 초월한 무[空]란 대체 어떤 것인가?

바로 실체가 없는 부진공(不眞空)이다. '부진공'은 절대적 무를 의미하는 것이 아니고 어떤 존재, 혹은 어떤 개념 등이 자성적 실체를 가진 고정불변의 실체가 아님(不眞)을 나타내는 의미를 갖는다. 다시 말해 일시적으로 가탁된 현상인 유·무는 참된 존재, 즉 실체가 아니므로 공이다. 표현을 바꾸면 비유비무다.

승조의 무는 유를 부정하는 개념이 아니라 유·무의 차별을 부정하는 개념이고 모든 상대적 차별(분별심)을 부정하는 용어다. 만물은 그 존재의 뿌리로 돌아가면 동일한 하나다. 장자가 말하는 "나와 사물은 둘이 아니고 하늘과 땅 또한 나와 동일한 근원"이기 때문이다.(萬物與我同體 天地與我同根)

승조의 공 해석:

"부정의 극치에서 절대무차별의 경지에 이르면 이것과 저것, 나와 사물의 구분은 무너지고 하나가 되며 조용히 형상의 흔적이 없어진 '열반'이라는 궁극의 경계에 이른다."

이 같은 승조의 공 해석은 『장자』「제물론」의 만물은 하나라는 주장, 즉 "천지는 하나의 손가락이고 만물은 한 마리의 말(天地一指 萬物一馬)"이라는 설법과 궤를 같이 한다. 장자에 의하면 모든 대립과 차별은 인위 조작이고 있는 그대로의 자연 세계는 평등해 만유가 하나라는 것이다. 이런 무차별의 입장으로부터 만물은 그대로 긍정되고 삼라만상은 하나로 포용된다. 승조 대사가 말한 '열반'의 내용도 이와 같은 내용이다.

장자의 무는 유·무의 대립항으로서의 무가 아니라 무한·무극의 의미를 갖는다. 장자의 '무한 부정' 속에서 시·공의 대립 차별과 일체의 가치 차별이 소멸됨으로써 만유가 평등하게 긍정되고 하나가 되는 지점이 바로 '산은 산일 뿐(山只是山)'이다. 장자가 말한 "참된 도의 입장에서 모두가 다 같이 하나가 되는(道通爲一)" 경계와 승조의 열반, 유신 선사의 산 법문 ③은 표현과 설법은 다르나 뜻하는 바는 똑같다.

> 마음과 경계 동일하고 같은 것이기에(心境本同如)
> 새가 날듯이 종적을 남기지 않는다.(鳥飛無有迹)

당·송 8대가의 한 사람인 당 유종원(773~819)의 선시 5언 10구 〈선당(禪堂)〉의 마지막 연(聯)이다. 이 시는 유종원이 '영정혁신(永貞革新)'의 정치 개혁운동에 참여했다가 실패해 영주 사마(司馬)로 좌천되어 관사도 없이 용흥사에서 2년 동안 기거하면서 중손 선사에게 선을 익히고 지은 시다.

마음과 경계[事物]는 본래 본체계에서는 동일하고 여여(如如)해서 마치 새가 허공을 날 때 자취를 남기지 않듯이 마음의 작용 또한 자취가 없다. 경계는 꿈틀대는 마음을 따라 춤을 춘다. 마음이 쉬면 경계도 쉰다. 마음의 본체와 작용은 자취가 없어 보거나 만질 수가 없다. 경계 또한 이와 같다. 이것이 진짜 공이다.

시에 나오는 '조비'는 『열반경』에 나오는 "새가 허공을 날듯이 자취를 찾을 수 없다"에서 인용해 『금강경』의 "모든 현상계의 모습은 실체가 없는 허망한 것일 뿐(凡所有相 皆是虛妄)”이라는 의미를 밝힌 것이다. 승조 대사가 설파한 '실체가 없는 공(不眞空)'도 이와 같은 맥락이다.

공·유의 통일과 진·속제의 통합
|

도를 체득한 경지에서는 객관적 대상과 주관적 지혜가 함께 끊어져 버린다. 이른바 물아양망(物我兩忘)·광경구망(光境俱忘)의 경계다. 여기서는 사물과 나라는 구분을 모두 잊어버리기 때문에 친소 관계가 소멸되고 '있는 그대로'가 있을 뿐'이다. 여기가 바로 '산은 산이로다'가 자리하는 곳이다. 쉽게 말해 마음의 본래 상태를 유지하면서 현상계를 긍정하는 것이다. 현상의 공성(空性)을 자각하고 현상의 존재들을 부정하지만 그렇다고 현상이 아무것도 없는 공·무(空·無)가 아니고 '있다'는 실존을 긍정한다. 실상은 공이지만 분명 산과 물은 현상으로서 실존한다.

그러한 오묘한 상태, 즉 무이면서 유인 상태를 비유비무(非有非無) 또는 진공묘유라 한다. 이러한 실존 상태를 일명 '진망화합구조(眞妄和合構造)'라고도 한다. 진짜와 가짜가 화합을 이루어 하나로 존재하는 경우다. 그러나 여기서 유도 아니고 무도 아니라는 의식 자체를 떨어버리지 않으면 안 되는 것이 바로 '양망(兩忘)'이다. 이 때 드러나는 인식이 바로 심원(心源)에 계합한 참된 비춤이며 무위와 유위의 융합이다. 그것은 무심으로 사(事)에 접하는 것이기 때문에 사가 곧 무사인 '사무사(事無事)'이다. 사(事)를 유로 보지만 유와 관계해 즉각 공을 체득하는 것이 '사무사'이다.

유와 관계하되 유에 집착하지 않고 곧바로 그것의 '공성'을 체득하는 것이다. 밖으로 대상과 교섭하여도 그것의 공성을 깨닫고 집착하지 않으며 안으로는 만물을 비추어도 무심으로 비춘다. 6근(根) 6진(塵)이 모두 공임을 알기 때문에 세속에 물들어도 걸림이 없다. 결국 도의 모습을 깨닫고 자기의 참모습을 찾아 도에 합치된 상태에서의 인식 행위가 바로 '산은 산이로다'이다. 대상 세계에 대한 분별지는 그것의 공성을 망각하고 유라고 집착하는 데서 생기는 병통이다. 유신 선사의 산 법문 ③은 공과 유의 통일이다. 달리 표현하면 공을 부정해 생겨난 변증법적인 유다.

대상 세계의 차별성을 부정하고 공의 세계로 들어간 뒤(山不是山) 다시 대상 자체를 묘유의 세계로 긍정한 것이 '산은 산이로다(山只是山)'이다. 따라서 공에 의해 부정되었던 언어는 새롭게 부활된다. 그럼으로써 말하는 바 없는 것을 말하면서 만물을 분별한다. 부정의 부정을 통한 이 같은 긍정은 도의 진상(眞常)을 깨닫지 못한 상태에서의 '산시산(山是山)'과는 전혀 다르고 하늘과 땅 차이만큼이나 큰 간격을 가지고 있는 인식의 차이다.

어린애가 종일 울어도 목이 쉬지 않는 것은 조화가 지극하기 때문이다.
(嬰兒 終日號而 不嗄 和之至)

— 『노자』 55장

노장으로 읽는
선어록 (상)

갓난아이가 종일 울어도 목이 쉬지 않는 것은 무심으로 소리를 내어 기(氣)가 흩어지지 않기 때문이다. 이는 불도(佛道)에 통달하면 말하는 바 없는 것을 말하며 만물을 두루 분별하더라도 어긋남이 없는 것에 비유될 수 있다. 선가는 영아의 불언지언(不言之言)을 순후(純厚)하고 조화로운 이치라고 설파한다. 노자는 이러한 진상의 도를 아는 것을 일컬어 "지혜가 밝게 비춤(知常曰明)"이라 했다.(『노자』 55장)

'불언지언'은 진공을 깨달음으로써 체득한 묘유의 세계에 대한 긍정이다. 이 한마디에 체용(體用)·진가(眞假)·공유(空有)가 회통하는 의미가 전부 함축되어 있다. 이러한 진제(무차별·출세간법·山不是山)와 속제(차별·세간법·山是山)의 융합이 바로 '산지시산(山只是山)'이다. 유신 선사가 부득이 말로 '산은 산이로다'로 드러내긴 했지만 깨달음의 극점인 이 경계는 원래 말로 표현할 수가 없는 것이다.

『노자』 56장은 "아는 자는 말하지 않는다. 말하는 사람은 (도를) 알지 못한다(知者不言 言者不知)"라고 했고, 『장자』 「지북유」편은 "도는 물을 수도 없고 물어도 대답할 수 없다"고 했다. 지극한 도는 텅 비고 고요하여 개념과 인간의 언어체계에서 단절되어 있음을 밝힌 설법이다. 유신 선사의 산 법문 ③은 실은 이 같은 도의 경계다

마지막으로 유신 선사의 산 법문을 노자와 장자의 설법으로 각각 바꾸어 본다.

노자적 설법:

노자의 설법은 한마디로 "마음은 연못처럼 고요하길 잘한다(心善淵)"로 요약할 수 있다.

성현영은 『노자의소』에서 이 대목을 "'연(淵)'은 고요히 머물러 있는 물이다. 고요히 머물러 있는 물은 맑고 깊어 측량하기 어렵다. 최고의 선한 마음은 텅 비고 요원하여 고요히 비추는 것이 연못과 같다. 그러므로 연못이 고요하면 사람을 비추고 마음이 텅 비어 있으면 만물을 비춘다"고 풀이했다. 최고의 선(善)은 마음을 비우는 것이라는 얘기다. 만물을 비춘다는 것은 만물을 자신의 의도대로 판단하고 보고 싶은 대로 본다는 뜻이 아니라 있는 그대로 받아들인다는 말이다. 만물을 판단할 수 있는 어떤 기준도 마음속에 없는 것이 텅 빈 마음이다.

만물을 사량계교(思量計較)하지 않고 있는 그대로 보면 '산은 산일 뿐'이다. 루드비히 비트겐슈타인이 말하는 "Don't think but look(생각을 내지 말고 있는 그대로 보기만 하라)"도 노자의 설법과 같은 뜻이다.

장자적 설법:

물아양망의 사물 인식이다. 대상을 향한 5감(感)의 길을 끊으면 대상이 없어짐과 동시에 사념(思念: 주체)도 없어진다. 그러면 사물은 본래의 모습대로 자연스럽게 된다. 인간이 사물에 대한 어떠한 '함'도 없으면, 즉 무위하면 만물은 자연만의 성(性)으로 스스로 그렇게 변화해 간다. 이를 '물아양망'이라 한다.

주체인 자아와 객체인 대상이 동시에 없어지면 만물은 화(化)하여 도(道)가 된다. 이러한 도로 나타난 것이 '산지시산'이다. 주관을 개입하지 않고 사물을 있는 그대로 보는 것, 즉 순수한 의식이 '산은 산이로다'이다.

괴테의 시에 "모든 산봉우리에 정적이 있다"는 시구가 있다. 여기서 '있다'는 말을 다른 말로 바꾸어 쓸 수가 없다. 다른 말로 바꾸면 이해하기 어려워서가 아니라 '있다'는 단어가 너무나도 단순하게 모든 의미를 언표하고 있기 때문이다. 산의 정적은 면밀한 관찰이 아니라 산의 정적에 호응하는 내 마음이 정적 속에 빠져드는 방식으로만 온전하게 드러낼 수가 있다. 거칠게나마 이 장(章)의 결론을 정리하고 다음 장으로 넘어가겠다.

'산은 산이다(山是山)'라는 범부의 긍정은 불교나 노장을 조금 공부하면 '산은 산이 아니다(山不是山)'라는 단계로 올라선다. 여기서 세상만사는 공이고 무라는 허상의 공[不眞空]을 얼싸안고 염세주의적인 허무에 안주해 불교와 노장을 다 아는 '체'하는 경우가 있다. 여기서 진일보해야 진짜 공[眞空], 이른바 해탈 경계로 진입할 수 있다. 진공의 경계는 삼라만상을 실존하는 그대로 수용하는 대긍정의 '산은 산일 뿐(山只是山)'이다. 불가는 이를 진공묘유라 한다. 노장은 이를 명(明)·인시(因是: 대긍정)·습명(襲明: 밝음을 이어감)이라 한다. 여기에는 무도 없고 유도 없다. 더 나아가 없는 것도 없는 무무(無無)의 경계가 되어야 진공이다.

상대적인 유와 무라는 분별심이 사라진 진공의 경계에서는 있는 그대로가 있을 뿐이다. 이것이 바로 '산은 산일 뿐'이다. 텅 빈 허공이 만유를 품듯이 진공의 세계는 있는 그대로의 모든 실존을 포용하고 긍정한다. 이것이 진공묘유다. 진공묘유를 볼 수 있는 눈이 열려야 진정한 깨달음이고 열반이다. 육신이 때가 되어 뿌리로 돌아가는 죽음은 입적(入寂)·원적·입회(入滅)·천화(遷化)이지 열반이 아니다. 입적은 단순한 변화일 뿐이다. 열반이라는 용어를 사망의 뜻으로 사용하는 것은 잘못이다. 혹시 깨달음·해탈이라는 용어로 사용할 수는 있겠지만….

흔히 『노자』의 '유생어무(有生於無)'를 유는 무로부터 생겨난다고 하는데 그런 뜻이 아니다. "유와 무는 함께 산다"는 뜻이다.(최진석 저, 『도덕경』 p.325) 부연하면 유는 무에다 자신의 존재 근거를 두면서 생명력을 유지하고 있다는 얘기다. 쉽게 말해 유와 무는 공존하고 뿌리가 같다는 것이다.

유와 무는 서로 의존하기 때문에 유가 없으면 무도 없고 무가 없으면 유도 성립하지 않는다. 그러므로 공·무라는 부정은 바로 '있다'는 긍정의 유·색(色)이기도 하다. 그래서 부정과 긍정이 하나가 된 곳이 '산은 산일 뿐이고 물은 물일 뿐'인 무분별의 분별과 색즉시공·공즉시색이 위치하는 자리다.

"유와 무는 한 뿌리에서 나와 이름이 다를 뿐(有名無名 同出異名)"이라는 노자의 설법도 같은 맥락이다. 그래서 '없다, 아니다'라는 부정은 진공의 세계에서는 '있다'는 긍정이기도 하다. '산은 산일 뿐'이라는 도리는 이러한 논리구조를 통해서 이해할 수 있다.

유신 선사의 산 법문은 존재론과 인식론 두 측면에서 선학의 요체를 드러내 보여준다. 존재론은 유·무(색·공)의 문제이고 인식론은 분별지(分別智)의 분별과 반야지의 '무분별의 분별'이 가지는 차이점을 깨달음과 연계한 것이다. 유신 선사의 산 법문을 존재론과 인식론 두 측면으로 나누어 일목요연하게 정리하지 못하고 뒤섞어 포괄적으로 조명한 점은 아쉽다. 다음 기회가 있을 때 두 분야로 나누어 정리해 볼까 한다.

노장이 밝힌 우주관·세계관은 유와 무가 서로 꼬여서 새끼줄이라는 하나를 만드는 것과 같다. 바로 그 새끼줄의 원리가 우주의 생성 원리이고 세계의 존재 형태라는 것이다. 여기서는 무가 부정적이고 상대적인 공이나 '없음'으로 끝나는 것이 아니라 유와 똑같은 값어치를 갖는 존재가 된다. 이래서 '산은 산이 아니다'라는 부정은 '산은 산이로다'라는 긍정이 된다.

물론 무나 공이 우주의 근원, 본래의 우주 모습으로 강조될 때는 유보다 한 차원 높은 의미를 갖기도 한다. 그러나 '산은 산이 아니다'는 부정이 동일한 뿌리에 기초해 '산은 산일 뿐'으로 바뀌는 선과 노장의 논리는 참으로 묘미가 있다. 색(色)에서 공(空)을 보고 '순간'에서 영원을 인식하는 선의 사유체계는 신비주의 냄새가 나기도 하지만 오묘한 '초 논리의 논리'다.

청나라 시인이자 전각의 명인이었던 장호가 사람의 인식 단계를 3단계 층차로 나눈 바 있다. 그의 인식 층차와 유신 선사의 산 법문 삼반 견해를 비교해 보는 것으로 이 장의 끝을 맺을까 한다.

장호의 3단계 층차	유신의 삼반견해
1단계: 창문으로 달을 보는 단계. 일반적인 경계로 산 속에 사는 사람이 자신을 변화시키지 않고 단지 산 속의 일상사로 세계를 보는 것이다.	**山是山:** 분별지의 인식으로 보는 색계, 즉 산은 산이고 물은 물인 단계
2단계: 정원에서 달을 보는 단계. 정원으로 걸어 나가 좁은 집안에서 보는 것보다 세계가 훨씬 광활함을 아는 것이다.	**山不是山:** 현상계를 넘어선 공계의 각성 단계로 현상계가 저 현상계가 아님을 알게 된 것이다. 이때 부정과 해체가 일어나 산이 단순히 산이 아님을 깨닫는다.
3단계: 높은 대 위에 올라가 달을 감상하는 단계. 태산에 올라 천하를 내려다보는 단계에서는 온 세상과 우주를 주머니 속에 집어넣는다. 이는 스스로 높이고 크게 한 것이 아니라 심령이 제자리로 되돌아가 자유롭게 노니는 것이다.	**山只是山:** 반야지로 현상계를 보아 삼라만상이 본질의 토대 위에서 환상적 사물로 옮겨 다니며 잠시 피었다 지는 천화유전(遷化流轉)에 불과한 것임을 알게 된다. 장자는 〈호접몽〉에서 이를 '물화(物化)'라 했다. 이런 최상승의 시각에서 만물을 포용하면 산은 다시 산이 된다.

노장으로 읽는
선어록 (상)

제4장

조주의 '무'자 화두
(狗子無佛性)

참선 수행이란 무엇인가?

한마디로 무(無)의 체험이다. '무'의 체험이 곧 견성이고 해탈이다. 수행의 핵심 내용인 '무의 체험'이 말하는 무는 우리네 상식이 말하는 상대적인 이분법(二分法)의 유에 반대되는 무가 아니다. 무의 체험이 말하는 무는 도·본래면목·불성·자성을 뜻하는 언어도단의 '절대'다.

선수행의 요체인 무는 상대적인 유·무를 초월한 대긍정이고 산을 산으로 수용하는 허공과 같은 만유(萬有)를 포용하는 텅 빈 마음이다. 여기서는 유와 무는 물론 신주같이 떠받드는 공(空)이라는 개념도 박살내 깨부수는 치열한 몸부림과 파괴·해체가 일어난다.

남전보원 화상의 법을 이은 자호이종 선사(800~880)가 상좌 승광 스님과 함께 밭일 울력을 나갔다. 밭을 일구던 중 지렁이가 괭이에 찍혀 두 토막이 났다. 이때 자호 선사와 승광 상좌 간의 법거량이 벌어졌다.

> 자호: 지렁이가 두 토막 났는데 양쪽이 다 꿈틀거린다. 이럴 때
> 불성은 어느 쪽에 있느냐?
> 승광: (괭이를 번쩍 들어 두 토막 나 꿈틀거리는 지렁이의 양쪽 몸통을 내
> 리치고는 잠시 침묵했다가 지렁이가 양쪽으로 끊어져 비어 있는 공간
> 을 내리친 후 괭이를 내던져버리고는 절로 돌아갔다.)

승광이 두 토막 난 지렁이의 양쪽을 모두 내리친 것은 상대적인 유와 무 둘을 다 부정한 것이다. 이어 가운데 공간을 내리친 것은 유도 무도 없다는 공(空)도 부정해 버린 것이다. 승광은 말 한마디 없는 '행동언어'로써 공에도 안주하지 않는 절대무를 지향하는 본래 무일물의 선지(禪旨)를 여여하게 밝혔다.

선수행의 무 체험은 이처럼 치열하다. '구인양단(蚯蚓兩斷)'이라는 화두가 보여주는 치열한 '무의 체험'을 한 번 살펴보자.

선학에는 유·무 관계의 존재론을 밝히는 치밀한 이론이 없다. 그러나 유·무의 초월을 설파한 화두나 법문은 많다. 이에 비해 노장은 우주론의 핵심으로 유·무 관계를 깊숙이 천착해 세밀한 설명으로 이론을 전개하고 있다. 그래서 선의 유·무 초월을 노장의 유무론에 비추어 살펴보고자 한다.

1. 유·무 초월의 절대무(無)

학인: 개도 불성이 있습니까?

조주: 없느니라.(無)

학인: 일체 중생이 모두 불성이 있다 했거늘 개는 어찌 불성이 없다 합니까?

조주: 업식(業識: 진여의 일심이 무명에 의해 작동함, 분별심)이 있기 때문이다.

훗날 다른 학인이 와서 같은 질문을 했다.

학인: 개에게도 불성이 있습니까?

조주: 있느니라.(有)

학인: 있다면 어째서 가죽 부대 속에 들어 있습니까?

조주: 알면서도 짐짓 범했기 때문이다.

– 『조주어록』

　한국 불교 선방 납자(衲子)들이 가장 많이 들고 참구하는 유명한
조주 고불(古佛)의 '무(無)자' 화두를 생산한 선문답이다. 조주종심 선
사(778~879)의 무자 화두는 한·중·일 동아시아 간화선(看話禪) 수행
자들이 모두 한 번쯤은 투과하려고 노력하는 화두다.

　이 화두는 유와 무를 상대적으로 분별하는 상식적이고 표피적인
입장에서 보면 헷갈린다. 도대체 개에게도 불성이 있다는 것인지,
없다는 것인지 혼란스럽기만 하다. 그러나 선리(禪理)를 좀 공부하고
노장의 유무론을 알고 나면 개
의 불성은 분명히 있다는 유·무
초월의 고차적인 대긍정임을 이
해할 수 있다.

〈조주종심 선사 동상〉
—
조주 선사의 행화 도량인 중국 호북성
조주 관음원(현 백림선사) 개산루에 봉
안되어 있는 조주 선사의 청동상.

　결론을 먼저 말하면 상도(常
道: 불변의 진리)로서의 '절대무' 속
에는 유와 무가 동거하고 있다
는 것이다. 그래서 조주 스님의
"개에겐 불성이 없다"는 대답은
상도로서의 무로 개에게도 분명
히 불성이 있다는 대긍정이다.
이른바 절대무의 이중성(二重性)
이다. 잘라 말하면 절대무는 우

주 만물의 음과 양·유와 무의 가치를 동시에 내포하고 있는 양가성 (兩價性: ambivalance)을 따라 음—양·유—무·본체—현상이 모두 한 통속으로 돌아가는 우주 자연의 운행법칙이다. 이러한 우주자연의 기본 속성이 개의 불성은 유이기도 하고 무이기도 한 원리다.

조주 스님이 말한 '무'는 상대적인 유·무를 초월한 절대긍정의 무로서 대긍정의 '유'를 뜻한다. '산은 산이고 물은 물인' 선리도 역시 이와 같은 원리다. 색(色)으로 표현되는 온갖 현상들 속에는 평등무차별한 공(空), 즉 실상이 깃들어 있음을 깨닫는 것이 무자 화두의 요체다. 이를 가장 간단명료하게 밝힌 것이 『반야심경』의 '색즉시공 (色卽是空)'이다.

선과 노장이 말하는 절대무[道]의 '절대'는 어떠한 유도 인정하지 않는 경지로 무도 없는 '무무(無無)'의 현묘한 경계다. 이 경계는 깨친 사람만이 도달할 수 있는 곳이다. 6조 혜능 대사가 '득법게(得法偈)'에서 본래 한 물건도 없다고 한 본래무일물(本來無一物)과 남악회양 선사가 "설사 한 물건이라 해도 옳지 않다"고 한 설사일물즉부중(說似一物卽不中), 그리고 장자가 이상향으로 제시한 '있다'고 할 만한 어떤 것도 없는 곳인 무하유지향(無何有之鄕) 등의 경계가 바로 그것이다.

선과 노장이 말하는 '절대'는 시간과 공간이란 있다면 있고, 없다면 없는 것이라는 의미다. 다시 말해 '있는 것도 아니고 없는 것도 아니다(非有非無)'라는 말이다. 절대무[空]는 그 속에 유와 무가 다 같이 들어 있어 유이기도 하고 무이기도 하다. 유·무의 분별이 사라진 이 같은 경계에선 유와 무가 똑 같은 등가성(等價性)을 갖는다. 조주가 말한 "개에겐 불성이 없다"고 했을 때의 절대무는 결론적으론

'있다'는 얘기가 된다. 절대무의 경계에서는 개의 불성은 '있다'고 해도 되고 '없다'고 해도 된다. 유=무인 등식이 이 절대무에 들어 있기 때문이다. 『주역』의 음양론과 선, 노장의 유무론은 서구의 이분법(二分法)이나 인과론적 사유가 아니고 상관론적 일원론이며 동시성의 인식 원리이고 동아시아 사유의 특징이기도 하다. 그렇기 때문에 좀 더 자세히 조주의 무자 화두를 살펴볼 필요가 있다.

조주 스님이 "개에겐 불성이 없다"고 한 '무'는 상대적인 유의 반대로 구분된 무가 아니다. 뿌리로 돌아가면 어떠한 차별이나 분별도 없는 하나일 뿐인 통합론적인 일원론에서 분별을 초월한 무이면서 유이고 유이면서 무이기도 한 만유를 하나로 통일한 깨달은 요사장부(了事丈夫)의 고차적인 세계관이고 우주론이다.

"개에겐 불성이 없다"는 것은 불자들의 상식에서는 말이 안 되는 역설(逆說)이다. 원래 선림의 공안(公案: 화두)은 부정을 넘어 대긍정으로 전환한다. 이것이 바로 공안의 진리 현시적 기능이다. 공안의 역설은 인식의 전환을 위한 기능을 할 뿐만 아니라 구체적인 일상의 경험에서 얻을 수 있는 진리를 현시한다. 조사선에서 거듭 강조하는 평상심이 곧 도라는 화두 평상심시도(平常心是道)는 이 같은 일상의 경험 속에 있는 진리를 깨달으라는 법문이다. 조주의 무자 화두는 진리의 실체를 현시하는 매우 철학적인 공안이다. 그 기능과 초점을 의식 전환에 맞추고 있다. 무자 화두는 불교 선종의 우주관과 세계관·인식론을 설파한 광범한 명제를 포함하고 있으며 깨달음의 구체적 내용이 어떤 것인지를 밝힌 대단한 법문이기도 하다.

유와 무는 서로를 살게 해 준다.(有無相生)

– 『노자』 2장

유는 무에서 산다.(有生於無)

– 『노자』 40장

　이 세계는 유·무 같은 대립 항들이 서로의 존재 근거가 되면서 꼬여 있다. 말을 바꾸면 유 안에 무가 들어 있고 무 안에 유가 들어 있다는 것이다. 새끼줄은 두 가닥을 서로 꼬아야 이루어지는데 한 가닥만 있으면 꼬여지지 않는다. 이처럼 상대면과 서로 꼬여 있는 '관계'와 부단한 변화가 바로 도의 모습이며 자연의 운행법칙이다.

　철학적인 문법으로 표현하면 유는 무가 없이는 존재할 수 없고 무 또한 유가 없이는 존재할 수 없다. 이것이 "유와 무는 서로를 살려 준다"는 것이다.(최진석 저, 『도덕경』)

　조주의 무자 화두는 노자철학에 기초해 유를 '무'로 달리 표현한 것일 뿐이다. 따라서 조주의 '무'는 절대긍정의 유를 반어법적으로 강조한 표현이다. 선림의 '중도가 곧 부처다'라는 법문이 말하는 '중도'도 의역을 하면 유와 무를 동시에 다 같이 포용하는 것을 뜻한다. 선가의 '중도'는 유·무 양극단을 버리거나 중간 위치에 머문다는 뜻이 아니다. 선과 노장의 유무론은 아주 가까이 이웃하고 있다.

　좀 더 깊숙이 들어가 말하면 조주의 '무'는 말로 표현할 수 없는 존재의 연속적인 실상을 말한 것이다. 있음과 없음이 언제부터 시작되었는지, 세계와 사물의 시원이 어느 지점인지를 확정하여 말할

노장으로 읽는
선어록 (상)

수 없다. 그럼에도 불구하고 현실에서는 홀연히 있음과 없음이 나타난다. 그러나 유와 무가 서로 대립하여 나타날지라도 과연 어느 쪽이 유이고 어느 쪽이 무인지 알 수 없다. 예를 들면 낮과 밤은 우리 눈앞에 대립되어 나타난다. 이 때 우리는 어느 쪽이 유이고 어느 쪽이 무인지 확정할 수 없다. 낮이 유이면 밤이 무가 되고 밤이 유이면 낮이 무가 된다. 유·무는 한 가지 실상의 양면일 뿐이며 따로 떼어서 확정할 수 있는 것이 아니다. 그러므로 지금 내가 한쪽을 배제하고 다른 한쪽을 취하여 유라고 말할지라도 그것이 과연 진정한 유를 일컫는 것인지 아니면 무를 일컫는 것인지 알 수 없다.

『장자』「제물론」이 설파하는 유·무 무분별의 핵심 논리를 보자.

> 만물은 어느 하나도 확고한 실체가 아니다. 한마디로 무이고 공이다. 그러나 이 '무'는 유와 대립된 개념이 아니다. 무를 유와 대립된 개념으로 여기는 것은 아직 '나' 또한 실체가 아님을 인정하지 않기 때문이다. '나' 또한 실체가 아님을 인정하면 유에 대한 모든 집착이 사라져 마음이 허(虛)를 이루게 된다.

독립적인 실체가 사라지고 오직 유전하는 존재의 과정만이 남는 것, 즉 '하나(一)'로 연속되는 존재의 실상을 파악한 도통(道通)의 경계를 보여주는 대표적인 예가 『장자』의 핵심 사상인 「제물론」의 결론으로 제시된 '호접몽'이다.

장자와 나비 사이에 어떤 걸림도 없는 경계가 가능하기 위해서는 장자도 나비도 함께 사라져야 한다. 장자가 '호랑나비 꿈'을 통해 설파한 '물화(物化)'의 논리는 언설이 담아낼 수 없는 인식 경계의 최고 수준이다. 따라서 장자의 '물화'는 개념을 초월한 개념이자 말할 수 없는 것을 말로써 드러낸 방편지설이다.

> 만물은 저것이 아닌 게 없고 이것이 아닌 게 없다. 저쪽에서 보면 보이지 않으나 이쪽에서 보면 보인다. 따라서 저것은 이것에서 나오고 이것 또한 저것의 원인이 된다. (중략) 그러므로 성인은 그 같은 논리에 의지하지 않고 하늘의 이치에 비추어서 본다. 그래서 성인의 경지에서는 이것 또한 저것이고 저것 또한 이것이다.
>
> — 『장자』 「제물론」

조주 스님이 말한 구자무불성(狗子無佛性)의 '무'는 있음을 포함하고 있는 절대 '무'다. 조주 스님은 개의 불성 유·무를 상대적 개념으로 구분해서 묻는 분별심을 버려야 불법 진리, 즉 공을 체득할 수 있다고 친절히 가르쳐 준 것이다. 다른 말로 바꾸면 조주의 무자 화두의 '무'는 유와 대립 관계인 상대적인 무가 아니다. 조주의 '무'는 그 자신은 무이지만 무한한 물체를 비추고 그 안에 온갖 유를 포용할 수 있는 절대적인 무, 노장의 도와 같은 것이다.

> 일체의 유를 무로 여긴다.(及爲無有矣)
>
> — 『장자』 「지북유」

노장으로 읽는
선어록 (상)

장자가 말하는 '급위무유의'는 일체의 유를 무로 여길 뿐만 아니라 그 무도 없는 '무무(無無)'의 절대 경지다. 이 무는 무도 없는 현묘한 경지로 깨친 사람만이 도달할 수 있는 곳이다.

『장자』「천지」의 설법을 들어보자.

> 태초에 하늘과 땅이 시작될 즈음 무가 있었다. 있는 것이란 아무 것도 없었으니 이름도 없었다. 여기서 일(一)이 생겼다. 만물은 이 '하나'를 얻음으로써 생겨났다.

장자의 설법은 『노자』 1장이 말하는 "무는 천지 창조의 시원을 가리키고 유는 만물의 모태라고 부른다(無 名天地之始 有 名萬物之母)"를 풀어서 말한 것이다. 상대적인 무가 유를 배제하는 데 반해 노장이 말하는 천지의 시원인 '무'는 유를 배제하기는커녕 만유를 포용한다. 조주 스님이 말한 무도 바로 이와 같은 노장의 무와 동일한 것이다. 그래서 조주의 '무자' 화두는 개에게도 절대적으로 불성이 있다는 대긍정의 '절대유'다.

『노자』가 "무 명천지지시…(無 名天地之始…)"에서 말하는 '무'와 '유'는 모두 도[佛性·自性]를 뜻한다. "도는 존재하지만 볼 수 없고, 소리가 있지만 들을 수 없는 것이다."(『노자』 14장)

도(道)는 구체적인 사물이 아니기 때문에 '무'라고 부를 수 있다. 그러나 도는 또한 "형체가 있고 정기가 있어서"(『노자』 21장) 천지 만물을 생산할 수 있으므로 '유'라고 부를 수 있다. 다시 말해 무는 도의 본체를 가리키고 유는 도의 작용을 가리킨다. 체는 반드시 용보다 앞서므로 무도 역시 유보다 앞선다. 그래서 『노자』 40장은 "천하 만물은 유에서 나오고 유는 무에서 나온다(天下萬物生於有 有生於無)" 라고 했다.

참선 수행의 최종 목표는 자아의 소멸이다. 자아 소멸 후에는 딱 한 가지 무밖에 남지 않는다. 조주의 무는 바로 이와 같은 무다. 그 무는 아무 것도 없는 무가 아니라 텅 비어 있는 충일(充溢), 즉 꽉 차 있는 유인 것이다. 선과 노장의 도·불성을 뜻하는 무는 이 같은 꽉 차 있는 유로서 천지의 근원이고 만물의 존재 근원이다. 누구도 그 것에 이름을 붙일 수 없다. 다만 그것은 부득이 편의상 이름한 무· 공이며 모든 것, 원만 무애한 충족이다.

조주와 노장의 무는 앞서 말한 대로 자신의 존재 근거인 유를 포함하고 있는 무다. 이를 철학적으로 말하면 유가 현시된 현상으 로서의 가유(假有)라면 무는 현시된 유의 현상이 다시 무의 '탈근거 (abgrund: 없음이 있음을 존재론적으로 가능케 해 줌)'인 유 속에 숨어 있 는 무다. 하이데거는 노자의 이러한 무를 이해하고 "그것이 내가 일 생 동안 말해 왔던 것이다"라고 말했다.(한스 페터 헴펠 저, 『하이데거와 선』 p.336)

무에 대한 사유는 선수행의 알파이며 오메가인 요체다. 선에서의 무의 참구 목적은 무엇보다도 무로써 합리적이고 이원론적인 사유 체계를 파괴하는 것이다. 즉 무의 강조는 어떠한 제한적 대상도 파 악되지 않고 파악될 수도 없음을 명백히 밝히고 있다. 선적(禪的) 삶 은 우리를 둘러싸고 있는 환상적 실재가 끊임없이 변화하는 실재라 는 점을 파악하게 해 주는 무한자유를 얻게 한다. 선 속에서 살아간다는 것은 자유 속에서 살아감을 의미한다.

감성적으로 느끼는 내적 결핍은 모든 물질적 욕구와 바라는 바가 충족된다 해도 우리로부터 물러나지 않는다. 그러한 내적 결핍은 '무'에 의해서만 해결될 수 있다. 무는 본래 한 물건도 없는 태허의 공이며 소유할 만한 어떤 것도 없는 '무소유'를 뜻한다.

선의 본질은 ◆개방성 ◆광활함 ◆텅 비어 있음으로 요약할 수 있다. 이러한 선의 본질이 이야기될 때에만 우리는 선의 진정한 의미에 다가서게 된다. 선은 단어를 사용해 말하건 비유로 말하건 인간의 모든 발언(언어 문자)을 넘어선 것이다. 이것이 바로 선불교가 힘주어 강조하는 불립문자(不立文字)다. 선은 언어 문자에 의지해 설명하거나 체득할 수 없다. 그러나 문자의 한계를 벗어날 수 없는 우리는 역설·반어(反語)·육체적 동작 언어 등 갖가지 방편을 동원해 결코 설명해서는 안 되는 선지를 설명하고자 한다.

청풍과 명월은 본래 한 하늘에 있다.(淸風明月本同天)

송대 강서시파(江西詩派) 후기의 한 사람인 조장천의 시구다. 강서시파에는 발생 단계부터 선불교와 인연이 깊은 시인들이 많았다.

시구의 청풍은 무[體], 명월은 유[用] 하늘은 자성[道]을 각각 비유한 것이다. 청풍과 명월은 자성의 본체와 작용이 나타난 것이다. 공[無]과 유는 자성의 체와 용에서 나타난 것으로 원래 서로 다른 것이 아니다. 그래서 공[無]과 색[有]은 하나요, 서로 다른 것이 아니다. 이것이 반야공관의 '공즉시색 색즉시공(空卽是色 色卽是空)'이다.

2. 무의 체험—선 수행

조주의 '무자' 화두는 인간의 무한한 해방을 가로막는 분별의식과 전통·관습·시간 개념들로부터 벗어나 신과 천지·인간의 무한한 관계를 새롭게 수립하는 '자아 혁명(깨달음)'을 일깨우는 가르침이다.

인간의 학습에는 두뇌 역할이 크게 두 단계로 나뉜다. 새로운 능력을 습득하기 위해 주의력을 기반으로 한 대뇌피질의 역할이 그 하나다. 뛰어난 정보처리 능력을 가진 대뇌는 다양한 문제를 동시에 해결하기 어려워한다. 그래서 머리 뒤쪽 대뇌 아래 자리 잡은 소뇌의 또 다른 역할이 필요해진다.

소뇌 역할로서 가장 중요한 기능은 새로운 능력의 '자동화'다. 처음 배울 때는 그렇게 어렵기만 했던 걸음마·자전거 타기·운전 같은 것들이 모두 소뇌의 '자동화'로 생각 없이 실천할 수 있게 된다. 우리는 이러한 소뇌의 실천 능력을 습관(관습)·전통이라는 용어로 미화한다. 뇌 과학자들에 따르면 일상생활의 40%가 이 같은 자동화된 습관적 행동을 통해 실행된다고 한다.

언제나 비슷한 판단, 반복된 생각, 이유를 따지지 않는 호·불호의 감정이 모두 소뇌를 통한 자동화의 결과다. 오늘날 너무나 당연하고 영원한 진리처럼 보이는 습관과 전통은 습득하기 어려웠던 원래 배경과 이유(본래면목)를 잊어버린 '역사적 고아'라고 할 수 있다. 우리는 이처럼 역사적 고아로 소뇌만을 사용하면서 일상을 살아가고 있다.

조주 '무'자 화두는 이를 깨부수고 대뇌를 활용한 새로운 능력을 개발해 습관과 전통으로부터 해방된 무한한 자유를 누리는 대자유인으로 다시 태어나자는 것이기도 하다. 장자의 '소요유(逍遙遊)'도 같은 맥락의 인간 해방 설법이다.

선수행은 한마디로 '무의 경험'이다. 그 목적은 거시적인 대뇌의 새로운 능력개발을 통해 습관과 전통에 찌든 우리의 육체적 자아를 버리고 무아(無我)의 경지로 들어가 본래의 무한 자유를 만끽하면서 해탈인으로 살아가는 것이다. 절 집안에서 습(習)을 버리라고 하는 얘기가 바로 이것이다.

무의 경험은 하나의 대상에만 마음을 집중시키는 삼매(三昧)로부터 발원하는 의식 상태다. 뇌과학이 말하는 대뇌의 주의력 집중이 곧 삼매다. 삼매의 의식 상태에서는 주체와 객체가 분리되지 않는 합일을 이룬다.

선이 말하는 '무'는 나의 인격 외부에 놓여 있는 객체가 없는 텅 빈 공간이 아니라 나 자신이 고요한 '무'의 상태다. 말하자면 무가 바로 나 자신의 '자기'인 것이다. 쉽게 말해 무아의 지경에 이르는 것이 선이 추구하는 '무의 경험'이다. 선수행은 내 안에 본래부터 갖추어져 있는 근본적인 무아로 되돌아가는 것이 그 목적이다. 다시 말해 우리 인간은 항상 무에 던져져 있는 존재, 즉 실존철학이 말하는 심연적인 존재라는 것을 통찰하는 데 전념할 뿐이다.

절에서 녹차 한 잔을 깊이 음미하면서 마시는 것도 단순한 접대 차원의 의례가 아니라 사람을 선적(禪的)인 존재, 다시 말해 깊은 고독 속으로 이끌어 각성을 촉구하는 하나의 예술이다.

선객에게는 개개의 순간이 모두 영원의 가치를 갖는다. 그는 전적으로 현재 속에, 순간 속에 살고 있다. 따라서 '지금·여기' 속에 살고 있는 그에게는 어떠한 영생도 사후의 낙원이나 부활 같은 비(非)실존적 망상을 결코 하지 않는다. 그저 오늘을 후회 없이 자유롭게 살고 내일이 오면 기꺼이 해 뜨는 아침을 맞이한다. 그래서 선은 지금 외에는 어떠한 '때[時間]'도 없고 여기 이외에는 어떠한 '곳'도 없는 지금·여기에서의 특수한 삶의 방식이다.

서양 사유는 무를 무력화시키려 한다. 현전(現前)으로부터 사유된 서양의 존재 이해는 그래서 무에 의해 위협당한 채 존재를 형이상학적으로 표상화해 왔다. 서구의 사상가들이 선과 노장의 무를 새삼 천착하면서 크게 기대하는 것도 이러한 표상화된 형이상학으로부터 한 발 내디디려는 몸부림이다.

선의 무는 어떤 것도 없는 곳이다. 장자는 이런 곳을 '무하유지향(無何有之鄕)'이라는 이상향으로 제시, 무를 통찰해 깨친 자는 어떤 것도 없는 그곳에서 바로 자기 자신으로서 존재한다고 했다. '무하

노장으로 읽는
선어록 (상)

유지향'은 유라고 할 만한 어떤 것도 없는 곳을 말한다. 곧 절대공(空)의 세계다.

나에게 영향을 미칠 수 있는 어떤 내부도 외부도 존재하지 않기 때문에 그곳에서의 나는 유일한 존재가 된다. 이것이 바로 석가모니가 "하늘 위와 하늘 아래에 오직 나만이 빛날 뿐(天上天下唯我獨尊)"이라고 설파했던 것이다. 임제의현 선사가 "부처도 조사도 다 죽여 버리라"고 외친 '살불살조(殺佛殺祖)'의 참뜻도 바로 같은 맥락의 법문이다. 부처와 임제의 법문은 나에게 영향을 미치는 시간과 장소·사물 모두를 제거, 초월하라는 것이다.

> 30개의 바퀴살이 한 곳의 바퀴 통으로 모이는데 그 속이 비어 있어야 수레로 쓸모가 있고 진흙을 빚어 그릇을 만드는데 그 속이 비어 있어야 그릇으로 쓸모가 있고 문과 창을 뚫어 방을 만드는 데는 빈 곳이 있어야 방으로 쓸모가 있다. 그러므로 유가 유용하게 이용되는 것은 무가 이처럼 유용할 수 있도록 기능해 주기 때문이다.
>
> ─ 『노자』 11장

노자의 결론은 '유'는 이용 가치를 제공[用]하고 무는 그러한 이용 가치가 작동하는 기능[體]을 제공한다는 것이다. 다시 말해 유·무라는 작용과 본체가 함께 해야 세상 사물의 이용 가치가 있다는 얘기다.

다음은 성현영의 『노자』 11장에 대한 주석이다.

"30개의 바퀴살은 『주례』 「고공기」에서 한 달을 이루는 30일을 형상화한 것이다. 수레의 속이 비어 있다는 것은 수레칸과 바퀴통 안이 비어 있다는 뜻이다. 텅 비어 있어야만 물건을 실을 수 있어 바로 수레의 비어 있음[無]이 수레의 쓰임새가 된다. 수레가 가명의 여러 인연들이 모여 이루어졌으니 수레를 세밀히 분석하면 전체가 다 헛된 것이다. 이로써 일체의 모든 것이 다 이러하다는 것을 비유한 것이다."

성현영의 해석은 확실히 불교적이다. 즉 수레는 자성이 없고 여러 조건들의 일시적인 결합인 가유(假有)라는 것이다. 이런 해석을 따르면 『노자』 11장의 '비어 있음'을 뜻하는 '당기무(當其無)'의 '무'자는 가유의 상태를 받아들여 긍정했다. 장자는 수레의 예로 모든 만물이 가유의 상태, 공임을 설파했던 것이다. 성현영은 『노자』 11장의 결론인 "유지이위리 무지이위용(有之以爲利 無之以爲用)"을 다음과 같이 풀이했다.

"무는 유에 의지하여 이로워지고 유는 무의 도움으로 쓰임새가 있으니 이들이 서로 의지하기 때문에 수레·그릇·방들이 만들어진다. 학인들은 반드시 유로써 용의 바탕을 삼고 공으로써 유를 이끌어 유·무가 서로 바탕이 되면서 서로를 이끌어주도록 하고 마음이 한 쪽으로 치우치거나 빠지지 않도록 해야 한다. 그렇게 해야 학인들의 유용한 쓰임이 완성된다고 말한 것이다."

노장으로 읽는
선어록 (상)

수레·그릇·방 등은 유와 무[空]의 상호 보완으로 이루어진다. 성인은 이와 같이 공과 유의 이치를 동시에 적용하여 세상을 구제한다. 유는 공이 세상에 적용되는 바탕으로 작용한다. 다시 말해 공의 이치가 유를 통해 구체화된다. 반면에 유는 유 자체로 존재성을 가지지 않는 '가유'의 상태이므로 항상 공의 이치에 의해 인도되어야 한다. 결론은 공과 유 어느 한 쪽에 치우치지 않는 것이다. 이것이 선승들이 말하는 '중도가 곧 부처'라는 도리다.

색(色)으로 표현된 온갖 형상들 속에는 평등·무차별한 공, 곧 실상이 깃들어 있음을 깨달아야 한다. 이것이 '색즉시공(色卽是空)'이다. 유와 무는 서로의 존재 근거를 제공하면서 서로를 살려주는 관계다. 노자가 말하는 '유무상생(有無相生)'과 '유생어무(有生於無: 유는 무에 의지해 산다)'의 의미가 구체적으로 설명되어 있는 것이 『노자』 11장이다. 이러한 노자의 유무론은 '유'가 자체적으로는 존재성을 갖지 않은 가유이지만 그 가유 또한 공[無]의 이치를 따르고 있기 때문에 유를 무가치하게 보지 않고 '가유=공'으로 수용한다.

유와 무는 서로의 존재 근거를 이루고 있기 때문에 대등한 관계다. 따라서 개에게 불성이 '있다'고 해도 되고 '없다'고 해도 된다. 이때의 무는 그 자체 안에 이미 유를 내함하고 있는 유·무와 긍정·부정을 초월한 '절대무'이기 때문에 오히려 개에게 불성이 있음을 강조한 '절대 유'가 된다.

실제로 있는 곳은 모두 공허하고 공허한 곳은 모두 실하니 선리에 통달한 것이다.

(實處皆空 空處皆實 通之于禪理)

  – 갈조광 저, 『선종과 중국문화』 p.260 재인용

청나라 시인 운병이 『계산와유록』「서」에서 한 말이다. 중국의 시나 회화에는 분명하게 보이지 않는 것도 보이고 동시에 일어날 수 없는 일이 한꺼번에 일어난다.

예를 들면 왕유(699~759)의 그림으로 전해오는 〈원안와설도〉에는 눈 속에 파초가 그려져 있다. '설중파초(雪中芭草)'는 상식적으로 이해가 안 된다. 파초는 여름 식물이고 눈은 겨울에 내리는 것인데 여름과 겨울이 함께 공존하는 '시절 도착'이 일어난 것이다. 상식은 이런 경우 '머리가 돈 것'으로 본다. 그러나 시간을 초월한 해탈자의 선리(禪理)에서는 충분히 가능하고 특히 예술 창작에서는 오늘날에도 귀히 여기는 기발한 사유 방식이다.

선에서는 시간과 공간의 한계, 각종 감각기관의 효능적 한계가 더 이상 존재하지 않고 '혼돈의 덩어리'로 바뀐다. 혼돈 속의 분분하며 다양하고 영롱한 '자각 속'에는 오직 '마음'이 있다. 마음이 도달한 곳에서는 눈과 파초가 함께 보이고 복숭아꽃(봄)이 연꽃(여름)과 함께 아름답게 피어 있고 흥이 이르는 곳에서는 활짝 핀 꽃이 시각에서 청각으로 전이되기도 한다.

왕유는 선불교에 깊이 침잠해 자신의 호를 유마힐 거사의 '마힐'을 따서 왕마힐이라 이름 붙여 '중국의 유마 거사'로 불리기도 한 중국 불교 선종의 거사였다.

붉은 살구 꽃 위에 봄날의 흥겨운 소리가 시끄럽고
간간이 우는 꾀꼬리 소리 꽃 밑에서 데굴데굴 구른다.

(紅杏枝頭春意鬧 間關鶯語花底滑)

활짝 핀 살구꽃은 시각에서 '시끄러운' 청각으로, 꾀꼬리 소리는
청각에서 '데굴데굴 뒹구는' 시각으로 전이됐다. 이는 선불교가 직
각 체험을 통해 시공의 한계를 초월해 물아합일과 무상(無相)경계
를 구하고자 하는 것과 일치한다. 그래서 선불교가 크게 흥기했던
당대(唐代) 이후로는 문화예술이 정감 표현을 중시할 뿐 물상(物象)
의 재현을 중시하지 않는 예술정신을 높이 평가하고 귀하게 여겼다.
이러한 선의 묘미는 다소의 신비감이 없진 않지만 결코 신비주의가
아니며 길흉을 점치는 점술이나 신통력(神通力)과는 전혀 다르다.

위의 시구는 송대(宋代) 대룡지홍 선사(생몰연대 미상)의 게송에 나
오는 시구다.

지금도 우리는 선의 직각 체험을 과학적 용어로 해석하고 설명
할 길이 없다. 그러나 예술 창작의 사유방식에서는 그것이 아주 유
용함을 인정하는 데는 이의가 없다. 선불교의 영향을 받은 이 같은
중국적인 예술 사유는 한국과 일본에도 그대로 전파되어 있다.

선문답은 항상 사가(師家)와 학인 간의 간결한 일문일답으로 진행
된다. 묻는 학인은 깨달음에 이를 수 있는 날카로운 한마디를 갈구
하고 답하는 선사는 학인의 기존 사유체계를 깨부수어 새로운 깨
친 사람으로 탄생시킬 수 있는 묘오(妙悟)를 찾는다. 선사는 직접적
으로 말할 수 없어 희미하고 모호한 응축된 비유와 암시를 통해 자

신의 뜻을 밝힌다. 농담 같고 허튼 소리 같기도 한 선사의 한마디는 보기엔 일상의 구어(口語)이지만 그 속에는 심오한 철리(哲理)가 들어 있어 다함없는 여운을 남겨 준다.

묻는 사람은 여기서 의식을 전환해 묘한 깨달음을 얻어야 한다. 학인은 현외지음(絃外之音)·언외지의(言外之意)가 번뜩이는 선사의 한마디 속에 들어 있는 진수를 깨달아야 한다. 이때 문학과 예술 감상자가 작품을 감상할 때의 상상과도 같은 연상과 직각이 요구된다. 선불교는 이러한 깨달음을 이끄는 두 가지 이론적 방편을 가지고 있다. 바로 활구(活句)와 돈오가 그것이다.

활구

"활구의 오묘함을 얻으면 죽은 것도 점화(点化)하여 살릴 수 있으니 비유컨대 기와나 자갈이 영단(靈丹)에 한번 닿으면 황금과 옥구슬이 되는 것과 같다."

— 『자백노인집』 권15

활구는 내심의 체험 능력을 무한히 확대시켜 자신의 직감과 잠재의식에 의거해 문자의 뜻에 얽매이지 않고 자기의 마음을 나타내는 것이다. 활구 참구는 직각적 체험이며 자유해방과 뜻에 따르는 연상이 그 구체적 내용이다.

활구의 반대는 사구(死句)다. 사구는 언어 문자에 얽매여 한 발짝

도 나가지 못하고 감옥 같은 좁은 사고의 틀을 맴도는 것을 말한다.

활구의 예:

송나라의 저명한 이학자요, 재상이었던 장구성 거사가 벼슬에서 물러나 낙향해 있을 때 심리적 평형을 얻고자 희(喜) 선사를 참문했다.

> 희 선사: 무슨 일로 왔는가?
> 장구성: 마음의 불을 끄고자 선사를 찾아뵙니다.
> 희 선사: 무엇하러 일찍 일어나 제 아내를 다른 놈이 품고 자게
> 하나(緣何起得早 妻被別人眠)!
> 장구성: 이 무식한 중놈아, 어디에다 대고 그 따위 말을 해.(욕
> 을 해 대며 몹시 흥분했다)
> 희 선사: 내가 가벼운 부채질을 한 것뿐인데 그렇게 화가 일어
> 나니 어떻게 참선을 하겠소?

희 선사가 이렇게 비유로써 대답하자 장구성은 깜짝 놀라며 곧바로 크게 깨달았다. 그러면서 부끄러워 어쩔 줄 몰라 했다. 희 선사는 인내하면서 내심의 평정을 지키고 외부로부터의 충격을 막는 것이 마음의 평정을 유지하는 요체임을 일깨웠던 것이다. 희 선사가 강조한 한마디는 '인내'였다.

> 문: 술과 고기를 먹어도 괜찮습니까?
> 답: 먹으면 너의 녹(祿)이 되고 안 먹으면 너의 복(福)이 된다.

6조 혜능 대사의 법제자 남악회양 선사(677~744)와 한 학인의 선문답이다. 스님이 고기를 먹어도 되고 안 먹어도 괜찮다는 게 선사의 답이다. 계율까지 파괴하는 엄청난 얘기다. 선불교의 관점으로는 사람의 본심은 청정담백하고 무욕무념하여 불성과 털끝만큼도 차별이 없으므로 내심으로부터 나오는 본능도 청정담백하다. 단지 '즉심즉불(卽心卽佛: 본래의 청정한 마음이 바로 부처다)'의 도리만 깨치면 고기 먹고 싶으면 먹고 먹기 싫으면 안 먹을 뿐이다. 근세 한국 선불교 중흥조인 경허 선사는 "음주식육이 불애보리(飮酒食肉 不碍菩提)"라고 설파하면서 술과 고기를 스스럼없이 대했다.

'음주식육 불애보리'는 후기 선종의 지극한 해탈 경계를 상징하기도 했지만 일부에서는 퇴폐적인 세속화로 흘러 비판을 받기도 했다. 음주식육이 계율의 파괴가 안 되려면 '도를 깨쳤다'는 전제 조건이 충족되어야 한다. 혜능 이후의 선승들은 적의인생(適意人生)의 생활 정취와 현세의 정신적 자아 해탈이라는 인생철학을 중시했다. 적의자연(適意自然)은 뜻하는 대로 자연스럽게 행동하는 것인데 배고프면 밥 먹고 졸리면 잠 자는 게 바로 '적의'다. 이미 혜능 이전 위진남북조 시대에 불교 반야학이 현학(신 노장학)과 결합해 금욕주의 인생철학을 적의의 인생철학으로 바꾸어 놓았다.

일종의 종욕주의인 적의자연은 유가가 인생 층차에서 70세를 '종심소욕 불유구(從心所欲 不踰矩: 마음을 따라 하고자 하는 대로 해도 법도에 어긋남이 없다)'라고 했던 것과도 일맥상통한다.

어쨌든 '적의자연'은 선불교의 인생관·자연관·시공관·생활정취를 요약한 키워드다. 후기 선종에서 일부 선승들이 지나친 자유방

임적인 종욕주의로 흘러 종풍(宗風)을 추락시킨 사례가 있긴 하다. 그러나 이는 일각의 일탈이고 적의의 생활에는 도를 깨쳐야 한다는 오도(悟道)가 수문장처럼 버티고 서 있었던 것이다.

사구(死句)의 예:

> 여산의 귀종지상 화상이 채소밭 대중 울력 중 원 하나를 그리고는 그 원의 중심에 채소 한 포기를 옮긴 후 대중들을 향해 "움직이지 말고 이것을 잡아 뽑으라" 했다. 한참 있다 와 보니 채소가 그대로 있었다. "이 놈들! 한 놈도 지혜 있는 놈이 없구나"라고 탄식했다.
>
> — 『전등록』 권7

뛰어나가 원 안의 채소를 뽑아야지 "움직이지 말라"는 언구에 묶여 채소를 건드리지도 못하다니…. 언어 문자에 얽매인 사구(死句)의 대표적 예다. 채소를 뽑으려면 움직여 원 안으로 들어가는 마음이 일어나고 그 마음을 따라 자유롭게 행동하면 활구다. 그 자리에 멍청하게 서서 채소를 뽑을 방도를 강구하는 것은 끝내 불가능할 뿐만 아니라 의식의 해방이 전혀 안 된 맹꽁이일 따름이다.

선문답은 선승들의 대중울력의 현장인 논두렁·밭고랑 사이에서 돌발적으로 뜬금없이 즉문즉답으로 이루어지는 경우가 많다. 물론 선방의 대참(大參: 초하루 보름 법문)과 소참(아침저녁의 좌선 시간), 또는 방장·주지 진산식장의 법거량 등에서도 선문답을 주고받지만 대중

울력(運力)의 현장·길가는 도중 등 때를 가리지 않고 선기(禪機)가 발동하면 날카로운 기봉(機鋒)이 번뜩이는 현장 학습을 한다. 농민(소농 지주)을 기반으로 출발한 불교 선종은 농선병행(農禪並行)을 청규로 정해 울력(공동노동)에 많은 시간을 할애했기 때문에 일하는 논밭 현장이 바로 학습장이기도 했다. 이것이 바로 무시선(無時禪), 무처선(無處禪)의 선수행 전통이 됐다.

돈오(頓悟)

돈오(頓悟)는 우선 의식을 승화시켜 텅 비고 깨끗한 심경을 회복한 후 사물도 나도 없는 상태에 도달한다. 이어 논리적 사유에 구속되어 시각·청각·후각 등이 밖의 객관 세계를 반영하는 데 제한되는 것을 깨부수고 뛰쳐나와 주관적인 임의성(任意性)으로 세상을 보고 느낀다. 여기서 비록 한 순간이지만 일체의 시공과 번뇌를 벗어버리는 희열을 깨닫는 것이 바로 돈오다. 즉 논리적 사유로부터의 해방이 곧 돈오다. 선불교의 오도는 바로 돈오인데 말을 바꾸면 마음의 해탈이다. 비유하면 마음의 찌든 껍질을 벗어나 굼벵이가 껍질을 벗고 매미가 되듯이 새사람[真我]으로 태어나는 것이다.

문: 무엇이 마음의 해탈입니까?
답: 일체의 법[存在]에 구속되지 않는 것, 이를 해탈 무애라 한다.

혜능 대사의 4세 법손인 백장회해 선사(749~814)와 한 학인의 선문답이다. 지옥의 고통에 놀라지도 않으며 극락세계의 즐거움을 바라지도 않는 것, 부처되기를 바라지도 지혜 얻기를 바라지도 않는 것이 바로 법(法)에 구속되지 않는 것이다. 선불교가 말하는 '법'은 실존철학의 존재와 같은 의미를 갖는다.

동아시아 선불교는 가 없이 텅 빈 하나의 우주를 개척하고 나서는 다시 그 우주를 내심 속으로 축소시켜 넣었다. 모든 것을 다 마음의 환상과 외물(外物)로 만들어 버렸다. 그리고는 불상과 금욕주의의 가르침을 멀리 천축(인도)의 옛집으로 되돌려 보냈다. 동아시아 선불교에서는 마음이 가장 신성한 권위가 되었다. 마음의 청정을 유지하고 마음의 평정을 기도하고 대자연 속에서 마음의 정화를 이루고자 했다. 자아의 해탈과 자아의 평정(平靜) 속에서 그것을 구할 수 있기를 바랐다.

왕휘지의 흥취

|

『세실신어』에 이런 이야기가 있다.

천하 명필 동진의 왕희지의 아들이며 풍류객이었던 왕휘지가 눈 내리는 밤 절친 대규를 보고 싶은 흥이 일어 밤을 꼬박 새우며 산음에 사는 대규의 집을 찾아갔다. 자그마치 100리가 되는 뱃길이었다. 대규의 집에 도착한 왕휘지는 대문 앞에 이르러 곧장 발길을 돌려 되돌아왔다. 까닭을 물으니 "나는 당초 흥에 겨워서 갔던 것이고 흥이 다했으니 돌아온 것뿐이오. 꼭 대규를 만날 필요가 뭐 있겠소."라고 했다.

'적의인생' 철학으로 살아가는 생활 정취를 대표하는 일화다. 인생은 적의(뜻에 맞음)를 얻는 것이 중요하다는 얘기다. 마음 내키는 대로 어떠한 구속도 받지 않고 자유롭게 살아가는 것이 바로 해탈이고 열반이다.

과거 불교의 금욕주의는 현상 세계를 벗어나고 싶은 희망을 피안 세계와 내생에 기탁하는 것이었고 그것은 고난을 겪고 있던 하층민들에게는 하나의 아스라이 보이는 환상적인 약속이었다. 그러나 선불교는 과거 불교·노장사상 등이 자연·시주공덕 등을 통해 획득하려 했던 심리적 평형을 사회와 자연으로부터 내심으로 돌려놓았다.

선불교의 견해로는 외래적 역량에 도움을 구하는, 예를 들자면 자연 도취, 내생에의 희망 등등은 다만 물 속의 달을 건지려 하고 거울 속의 머리를 만지려 하는 것에 지나지 않는다는 것이다. 오직 내심의 평정과 나와 천지가 하나로 융합된 인생만이 영원한 것이었다. 이러한 해탈 추구 방식은 기독교의 천당이나 초기 불교의 내생·극락세계 등과는 분명히 다른 심리적 평형유지 방식이었다.

갈조광은 "선종이 추구하는 것은 바로 '현재'에 있었고 사람마다의 마음속에 있었으며 욕념에 대한 자발적 억제와 자기마취를 통해 '자기기만'에 이름으로써 그 목표를 실현하려는 것이었다"고 비판하기도 했다.(갈조광 저, 『선종과 중국문화』 p.148) 갈조광의 선종 해탈관에 대한 비판은 급소를 찌른 것 같지만 역기능적인 부분적 측면을 너무 부각한 감이 없지 않다. 세상의 모든 종교는 부분적으로 '자기마취'와 '자기기만'의 측면을 가지고 있다. 그러나 인간의 근원적인 원죄와 번뇌를 극복하는 별다른 방법도 없지 않은가. 물론 레닌은 "종교를 인민의 아편"으로까지 비판했지만 죽을 때까지 번뇌를 안고 살수밖에 없는 인생에서 그 번뇌를 벗어나려는 노력의 일환인 '자기기만'은 그래도 가상한 몸부림이 아닐까.

소동파는 〈광애사현삼학연사〉라는 시에서 다음과 같이 읊조린 바 있다.

> 이 몸 세상에 머무르는 것 꿈과 같은데(寓世身如夢)
> 편안하고 한가로우니 하루가 일 년 같다.(安閑日似年)

'편안하고 한가롭다'는 곧 심리적 평형이 이루어져 있음을 뜻한다. 선불교에 깊이 침잠했던 당·송 대의 사대부들은 선수행의 핵심인 심리적 평형 유지를 인생철학의 우선 과제로 수용했다.

『대주선사어록』은 "본래부터 속박 따위가 없었다. 그러므로 그것을 제거하거나 벗어나고 말고 할 것이 없다"고 했다. 대주의 법문은 다음과 같은 돈오 남종선의 3대 조사(祖師)인 승찬과 후일 4대 조사가 된 도신이 사미였을 때의 선문답을 산문체로 정리한 것인데 인간은 천부적으로 아무 구속이 없는 '자유로운 존재'라는 것이다.

> 도신: 청하옵건대 이 몸의 속박을 풀어주십시오.
> 승찬: 누가 너를 묶어 놓았는가?
> 도신: 저를 묶어 놓은 사람은 없습니다마는….

승찬: 그렇다면 너는 이미 한껏 자유롭다. 그런데 어찌해서 해
　　　탈을 구하고 있단 말이냐?

　도신 사미는 여기서 크게 깨치고 후일 제4대 조사가 됐다. 불교
선종은 당 중기 이후 이상적인 인격을 가리키는 여래·보살이라는
용어 대신 조사·부처라는 표현을 즐겨 사용했다.『임제록』은 "현재
의 마음이 언제나 변하지 않는 것을 살아 있는 조사(祖師)라 부른
다"고 했다.

영양괘각(羚羊挂角)

　선문(禪門)은 학인들이 종사(宗師)의 말이나 글에 얽매이지 않고
언외지의(言外之意)를 터득하도록 언행의 발자취를 남기지 않는 몰종
적(沒蹤迹)을 강조했다. 몰종적을 대표하는 화두가 '영양괘각(羚羊挂
角)'이다.

　　　내가 만약 이 말 저 말을 한다면 그대들은 그 말에서 찾고 구
　　　절들을 좇겠지만 영양이 뿔을 나무에 걸고 발자취를 감추듯이
　　　아무 소리도 안 한다면 어디서 더듬어 찾겠는가.
　　　　　　　　　　　　　　　　　　　　　　　　　 －『전등록』 권16

　설봉의존 선사(822~908)의 상당법문이다. 영양은 산양으로 뿔이

아주 길다는 생태적 특성을 가지고 있다. 영양은 잠을 잘 때나 사냥개에 쫓길 때 뿔을 나무에 걸고 발자취를 감추어 종적을 찾을 수 없도록 한다고 한다. 그래서 선장(禪匠)들의 언행을 특징짓는 몰종적을 강조하는 비유로 사용한다.

'영양괘각'이라는 화두에는 두 가지 뜻이 담겨 있다.

하나는 종사들의 말이나 글, 경전의 언어 문자에 매달려 선리를 깨치려 하지 말라는 것이다. 이른바 선불교 종지의 하나인 불립문자의 강조다. 언어문자에 의지하는 논리적 사고를 떨쳐버리고 있는 그대로를 관조, 전광석화처럼 터져 나오는 순간적인 직각으로 만법[存在]의 근원을 꿰뚫어 보는 '돈오'를 하라는 것이다. 이것이 돈오 남종선의 선수행 요결이며 다른 불교 종파에 없는 큰 특징이다. 다른 하나는 세상을 빈 배처럼 자취를 남기지 말고 소요하라는 것이다. 이는 노장사상과 일치하는 선불교의 인생관이며 해탈론이다.

> 잘 가는 사람은 흔적을 남기지 않는다…. 이를 일러 '본래의 밝음(자연의 원리)'이라 한다.(善行 無轍迹…. 是謂襲明)
>
> — 『노자』 27장

감산 대사는 노자의 이 설법을 다음과 같이 주석했다.

> "성인은 세상을 빈 배처럼 소요함으로써 외물과 부딪치지 않고 자연의 흐름에 맡긴다. 말하자면 만물을 잊으니 사물 또한 그를 잊는다. 이것[有]과 저것[無]을 함께 놓아버리면 바로 이를 잘

간다고 일컫는다. 이에 자취가 없는 것이다. 자연의 원리, 즉 유와 무를 대립항으로 보지 않고 통합적으로 동시에 수용하는 태도를 습명이라 한다."

감산 대사의 주석에 덧붙일 게 없다. 유·무 통합의 동시 수용은 선불교도 색·공이라는 말로 용어를 달리할 뿐 거듭 강조하는 참선 수행의 요결이다.

선불교의 심리적 평형 유지가 자발적 억제와 종욕주의로 자기마취를 해 자기기만에 이름으로써 그 목표를 달성한다는 일각의 비판이 있다. '자기마취'와 '자기기만'은 '종교는 인민의 아편'이라고 보는 레닌의 종교관과 같은 맥락이 아닌가. 필자는 이에 다시 한번 반론을 제기한다.

영원히 충족될 수 없는 물질적 욕구와 바램, 그러한 내적 결핍을 공·무로 대체해 해소하려는 방법보다 더 수승한 방법이 있는가.

3. 유·무의 초월의 달관

조주의 '무자 화두'는 선학에서 유·무 초월의 달관을 대표하는 화두다. 조주의 '무'는 유와 무를 하나로 통합한 무다. 다시 말해 조주의 무는 대대적이고 이분법적인 분별의 유·무를 뛰어넘은 무다. 장자는 사람들이 주관적 판단에 따라 옳고 그름, 유·무를 드러내어 따지는 행위가 무의미함을 다음과 같이 설파했다.

> 자기가 그렇다고 여기는 바에 따라 그렇다고 한다면 그렇지 않
> 은 것이 없고 자기가 그르다고 여기는 바에 따라 그르다고 한다
> 면 만물이 모두 그르지 않은 것이 없다.
>
> (因其所然而 然之 則萬物莫不然 因其所非而 非之 則萬物莫不非)
>
> – 『장자』「추수」

장자철학은 만물이 '없음'이라는 도 안에서 있는 한 모두 변하고 화(化)하는 현상에서 벗어날 수 없음을 핵심 내용으로 하고 있다. 우주 만물이 음·양, 유와 무의 가치를 동시에 내포하고 있는 '양가성(ambivalance)'은 바로 유와 무, 현상과 본체가 모두 한 통속으로 돌아가는 우주 자연의 기본 속성이다. 유와 무가 함께 동거하는 이중적 세계는 상호 의존적이다. 이렇게 보면 현상계에 드러난 다양한 두두물물은 실은 본체계의 현재적 구현이다. 그렇다면 이는 현상계[有]와 본체계[無]의 이중적 동거이며 서로를 살게 해 주는 병작(倂作)이다. 장자는 이와 같은 공존과 동거, 즉 양가성을 따르는 것을 '양행(兩行: 한 번에 두 길을 감)'이라 했다.

쉽게 말해 우주 삼라만상의 근원인 도는 본래부터 유와 무를 함께 내포하고 있다는 얘기다. 이와 같은 유·무의 관계를 흔히 '하나도 아니면서 둘도 아니고(不一不二)', '서로 합쳐 있지도 않고 떨어져 있지도 않은(不卽不離)' 관계라고 말한다.

선과 노장에서 자주 사용하는 하나[一]와 없음[無]은 도를 달리 일컫는 말이다. 앞에서 나온 신라 지증 대사가 궁중 법문에서 헌강왕에게 연못 속의 달을 보면서 "옳긴 옳습니다만 더 이상 별달리 드릴 말씀이 없습니다."고 한 선법문은 바로 '하나', 즉 도를 설한 것이었다. 연못 속의 달은 그림자가 없다. 밤에 뜨는 달은 본체인 달과 현상인 달그림자 두 개가 있는데 연못 속의 달은 그림자가 없다. 칠흑 속에서는 그림자가 보이질 않는다. 연못 속은 칠흑의 어둠이 있을 뿐이다. 달은 본체이고 달그림자는 현상이다. 이것이 하나도 아니고 둘도 아닌 도의 존재 양태이고 도를 상징하는 '하나'이다.

도를 상징하는 달은 본체만 드러냈을 뿐 현상으로 나타나는 그림자를 본체 안에 품고 있어 연못 속의 달에서는 보이질 않는다. 달이 연못 속 칠흑의 어둠으로부터 나오면 곧 달과 달그림자 둘이 된다. 이와 같이 도는 유·무를 그 자체 안에 함께 품고 있는 '하나'다.

　유와 무, 시와 비, 은(隱)과 현(顯)은 상호 대립과 보완의 양면적 속성, 즉 서로의 존재 근거가 된다. 동양철학의 원류인 『주역』의 기본사상은 "음 중 양, 양 중 음을 질적으로 내재하면서 음/양·허/실·동/정·유/무 등의 모든 대척점들 사이에서 부단히 서로 관계하고 작용하는 가운데 일음일양(一陰一陽)으로 숨쉬기를 통해 열린 세계를 지향한다"고 본다.(오태석 저·노장선 역, 『동아시아 근원사유』 p.126)

　　한 번 음하고 한 번 양함을 일컬어 도라 한다.(一陰一陽之謂道)
　　　　　　　　　　　　　　　　　　　　　　－ 『주역』 「계사전」 상

　『주역』이 천명한 도의 정의다. 세계는 음과 양의 교직(textuality) 속에서 새 길을 만들어 흘러간다. 음과 양[無와 有]은 상호 독자적이며 대립적 표상으로 나타나지만 다른 한 면에서는 질적으로 무에는 유, 유에는 무가 들어 있다는 것이다. 이것이 세계의 기본적인 존재 양식이다. 음양론의 골자는 유와 무[陽과 陰]는 각각 무는 유를, 유는 무를 자기 안에 본질적으로 내재하고 있다는 것이다. 유와 무가 함께 동거하는 이중적 세계는 상호 의존적이다. 『주역』의 음양론과 『노자』의 유무론은 이분법적이거나 인과론적인 사유가 아니라 일원론의 상관론적이며 동시적인 인식 원리이고 존재론이다.

노장의 '무'는 도의 다른 이름이고 자연성·천연성을 뜻한다. 그래서 만물의 근원이고 으뜸이라 할 수 있는 도, 즉 '없음[無]'을 삶의 바탕으로 삼아야 한다는 것이다. 무란 바로 자연의 운행법칙, 사람의 힘으로 변화시키거나 움직일 수 없는 진재(眞宰)인 천연인데 우리 인간이 따라야 할 모델이다. 흔히 이를 '무위자연의 도'라는 말로 요약한다. 조주가 개에게는 불성이 없다고 한 '무'도 이러한 무다.

늘 그러한 이치를 알면 포용하게 된다.(知常容)

— 『노자』 16장

'그러한 이치[常]'란 우주의 존재양식과 운동법칙을 가리킨다. 즉 이 세계가 상대편들끼리 새끼줄처럼 꼬여 있는 우주 존재양식과 모여 있는 두 개의 대립면은 늘 반대편을 향해 부단히 움직이고 있는 우주의 운행법칙을 말한다.

이 같은 도의 이치, 즉 그 존재양식과 운동법칙을 알게 되면 유·무 어느 한 쪽만을 선택하지 않고 양쪽을 모두 포용하게 된다. 선이 말하는 '중도'도 이러한 유·무 동시 포용이다. '중도가 곧 부처'라는 선승들의 법문도 노자의 '지상용(知常容)'과 상통하는 같은 맥락이다. 감산 대사는 '지상용'을 "만일 참되고 변하지 않는 도를 체득하면 천지가 동일한 근원 속에서 나왔고 만물이 하나임을 보게 되어 마음이 저절로 천지 만물을 포용하게 된다. 따라서 상(常: 도)을 얻으면 만물을 품에 담게 된다"고 주석했다.

『노자』 16장의 첫 머리는 "텅 빈 상태를 유지해야 오래 가고 중도를 지켜야 돈독해 진다(至虛恒也 守中篤也)"로 시작된다. '수중'의 중(中)은 유·무 양쪽의 동시 포용을 뜻한다. 노자가 보기에는 이 세계는 대립면들끼리의 상호 꼬임으로 이루어져 있다. 이 대립면들 간의 관계는 어느 한쪽이 존재론적으로나 가치론적으로 우위를 갖지 않는다. 대립면들은 모두 동등한 차원에서 동등한 가치를 공유하고 있다는 것이다. 그렇기 때문에 노자는 어느 한쪽만을 간택하지 말고 그 대립면들 사이에 그냥 서 있기를 요구한다. 차라리 양쪽을 다 움켜쥘 수 있는 위치, 곧 중(中)을 지켜야 한다는 것이다. 그렇게 하는 것이 돈독하고 중후한 태도다.

돈오 남종선의 제3대 조사 승찬 대사가 『신심명(信心銘)』에서 설파한 '지도무난 유혐간택(至道無難 唯嫌揀擇)'이나 조주가 이를 다시 한 학인과의 선문답에서 강조해 화두가 된 '조주무난(趙州無難)'도 전적으로 노자의 설법과 똑같은 맥락이다. "지극한 도에 이르는 것은 어려운 일이 아니다. 오직 유·무, 색·공과 같은 상호 대립면의 한쪽만을 분별해 선택하지 않으면 된다." 노자·승찬·조주가 다 같이 강조한 간곡한 법문이다.

깨달으면, 즉 도를 알게 되면 유·무 어느 한 쪽만을 선택하는 일을 하지 않고 양쪽을 모두 포용하게 된다. 삶과 죽음이 서로 상대방에 근거하여 각자의 의미를 갖게 되고, 만물은 삶과 죽음 사이에서 순환 왕복한다는 원칙을 아는 사람은 삶만을 긍정하고 죽음에는 부정적인 시각을 보내는 태도를 갖지 않는다. 이것이 일대사(一大事)인 생사 해탈이다. 삶[有]과 죽음[無] 모두에 똑같은 눈빛을 주고 둘 다를 포용하는 문 안으로 들어가는 깨달음, 이것이 조주의 '무자' 화두가 뜻하는 바다. 조주의 유·무 초월 달관은 유·무, 생·사 둘 다를 동등한 가치로 동시에 포용하는 것이다. 이 엄청난 소식을 똑똑히 듣기 위해서는 "개에게는 불성이 없다(狗子無佛性)"는 조주 스님의 '무자' 화두를 철저히 참구해야 한다.

노장의 유무론은 아주 치밀하고 논리도 정연하다. 그래서 조주의 '무자' 화두를 이론적으로 체득하기 위해서는 노장의 유무론을 천착할 필요가 있다. 유와 무라는 대립면의 양쪽을 모두 포괄하는 변화의 원리를 깊이 뚫지 못하면 대립면 중의 한 쪽만을 선택할 수밖에 없게 된다. 그렇게 되면 선택된 면과 선택되지 못한 면 사이에 갈등이 벌어지고 첨예한 대립을 피할 수 없게 된다. 이러한 갈등과 대립이 곧 번뇌다. 그래서 선사들은 누누이 유·무를 이분법적으로 나누어 보는 '분별심'을 버리라고 강조한다. 분별심을 버리는 것이 곧 번뇌를 털어버리는 일이다.

너의 마음을 하나로 하라.(一若志)

－『장자』「인간세」

'일약지'는 『장자』「인간세」편의 심제(心齊: 마음을 가지런히 함) 설법에 나온다. 『장자』 주석의 고전적 일인자인 곽상은 '일약지'를 "양극단을 버리고 하나에 맡긴다(去異端而任獨也)"라고 풀이했다. 이는 이분법에 빠지지 말라는 얘기다. 선/악·시/비·생/사·유/무 같은 대립면들을 둘로 나누어 하나에만 집착하는 분별심을 버리라는 것이다. '일약지'는 결코 정신집중을 말하는 게 아니다.

조주의 '무자' 화두는 노장의 유무론이 말하는 무와 일치한다. 만물은 자기 내부에 상관성을 가지는 상반된 요소를 가지고 있기 때문에 어느 한 가지로 그 고유성을 잘라 말할 수 없다. 그래서 조주 스님이 말한 '무' 속에는 그 반대되는 유가 이미 포함되어 있는 무다. 비유하자면, 이중 국적의 경우와 같다. 한국인이면서 미국 시민권을 가지고 있는 이중 국적자는 한국인·미국인 어느 한 쪽을 잘라 말할 수 없는 것과 같다. 그래서 노자는 "위에서도 밝음의 일변도가 아니고 아래에서도 어둠의 일변도가 아니다(其上不皦 其下不昧)"라고 말했다.(『노자』 14장)

이와 같이 밝음과 어둠이 뒤섞여 만물이 존재한다는 것, 즉 왕래·생사·유무와 같은 이중성으로 만물의 존재방식을 읽는 것이 노자의 존재론이다. 이러한 존재방식은 이중적인 요소(명암·왕래 등)가 새끼 꼬기를 하듯이 교차하는 얽힘이다. 노자는 이러한 얽힘의 교차성(交叉性: chiasmas)과 교직성(交織性: textuality)을 '승승(繩繩: 노끈의 이어짐)'이라는 상징으로 표현했다. 교차성은 곧 새끼 꼬기를 행하는 것이기도 하다.

만물은 타자와 자기가 동거하는 병작(竝作)의 존재방식을 취한다. 병작은 타자의 참여가 없이는 자기의 존재방식(textuality)이 부정되므로 불교 연기법의 존재방식과 같다고 할 수 있다.

노장의 도는 가변적인 비상도(非常道: 有)와 불변적인 상도(常道: 無)를 동시에 품고 있는 자연의 실상과 다르지 않다. 그래서 도를 '형상이 없는 형상(無狀之狀)' 또는 '한 물건도 없는 형상(無物之象)'이라는 유·무의 이중성이 교차하는 애매모호한 개념으로 설명한다.(『노자』

14장)

노자는 도는 "황홀하다"고 말한다. '황홀'은 유·무 어느 것에도 선택적 택일을 하지 않는 이중성의 의미를 담고 있다. 북송 때의 대학자인 여길보(呂吉甫)는 노자가 말한 황홀을 "없는 것 같으면서도 있고, 있는 것 같으면서도 없는 그런 유·무의 혼용이 바로 도의 자연적 사실성이며 도의 황홀이다"라고 주해했다.

선과 노장의 유무론을 간략히 요약해 본다.

유와 무, 선과 악의 관계는 양립할 수밖에 없는 대립이 아니라 각각의 차이 속에 상대방의 것이 이미 상관적으로 스며들어 있어 그 두 가지를 확연히 구별해서 이원화시킬 수 없다는 것이 선과 노장의 존재론이다. 따라서 노장의 무, 조주의 무 속에는 유가 이미 내포되어 있어 "개에게는 불성이 없다"는 부정은 "개에게도 불성이 있다"는 긍정이 된다. 선에는 이 같은 치밀한 학술적 분석이 없다. 그래서 부득이 노자의 '분석틀'을 빌어 조주의 '무자' 화두를 풀어보는 것이다.

4. 노장의 유무론

노자는 운문체의 시적 표현으로 기술되어 있어 간명직절(簡明直截)하지만 그 뜻을 이해하기 위해서는 상당한 주석과 행간을 깊이 읽어야 한다. 이에 비해 같은 맥락의 사상과 철학이면서도 『장자』는 해설조의 산문 형식이고 우화가 많아 어려운 용어만 숙지하면 이해하기가 다소 수월하다. 먼저 장자의 논리 전개를 읽어보고자 한다.

갑자기 있음과 없음이 생겼다. 누가 있음과 없음을 있게 했으며 누가 없게 했는지 모르겠다.(俄而有無矣 而未知有無之果孰有孰無也)
— 『장자』「제물론」

먼저 이 구절에 대한 감산 대사의 주석을 요약해 본다.

"대도의 본체는 본래가 한 물건도 없기 때문에 있음[有]과 없음[無]이 성립하지 않는다. 그냥 억지로 이름을 붙여 '허무·대도'라고 말한 것이다. 홀연히 유가 생겨났지만 누가 그렇게 했는지는 알 수가 없다. 진재가 있는 듯도 하지만 확실히 알 수 없다. 대도의 본체 가운데서는 유·무가 성립할 수 없는데 누가 여기에 유·무를 만들었는가? 여기에 이르러 돌이켜보면 유·무라는 것도 오히려 없는 것인데 어찌 이에 대한 시비와 논변이 있을 수 있단 말인가!"

장자는 이어서 '현동(玄同)'을 설한다. 우주 최초의 형태에는 유·무라는 것이 있고, 또 그 이전에는 유·무가 있다는 것조차 없고, 더 이전에는 애당초 유·무가 없다는 것조차 없는, 무의 세계라는 것마저도 없는 '초월의 세계'가 있다는 것이다. 이 같은 초월의 세계는 선이 말하는 참으로 깨친 진공(眞空)의 세계이기도 하다.

장자는 "말을 잊고 하나[道]로 돌아가면 크고 작음이 오묘하게 통일되어, 즉 '현동'하여 모든 시비가 없는 것이니 이와 같아야 비로소 진시(眞是), 참된 옳음(天道에 부합한 깨달음)이다"라고 했다.

작기로 말하면 원자·분자에 비해 짐승의 가을털 끝만큼 큰 것도 없고 크기로 말하면 태산도 허공에 비해 돌맹이 하나 정도로 작다. 유형(有形)으로써 유형을 보면 대소와 장수-단명이 일정하여 바뀔 수 없다. 그러나 무형(대도)으로써 유형을 보면 대소와 장단이 모두 한 뿌리이므로 추호(秋毫)가 비록 작으나 그 본체인 태허와 일치하기 때문에 허공만큼 큰 것이다. 태산은 큰 형체를 지녔지만 태허 가운데서는 하나의 돌멩이일 뿐이다. 이것이 장자가 말하는 추호보다 더 큰 것이 없고 태산은 작을 뿐이며 일찍 요절한 어린아이가 800년을 살았다는 팽조보다 장수했다는 역설(逆說)의 논리다. 유·무, 장·단을 구분해 고정시켜 놓고 보는 세속 상식으로는 생뚱맞은 역설(paradox)이지만 깨친 우주 본체에서 보면 아주 옳은 말이다. 원래 paradox는 para(너머)+dox(담론·논리)가 합쳐진 합성어로 담론 저 너머의 담론, 초논리의 논리를 뜻하는 말이다.

장자의 결론은 천지는 나와 뿌리가 같고(天地與我並生) 만물은 나와 한 몸이니(萬物與我爲一) 시와 비, 유와 무가 있을 수 있겠느냐는 것이다. 유와 무는 그 바탕이 다 같이 '절대무', 즉 진공에 뿌리를 두고 있어 하나로 통일된다. 여기서는 유가 무고, 무가 유다. 불교의 색이 공이고, 공이 색인 논리와 똑같다.

장자는 우주의 근원인 진공을 "유라고 할 만한 어떤 것도 없는 곳"인 '무하유지향(無何有之鄕)'이라는 자신의 이상향으로 공간화시켜 시각화했다. 『장자』「소요유」편과 「응제왕」편에 나오는 '무하유지향'은 돈오 남종선의 개산조 6조 혜능 대사가 그의 득법게에서 읊조린 '본래 한 물건도 없다(本來無一物)'는 진공의 경계와 상통한다.

'본래무일물'은 혜능 대사보다 한 세대 앞서는 우두종 개산조 우두법융 선사(594~657)의 〈심명(心銘)〉에 보인다.(『전등록』 권30) 원래 혜능 대사의 득법게는 '불성상청정(佛性常淸浄)'이었는데 후일 본래무일물로 개작됐다는 것이 선학계의 통설이다. 우두법융은 4조 도신 대사의 방계 법맥으로 삼론종 반야학이 크게 성행한 강소성 남경 우두산에서 우두종이라는 선종을 개창, 공무론(空無論)의 선법을 펼친 대종사다.

임계유·홍수평·동군·임효응 등 중국 선학자들이 '본래무일물'의 전거로 우두법융의 〈심명〉 구절을 제시한다. 〈심명〉은 "본래부터 한 법도 없거늘 누가 마음의 닦음이니 조련이니를 말하랴(本無一法 誰論 熏練)"라고 했다. 여기의 '본무일법(本無一法)'이 본래무일물로 전화됐다는 것이다. 법융은 '본래무사(本來無事: 모든 사물과 현상은 본래 없는 것이고 가유일 뿐임)'를 설파하기도 했다.

혜능 대사의 득법게 제3구인 '본래무일물'은 일체의 상대적 분별이 없는 자연 청정한 마음에서는 거울의 먼지나 마음의 번뇌 같은 것을 털어내는 일이 필요치 않다는 것이다. 이는 상대적인 대립 개념, 즉 무와 유 같은 '이상변견(二相邊見)'의 초월을 획득해 본연 심성의 상태로 돌아가는 것이 곧 해탈이라는 얘기다.(졸저 『혜능평전』 pp.188~190)

돈황 발굴 문서 중 제목이 없는 책자인 페리오 수집 p2270호에도 '무일물(無一物)'이라는 구절이 나온다.

"마음과 색을 다 여의는 것이 곧 한 물건도 없는 것이고 큰 깨달음이다.(心色俱離 卽無一物 是大菩提樹)"

해탈의 실현은 대상에 집착하지 않고 늘 본래의 진심을 따라 행동하는 것이라는 설법이다. 이 지점에서 장자의 '무하유지향'과 혜능의 '본래무일물'이 지향하는 바가 상통함을 확인할 수 있다.

『장자』「제물론」은 우주의 시원을 '절대무'로 자리매김하기까지 없음의 없음, 없음 없음의 없음…으로 이어가는 무한 부정을 계속해 참으로 옳음, 천도(天道)에 부합하는 '진시(眞是)'라는 대긍정에 이른다. 선(禪)도 『금강경』의 반야공관에 따른 비유비무(非有非無), 비비유비비무(非非有非非無)… 등으로 이어지는 무한 부정을 통해 진공(眞空), 곧 대긍정에 이른다. 일본의 세계적인 선학자 스즈끼 다이세쓰(鈴木大拙)는 『금강경』의 무한 부정을 통해 대긍정에 이르는 논리를 '즉비(卽非)의 논리'라는 용어로 특징짓기도 했다. 조주의 '무자' 화두와 '산은 산이로다(山只是山)' 같은 선법문도 바로 이런 유·무를 초월한 달관에서 나오는 대긍정이다.

조사선문의 종사(宗師)들은 불법 진리의 본래 자리에는 한 법도 성립할 수 없다는 '절대무'를 노래의 후렴처럼 반복·강조한다. 한 법도 성립하지 않는 곳이 참으로 텅 빈 진공이고 구경각(究竟覺)이다. 진공·진시의 공간에서는 모든 것이 존재하는 그대로 긍정되는 '대긍정'이 이루어진다. 유도 무도 없는 그곳은 만법이 가득 차 있는 '산은 산이고 물은 물인' 대긍정의 세계다. 유와 무가 존재하지 않는 진공 속의 오묘한 유무통일을 통해 이 같은 만유의 대긍정을 도출하는 게 노장의 유무론이다.

불교 공의 해석 제1인자로 손꼽히는 승조 대사의 유명한 「부진공론(不眞空論)」도 장자의 유무론과 상통하는 부분이 많다. 승조 대사는 출가 전 노장을 숙지하고 있다가 『유마경』을 읽고 크게 감동해 불문으로 출가했다. 그러한 배경이 있어 그의 공 해석에는 노장의 무(無)사상이 많은 도움을 주었으리라는 추정을 가능케 한다. 뿐만 아니라 전기 선불교 조사들은 대체로 노장은 물론 『주역』 등과 같은 외전(外典)을 폭넓게 섭렵했던 기록과 흔적들이 많다.

『장자』「제물론」에 우리가 익히 알고 있는 고사성어이기도 한 '조삼모사(朝三暮四)'도 시와 비를 하나로 통일시켜 원숭이들의 시비지심(是非之心)을 안정시키는 우화가 나온다.

> 원숭이를 기르는 사람이 도토리를 주면서 말했다. "아침에 3개를 주고 저녁에 4개를 주겠다." 원숭이들이 모두 화를 냈다.
>
> 원숭이 기르는 사람이 말했다. "그러면 아침에 4개를 주고 저녁에 3개를 주겠다." 원숭이들이 크게 기뻐했다. 원숭이들은 명분도 실질도 그대로인데 기쁨과 화냄이라는 상반된 감정을 나타냈다. 이는 역시 자기가 옳다고 여기는 판단[因是] 때문이다. 그래서 성인은 옳고 그른 판단을 조화시켜 천연한 균형[天鈞]에서 쉰다. 이를 양행(兩行)이라 일컫는다.

'조삼모사'는 만물은 원래 하나이고 동일하다는 것, 다시 말해 유와 무, 시와 비는 본래 같은 것이고 상대적인 독립 존재가 아니라는 것이다. 만물제동(萬物齊同)의 도안(道眼)으로 보면 작은 풀과 큰 나무, 서시[美]와 못생긴 여자[醜], 장수와 단명이 다 같이 동등하다. 사람들에게는 천하의 미인 서시지만 새나 사슴은 서시가 나타나면 보아서는 안 될 추녀라도 본 듯이 놀라 달아나 깊숙이 숨어버린다. 서시가 미인이라는 인식 판단은 인간 세계에서만 통용되는 표준이지 사슴, 물고기 등이 인간과 대등한 존재로 함께 살고 있는 우주 본체에서도 다 같이 통용되는 표준이 아니다.

노장으로 읽는
선어록 (상)

프랑스 소설가 에밀 졸라(1840~1902)는 "아름다움은 추한 것이다"라고 했다. 장자의 "도는 하나로 통한다(道通爲一)"는 미추관(美醜觀)이나 선학의 대대법에서 보면 수긍되는 역설이다.

원숭이들은 시와 비가 결국 동일한 것임을 모르는 시비지심(是非之心)의 어리석음을 상징한다. 3+4나 4+3이나 세 개, 네 개라는 명칭도 같고 하루 7이라는 수량(실질)도 같다. 다시 말해 아침 3개, 저녁 4개나 아침 4개 저녁 3개나 하루 7개라는 수량에는 전혀 차이가 없으니 어느 것이 시고 어느 것이 비일 수도 없고 명분과 실질도 똑같다. 다만 숫자 배열의 앞뒤가 바뀐 것뿐이다. 그러나 원숭이들은 자기들의 편견, 즉 3+4와 4+3을 구분한 어리석은 분별심 때문에 기뻐하고 화내는 상반된 감정을 표출했다. 이는 명분과 실질에서 똑같은 것을 가지고 저것을 택하고 이것을 버린 것이다.

이러나저러나 똑같은 시[有]와 비[無], 유 또는 무에서 한쪽만을 택해 그것만이 옳다는 편견에 결박당하는 것은 원숭이들이 전혀 차이가 없는 3+4와 4+3에서 후자에 기뻐하고 전자에 분노한 어리석음과 다를 바 없다.

장자는 이러한 어리석음[無明]을 탈출하는 방법으로 '천균(天鈞)'을 제시했다. 천균은 곧 천연한 균등함인데 유·무의 분별이 끊어진 곳이다. 그래서 장자는 성인은 시비 판단을 천연에 비추어 보고 시비의 분별을 초월한 "천균에서 쉰다"고 했다. 장자는 또 시비를 하나로 통합해 옳다[有] 해도 맞고 그르다[無] 해도 맞는 두 개의 길을 동시에 걸어 나가는(둘을 동시에 이중적으로 포용하는) 성인의 포용적 태도를 '양행(兩行)'이라 했다.

사족 하나를 붙이면 『장자』의 '조삼모사'가 기만·변덕스러움 등의 비유로 사용되는 것은 원래의 뜻을 벗어난 후세의 임의적 해석이다.

개에게 불성이 '있다' 해도 맞고 '없다' 해도 맞는 조주의 '무자' 화두는 장자가 말한 도를 깨달은 성인의 '양행'과도 상통한다. 유와 무, 시와 비가 결국은 같은 하나일 뿐이고 그 하나의 바탕인 '절대무'에 뿌리를 두고 있다는 사실을 알고 나면 유와 무 어느 쪽으로 가도 된다. 어떤 물건도 존재하지 않았던 '무극(無極)'의 경계에서 보면 멀리 고요하고 막막한 가운데의 도는 그 스스로 온전한 것이었다. 즉 진공 속의 '절대무'는 자연 그대로일 뿐이었다는 얘기다. 여기에는 유·무라는 분별도, 시·비라는 논변도 존재하지 않았다. 그렇기 때문에 도라는 진리의 세계에서는 유라 해도 되고 무라 해도 틀리지 않는다.

이 도리를 선불교의 문법으로 번안하면 부처의 나라는 진공의 세계로 원래 유와 무라는 것이 없다. 법안(法眼)으로 보면 불성이라는 도(道) 하나가 있을 뿐이다. 부처의 세계는 하나가 많은 것이고 많은 것이 하나인 변증법적 신축성과 회호성(回互性)에 충만해 있기 때문에 모든 것이 하나에 융섭된다. 바로 '만법귀일(萬法歸一)'이 그 세계의 진리다.

지구에 사는 사람들이 자를 만들어 30cm는 50cm보다 짧다고 하지만 만약 화성에도 또 한 부류의 인간이 존재하면서 그들은 30cm는 길고 50cm는 짧다고 한다면 어느 쪽이 옳은 것인가? 누군가가 장단의 표준을 만든 것도 같지만 확실히 알 수가 없다. 또

지구의 인간들은 다리는 고정되어 있고 물이 흐른다고 하지만 화성인들은 물이 고정되어 있고 다리가 흐른다고 본다면 어느 쪽이 옳다 하겠는가? 그저 하늘이 그러할 뿐인 것처럼 모두를 있는 그대로만 보아야 한다. 시비·유무의 판단을 내릴 근거나 표준은 각기 다르기 때문에 자연 그대로에 맡길 수밖에 없다.

이것이 이른바 만유의 대긍정이고 산은 산일 뿐이며 물은 물일 뿐인 깨달은 사람의 최고 인식이다. 진리의 세계로 깨달아 돌아가면 유/무·대/소·장/단과 같은 일체의 분별은 성립할 수도 존재할 수도 없다. 물은 흐르고 꽃은 피고 지고 있을 뿐이다. 있는 그대로의 자연을 따르면 된다. 번뇌의 근원인 마음의 동요가 일으킨 분별심은 법안으로 세계를 바라보면 있을 수 없는 것임을 인식하게 된다. 그러면 세상살이가 편안하고 한가롭기만 한 열반이고 극락이다.

이제 노자의 유무론을 보자.

1. 무는 천지의 시초라 일컫는다. 유는 만물의 어머니라 부른다…. 유와 무는 같은 뿌리에서 나왔으나 이름이 다를 뿐이다. 유와 무가 같이 있음을 현묘하다고 한다.

(無, 名天地之始 有, 名萬物之母… 此二者 同出而異名 同謂之玄)

— 『노자』 1장

2. 유와 무는 서로 의지해 살고 있다.(有無相生)

— 『노자』 2장

3. 천하 만물은 유에서 나오고 유는 무에서 산다.

(天下萬物生於有 有生於無)

－『노자』40장

4. 도는 하나를 낳고, 하나는 둘을 살리며, 둘은 셋을 기르고, 셋은 만물을 이룬다. 만물은 음을 진 채 양을 품고 있는데 두 기가 서로 만나 조화를 이룬다.

(道生一 一生二 二生三 三生萬物 萬物負陰而抱陽 冲氣以爲和)

－『노자』42장

유와 무는 서로 상대편의 존재 근거다. － 노자식 존재론
무는 무고 유는 유다. 각자의 독립적인 본질이 있다. － 데카르트식
존재론

'노자식'은 동양의 일원론적인 유·무 통합의 존재론이고, '데카르트식'은 서구의 이분법적인 분별의 존재론이다. 노자식은 하나가 둘이 되고 둘이 하나가 되는 호환(互換)의 융통성을 가지지만 데카르트식은 정신과 물질이 평행선으로 달리는 영원한 차이를 가지고 계속되는 차별성을 유지한다. 김형효는 노자식의 호환적인 차이를 데리다, 라캉 등이 기호학에서 사용하는 용어를 빌려 '차연(差延: difference)'이라고 표현했다. 또 유와 무가 각각 자기의 존재성을 이탈해 유가 무도 되고 무가 유도 되어 초월적으로 존재하는 것을 하이데거는 '탈근거(脫根據: abgrund)'라고도 했다.

『노자』1장의 유·무 설법을 살펴보자.

노자의 사상과 철학은 바로 1장에 총체적으로 함축되어 있고 나머지 5천여 자는 이에 대한 부연 설명이라고도 한다. 또『장자』는 『노자』를 산문체로 풀어쓴 해설이라고도 한다.

감산 대사는『노자』의 "무, 명천지지시…" 구절을 다음과 같이 주석했다.

형상이 없고 명칭이 끊어진 도는 근본적으로 지극히 텅 비어 있다. 천지가 모두 이 도로부터 변화되어 나왔으므로 그 자리를 '천지의 시작'이라 했다. 따라서 형상도 이름도 없는 도가 형태와 명칭이 있는 천지를 이루게 했고 만물은 천지 음양의 조화에 따라 생성되었다. 이것이 이른바 "하나는 둘을 낳고 둘은 셋을 낳고 셋은 만물을 낳는다(『노자』42장)"는 것이다. 그래서 이름이 있는 자리는 만물의 어머니라고 한 것이다.

-〈무를 볼 때는 아무 것도 없는 그 근본과 함께 만물을 생성하는 오묘함도 함께 관조하고 유를 볼 때는 동시에 삼라만상에 오묘한 도가 온전히 갖추어져 있음을 함께 본다.〉- 이것은 앞의 인용에 생략된 원문의 주석이다.

이는 곧 유와 무를 하나로 보는 것이다. 따라서 이 둘은 동일한 근원에서 나왔다고 말한 것이다. 노자는 유와 무가 동일한 근원에서 나왔는데 왜 두 가지 명칭이 성립되었는가를 사람들이 의아해 할까봐 "나와서 호칭이 달라진 것 뿐"이라고 이를 풀이해서 말했다.

이는 다음과 같이 이해할 수 있다. 텅 비어 있는 도가 천지 만물을 생성했는데 유가 유를 낳을 수가 없고 반드시 무에 의지함으로써 유가 생기게 되었으며 무는 유에 의지해 무가 드러난 것이다. 이와 같이 바로 유와 무가 서로 이루어진 것이므로 유·무라는 두 개의 호칭을 붙여준 것이다. 따라서 "나와서 호칭이 달라진 것"이라고 말한 것이다.

또한 노자는 여기서 유·무가 상대적으로 대립해 하나를 이루지 못했는데 어찌 오묘한 도라고 일컫는가라고 의심할 것을 예상했다. 그래서 "유·무가 함께 있음을 현묘하다고 일컫는다"고 했다.

─〈유·무의 동거를 보기는 했으나 그것이 현묘하다는 분별심과 현묘함의 자취를 던져버리지 않으면 현묘하기는 하나 참으로 현묘하지는 못한 것이다. 도라는 근원 속에서 유·무라는 명칭이 끊어졌을 뿐만 아니라 현묘한 자취도 흔적도 없다. 이를 "현묘하고 더욱 현묘하다(玄之又玄)"고 했고 이 지점이 '온갖 묘용이 흘러나오는 곳(衆妙之門)'이라고 했다〉─ 이 부분도 앞의 인용에 생략된 원문의 주석이다.

여기서 부연하고 넘어갈 것이 있다. "동위지현(同謂之玄)"의 '동'을 ①무와 유의 공존 ②무와 유 ③시(始)와 모(母) 등 세 가지로 각각 다른 해석을 하는데 ①은 감산 대사 ②는 왕필의 주석이고 ③은 일반 상식 수준의 해석이다.

또 하나는 유명·무명을 붙여 읽는 독법과 떼어서 읽는 독법이 있

다. 붙여 읽으면 명(名)이 '이름'이라는 명사가 되고 떼어서 읽으면 '일
컫다'라는 동사가 된다. 옛날에는 붙여 읽었으나 근래에는 떼어서
읽는 게 대세다.

"현묘하다는 자취(마음)도 버려야 참으로 현묘하다"는 설법은 선
사들이 공(空)에 떨어지지 말고(不落空) 깨달음에 안주하는 것조차(깨
달았다는 의식조차) 버려야 진정한 깨달음이라고 강조하는 부주열반(不
住涅槃)과 같은 문법이다. '현지우현(玄之又玄)'은 지극한 도의 다른 표
현이다.

감산 대사의 주석을 요약해 보자.

노자는 우주의 근원을 상대적인 유·무가 아닌 유와 무를 함께
포함하고 있는 도의 다른 이름인 '절대무'로 보았다. 노장에서 도는
흔히 '하나(一)' 또는 '자연'이라는 다른 이름으로 불리기도 한다.

'절대무', 즉 도는 천지의 시원이고 만법을 생산해 기르면서도 소
유권이나 그 공덕을 한사코 거부하는 무심한 달관의 존재이고 일
체의 간섭도 하지 않는 자연의 섭리, 곧 천연(天然)에 맡기는 무위의
덕을 행할 뿐이다. 이 '절대무' 속에 동거하는 유와 무의 공존은 현
묘할 따름인데 이러한 현묘한 세계의 만물은 그 뿌리가 같고 하나
일 뿐이다. 즉 유와 무는 자신의 존재 근거가 자신 안에 있지 않고
상대편과의 관계 속에 있다는 것이다.

모든 사물은 이런 원리를 따라 자신의 반대편을 향해 부단히 변
화한다. 이처럼 반대편으로 향해 나가는 도의 운동법칙을 노자
는 "반대편으로 향하는 것이 도의 운동법칙(反者 道之動)"이라고 했
다.(『노자』 40장)

절대무의 세계에서는 무 속에 유가 들어 있고 유 속에 무가 들어 있다. 즉 유와 무는 서로 다른 것이 아니라 같은 '하나'라는 것이다. 유와 무가 이처럼 하나로 통일된 것을 현묘하고도 현묘하다 했다.

장자는 상대적 대립을 떠나 있는 경지를 '하늘[天]'·'크나큰 긍정[大 是]'이라 이름했다. 조주의 '무자' 화두도 바로 이 같은 대긍정이다.

『장자』「덕충부」의 맨 끝에 다음과 같은 장자와 혜자의 논변이 나 온다.

혜자: 사람에게는 본래 감정이 없는 것일까?

장자: 그렇다.(없다.)

혜자: 사람에게 감정이 없다면 목석이지 어찌 사람이라 하겠는 가?

장자: 자연의 도가 얼굴 모습을 주었고 하늘의 기운을 받아 몸 의 형체를 이루었으니 어찌 사람이 아닌가.

혜자: 이미 사람이라고 말했으면 어찌 사람으로서의 감정이 없 을 수 있으랴.(혜자는 도의 이치를 모르고 일반인의 견해에 머물러 있다.)

장자: 그것은 내가 말하는 감정이 아니다. 내가 말하는 '정욕이 없다 함'은 주관적인 호오(好惡)의 감정 때문에 안으로 몸 을 상하지 않고 자연의 이치에 의지하면서 외형의 삶을 더하지 않음을 말한다.(나는 인륜의 감정이 없다는 게 아니라 탐 욕의 감정을 끊으라고 한 것이다.)

혜자: 삶을 연장시키려고 노력하지 않는다면 어떻게 그 몸을 보

존할 수 있겠는가?(아직도 일반 사람들의 식견일 뿐이다.)

장자: 도가 그에게 모습을 주고 하늘이 형체를 부여했으면 호
오의 감정 때문에 참된 자기 자신[眞我]을 해쳐서는 안 된
다는 것이네.

이 논변에서 장자가 말하고 있는 요지는 도가 무형의 본질에서
차별적인 유형의 세계로 나갔다는 것이다. 그러므로 사람이 지닌
육신은 무형의 도가 유형의 육신으로 변화한 것이다. 이처럼 무형
과 유형이 둘이 아님을 아는 자가 바로 깨친 자이고 해탈자라는 논
리다. 다시 한번 정리하면 유와 무는 도[佛性]가 가지고 있는 동전의
앞뒷면과 같은 '하나'라는 얘기다.

장자가 이 논변에서 말한 "사람에게는 정이 없다"의 '무'는 유를
이미 내함하고 있는 도의 본체로서 상대적인 유·무를 초월한 '절대
적인 무'다. 조주 스님의 '무자' 화두도 도를 상징하는 유·무 초월의
절대무다. 문답의 형식도 사람과 개가 다를 뿐 내용은 "개에겐 불
성이 없다"나 "사람에게는 감정이 없다"나 다 같이 도의 본체인 '무'
로서의 '없음'을 말하고 있다. 이런 무는 오히려 있음을 더 강조하는
'절대긍정'이다.

장자와 조주가 말하는 무에는 자연과 인간, 인간과 동물을 분별
하지 말라는, 분별심을 버리라는 깊은 뜻이 담겨 있다. 자연의 정과
사람의 정을 분별해 놓고 사람의 정이라는 것을 따로 만들어 효도
니 불효니 하며 저마다 속을 태우는 고뇌는 사람의 자기중심적 편
견 탓이지 자연의 탓이 아님을 생각해보라는 것이다. 자연의 동식

물에도 자식을 기르고 부모에 효도하는 정이 있으니 그대로 따르면 된다. 유와 무의 분별도 도의 본체에서 보면 공연한 망상이고 쓸데없이 분란을 일으키는 일이다.

자연의 정이란 모든 것을 사랑하고 아껴주는 것이다. 나의 정은 이런 것이고 너의 정은 저런 것이라면서 다툴 때 무엇으로 그 시비를 가릴 것인가? 이러한 시비로 인간 사회는 메말라 가고 서로를 경계, 질시하며 미워한다. 바로 사람의 정이란 이런 것이다. 자연화된 인간의 정이라면 세상살이에서 감정적 갈등은 자연스럽게 없어진다. 불교의 자비, 기독교의 사랑도 바로 이런 '자연의 정'이라고 볼 수 있다.

조주 스님의 '무'는 범부들이 말하는 유에 반대되는 상대적인 무가 아니라 노자와 장자가 말하는 유·무를 하나로 통일한 우주 근원의 도를 가리키는 '절대무'다. 조주의 '무자' 화두가 지향하는 극점은 이 같은 절대무를 돈오해 생과 사가 하나라는 생사일여(生死一如)의 경계를 체득, 인간의 절박한 일대사인 죽음의 고통을 초월하는 것이다. 조주의 '무자' 화두는 이 같은 중차대한 일대사를 해결하는 엄청난 의미를 담고 있는 화두다. 생사일여를 체득·해탈하는 방법은 선불교의 요체인 '오묘한 깨달음[妙悟]'을 통해서 가능하다는 것이 돈오 남종선의 선지다.

장자는 "삶과 죽음이 하나로 꿰어 있다는 이치는 반드시 돈오해야만 스스로 알 수 있는 것이지 말로는 미칠 수 없는 것"이라고 했다.

『장자』「대종사」편에 삶과 죽음이 하나라는 도리를 깨달은 맹손재(孟孫才)가 모친상을 치르는 이야기가 있다. 맹손재는 곡을 해도 눈

물이 없었고 초상을 치르는 데 슬퍼하지도 않았다. 공자의 수제자인 안회가 문상을 하고 돌아와 스승에게 맹손재의 상례를 비판하자 장자는 공자의 입을 빌어 "맹손재는 이미 상례에서 할 도리를 다했느니라. 그는 상례를 잘 아는 사람보다 더 앞선 자이다"라고 일깨워 주었다. 공자는 이어서 "그는 이미 생사가 하나임을 알았기 때문에 둘로 구분하지 않았다. 그는 자연의 변화에 따라 무엇이 되든 알수 없는 그 변화를 따를 뿐이다"라고 했다.

장자는 다음과 같은 자신의 설법으로 끝을 맺는다.

> 자기 마음에 드는 환경을 만들어 잠시 흐뭇해하는 것은 저절로 우러나오는 웃음에 미치지 못하고, 내심에서 우러나온 웃음도 하늘의 안배, 즉 '자연의 조화[生死]'를 따르는 것만 못하다.
>
> (造適不及笑 獻笑不及排)

맹손재는 삶과 죽음, 유와 무가 하나이며 만물 또한 하나라는 진리를 깨달은 자답게 하늘의 예(禮)를 따라 모친상을 슬퍼하지 않는 태도로 치렀다. 묘오를 통해 죽음과 삶의 이치를 깨달으면 모친의 장례도 슬퍼하지 않는 하늘의 예, 다시 말해 '생사일여'의 입장에서 통곡하는 슬픔이 없는 의식으로 치를 수 있다는 얘기다. 어떠한 주관적 행복도 천지자연과 하나 된 기쁨에는 미칠 수 없다.

감산 대사는 이 구절을 "만약 해학을 통해 웃음(기쁨)을 유발한다해도 생사가 하나로 꿰어 있다는 사실을 단박에 깨닫는 돈오에는 미치지 못한다. 생사일여의 이치는 돈오해야만 알 수 있는 것이지 언어 문자의 설명으로 도달할 수 있는 바가 아니다"라고 주석했다.

갑자기 기쁜 일을 당하면 자기도 모르는 사이에 웃음이 터져 나온다. 그 웃음은 천기(天機)가 움직인 것이지 사람이 인위적으로 만든 것이라고 할 수 없다. 이처럼 스스로의 기쁨과 웃음마저도 자기 마음대로 주재할 수 없다. 이로 미루어 세상만사는 자기 스스로가 조작할 수 있는 것이 아니라 저 아득한 하늘이 안배하는 것이다. 때문에 하늘이 조화(造化)하는 변화에 따라 생사가 하나인 이치를 돈오해야만 순일한 천도(天道)의 경지에 들어갈 수 있는 것이다.

감산은 또 이 장의 전체 해설에서 "삶과 죽음이 없는 진공·무무(無無)를 이해해야 지극한 도에 이르는 것인데 그 핵심은 돈오에 있다는 것을 말했다"고 했다.

장자가 맹손재의 상례 설법에서 강조하는 핵심은 생사일여와 돈오다. 여기서 생과 사를 유와 무로 대치하면 조주의 '무자' 화두는 바로 '유무일여'가 된다.

조주의 '무자' 화두는 우주 존재론으로부터 생사 초월의 열반 불성론에 이르는 광범한 스펙트럼의 종교 철학이며 선불교의 핵심 선지를 '무'라는 단 한 글자에 담고 있는 중요한 화두다. 이 화두를 투과하는 데는 노장의 유무론과 우주관은 물론 『주역』·『열자』 등의 외전(外典)을 널리 섭렵할 필요가 있다.

『장자』에는 시간을 초월, 인간 일대사인 죽음의 문제를 생사일여관으로 극복하는 이야기가 많이 나온다. 결국 '무자' 화두가 가고자 하는 길도 궁극적으로는 생사 초월의 달관이다.

장자의 생사에 대한 달관의 법문을 몇 개만 들어보자.

1. 장자가 아내 상을 당했다는 이야기를 듣고 혜자가 문상을 갔다. 그때 장자는 두 다리를 뻗고 앉아 물동이를 두드리며 노래를 부르고 있었다.

혜자가 말했다. "자네는 아내와 살면서 아이들을 기르고 함께 늙지 않았나. 이제 아내가 죽었는데 곡조차 하지 않는 것도 무정한 일이거늘 질그릇을 두드리며 노래하다니 너무 심하지 않은가?"

장자가 대답했다. "그렇지 않다네. 아내가 죽었는데 어찌 나라고 슬픔이 없겠는가. 그러나 그 삶의 시작을 곰곰이 생각해 보았네. 본래 삶이란 없었던 것이네. 본래 형체도, 기(氣)도 없었지. 그저 흐릿하고 어둠 속에 섞여 있다가 기가 되고 기가 변하여 형체가 되고 형체가 변하여 삶을 갖추게 된 거지. 이제 다시 변해 죽음이 된 것일세. 마치 봄 여름 가을 겨울 4계절의 흐름이 되풀이하여 운행함과 같은 거지. 아내는 지금 천지라는 커다란 방에 누워 있네. 내가 시끄럽게 소리를 내서 울고불고 한다면 하늘의 명을 모르는 일이네. 그래서 울기를 그만둔 것일세."

– 『장자』 「지락」

"마누라 죽으면 화장실 가서 웃으며 새장가 갈 생각한다"는 속담과는 차원이 다른 이야기다. 장자의 상배(喪配)는 죽음을 초월한 깨친 자의 사생관을 보여준다. 평범한 사람들도 곧장 죽음을 "흙에서 왔다 흙으로 돌아간다" 하고 "무에서 왔다 무로 돌아간다"고는 한다. 그러나 현실에서는 그 같은 죽음의 천리(天理)를 지켜내지 못하고 울고불고 통곡한다.

2. 자사·자여·자래·자려 네 사람이 모여서 이야기를 했다.
"누가 무(無)를 머리로 삼고 삶을 등뼈로 하고 죽음을 꽁무니로
여길 수 있겠는가? 누가 죽음과 삶, 유와 무가 하나임을 알 수
있을까?"
네 사람이 서로 쳐다보며 빙그레 웃고 뜻이 맞아 마침내 친구
가 됐다. 얼마 후 자여가 병이 나 자사가 문병을 갔다.
자여가 말했다.
"저 조물자는 대단하단 말야. 내 몸을 이렇게 오그라들게 하다
니!" 그의 몸은 굽은 곱사등이 불쑥 튀어나오고, 오장은 위로
올라갔고, 턱이 배꼽으로 숨었고, 어깨는 이마보다 높고, 목 뒤
에 튀어나온 뼈는 하늘을 가리키고 있었다.
자사가 물었다.
"자네는 자네의 모습이 싫은 거지?"
자여가 말했다.
"잊었거늘 내 어찌 싫어하겠는가? 조물자가 내 왼쪽 팔을 변화
시켜 닭을 만들면 '꼬끼오' 하고 새벽을 알릴 것이고 내 오른
쪽 팔을 탄환으로 만들면 나는 그것으로 올빼미를 잡아 구워
먹겠네. 그뿐만 아니라 조물자가 내 꽁무니로 수레바퀴를 만들
고 내 정신이 말로 변화되면 나는 그것을 타고 달릴 것이네. 태
어날 때에 편안히 머물고 떠날 때 자연의 순리를 따르면 슬픔이
나 기쁨이 끼어들 틈이 없다네. 이것이 거꾸로 매달린 속박으로

부터 해방된 '현해(懸解)'가 아니겠는가? 스스로 속박에서 풀려나지 못함은 물욕에 얽매여 있기 때문이네."

– 『장자』 「대종사」

생을 편안히 맞고 죽음을 순순히 따르겠다는 생사 초월의 달관이 섬광처럼 번뜩이는 법문이다. 영생은 없다. 태어날 때를 맞아서는 태어나고 죽을 때가 되면 죽는 것이 유일한 생사 초월의 길이다. 생자필멸(生者必滅)의 법칙을 벗어날 길은 사실상 없다.

3. 이번에는 자래가 병이 들었다. 자려가 병문안을 갔다. 자래는 숨을 헐떡이며 금방 죽을 것 같았다. 자래의 아내와 자식들이 울고 있었다.

자려가 말했다.

"쉿! 저리들 가시오. 이 엄숙한 변화를 방해하지 마시오."

자려가 문에 기대서 자래에게 말했다.

"위대하구나, 조물자는 또 자네를 무엇으로 만들고 어디로 데려가는 것일까? 자네를 쥐의 간으로 만들 것인가, 벌레의 팔뚝으로 만들 것인가?"

자래가 죽어가는 목소리로 말했다.

"저 대자연은 나에게 육체를 주어 이 세상에 살게 했고 삶을 주어 일하면서 살게 했고 늙음을 주어 한가롭게 했고 죽음을 주어 쉬게 해 주네. 그러니 내 삶을 좋아했으면 죽음도 좋아해야 할 것이네. 태어나면 태어나서 좋고 죽으면 또한 죽어서 좋을 뿐이지. 이제 하나인 도가 천지로써 커다란 용광로를 만들어 조화의 능력을 가진 대장장이를 두었으니 그 대장장이의 솜씨에 따라 어떻게 변화하든 우리가 관여할 것이 아니지.

- 『장자』 「대종사」

4. 자상호·맹자반·자금장 세 사람이 친구가 되었다. 아무 일 없이 지내다가 자상호가 죽었다. 공자가 자공을 시켜 상가의 일을 돕게 했다. 자공이 가보니 맹자반과 자금장 두 사람이 하나는 거문고를 타고 하나는 노래를 부르고 있었다.

"자상호여, 자상호여! 그대는 이미 본래의 참 세상으로 돌아갔는데 우리는 아직 사람으로 남아 있구나."

자공이 그들에게 다가가 물었다.

"친구의 시신을 앞에 두고 노래를 부르는 것이 예법에 맞는가?"

두 사람은 서로 보면서 말했다.

"이 사람이 어찌 예의 본뜻을 알겠는가?"

- 『장자』 「대종사」

유가의 예법을 인간의 천연성을 옭매는 구속이라고 조롱하고 비판하는 노장의 일침이다. 맹자반과 자금장이 탈속한 도의 세계에서 생사를 초월해 한없이 자유롭게 노닐면서 유한의 삶을 잊고 무한의 세상에 자신들을 맡긴 달관의 정신세계를 그림처럼 보여준다.

장자는 진인의 생사관을 다음과 같이 정리하고 있다.

삶을 받아서는 그대로 기뻐하고 죽음이 오면 다 잊은 채 대자
연으로 되돌아간다.(受而喜之 忘而復之)

— 『장자』「대종사」

장자는 "삶을 좋아했으면 죽음도 기꺼이 좋아해야 하는 이치를
따르라"는 한마디로 생사 초월의 달관을 설한다. 조주 스님의 '무자'
화두는 축자적으로 보면 유·무의 초월이지만 글자를 바꾸어 유와
무를 생(生)과 사(死)로 하면 생사 문제의 해탈이 된다. 언외지의(言外
之意)·상외지상(象外之象)이 아니더라도 화두가 뜻하는 유·무 초월의
우주 존재론을 그대로 받아들여 조금만 해석의 폭을 넓히면 생사
문제로 연결된다. 『장자』의 중복되는 죽음 관련 설법을 소개한 이유
가 바로 이것이다.

유와 무는 서로 의지해 산다.(有無相生)

— 『노자』 2장

유와 무는 서로의 존재 근거가 되면서 서로 의지해 산다. 노자가
단 네 글자로 요약한 우주 존재론이다. 우주 생성의 근원과 자연의
순환 질서를 완전히 깨달은 자인 해탈자·부처·대종사·진인·지인(至
人)·성인은 유와 무를 하나로 보기 때문에 유라 해도 괜찮고 무라
해도 된다. 본래면목(우주의 근본)에서 보면 유·무라는 상대적인 분별
이 결코 있을 수 없다. 이 둘은 범부의 아집이 빚어낸 물아(物我)의
구분과 같은 소지(小知)의 인식일 뿐이다.

『장자』「제물론」은 "무라는 것이 있는 것도 아직 시작하지 않음이 있었다(有未始 有無也)"고 했다. 이는 유·무가 본래 없다는 것마저도 없는, 일체의 명칭과 말이 아득히 단절되어야만 '대도(大道)'와 현묘하게 일체가 될 수 있다는 얘기다. 대도의 세계는 진공이고 무무(無無)일 뿐 어떠한 명칭도 차별적인 모습도 없다.

『노자』 2장의 유무상생(有無相生)을 '있음과 없음은 서로를 낳아준다'고도 해석한다. 어떻게 해석하든 그 의미는 유와 무는 서로의 존재 근거가 된다는 얘기다. 다시 말해 유가 없으면 무도 없고 무가 없으면 유도 없는 상호 의존 관계라는 것이다. 이를 좀 더 의역하면 '서로 상반되는 것도 같은 점이 있다'는 의미이기도 하다. 도의 세계에서는 유·무처럼 대립되는 양면들을 동시에 다 평등하게 포용함으로써 반대편을 버리지 않고 오히려 반대편에 중점을 둔다. 만물은 상대적인 양면이 서로 섞여 있는 혼성체(混成體)로 존재한다. 도는 유와 무의 혼성이고 교직이다. 무가 허무가 아니고 유가 실체가 아니기에 무는 '유의 무'이고 유는 '무의 유'라는 교차적인 옷감 짜기를 할 수 있다.

성현영은 '유무상생'을 다음과 같이 해석했다.

유와 무 두 개념은 각각 서로의 존재 이유가 된다. 이치나 본성에서 보면 유·무는 그 자체가 공이다. 유와 무가 서로의 존재 근거가 되고 있음을 알기만 하면 모든 존재의 실체가 없음을 충분히 이해할 수 있다.

성현영의 해석은 불교의 제법성공(諸法性空)과 제법무아(諸法無我)의 다른 표현으로 볼 수 있다. 그가 말한 이치란 바로 이를 말한 것이다. 유·무가 상대적인 의미에서의 공이 아니라 그 자체가 공이라는 얘기다. 무의 존재 근거인 유 자체가 공이라면 무 또한 당연히 공이다. 따라서 불교의 모든 존재의 본성은 공이고 모든 존재에는 자체적이고 독립적인 존재 근거가 없다는 불교의 설법과 똑같은 문법이다. 유·무 자체가 바로 공이라는 이치만 알면 만법은 그 실체가 없다는 제법무실(諸法無實)의 대원칙을 충분히 이해할 수 있다.

감산 대사는 '유무상생'을 시각적으로 보다 실감나게 주석했다.

> 세상 사람들은 도를 모르는 까닭에 아름다움과 추함, 유와 무가 같은 것임을 모르고 자신이 아름답다고 하는 것이 다른 사람에게는 추하게도 보인다는 사실을 모른다. 예컨대 전국시대 미인 서시는 찡그리는 모습조차도 아름답다고 하자 못생긴 동시(東施)가 서시의 찡그린 모습을 흉내 내니 동시의 못생김이 더욱 심해졌다. 바로 이것이 아름다운 줄로 알지만 그 반대인 추함을 뜻한다.
>
> 사람들의 헛된 욕심 때문에 미와 추, 선과 악, 유와 무 같은 상대적인 분별이 생겨났다. 유·무의 경우 서로를 낳아주고 길고 짧음은 서로를 드러내 준다. 사람들은 자[尺]를 길다 하고 치[寸]를 짧다고 한다. 그러나 치를 쌓아가 자보다 길어지면 '치를 길다'고 한다. 이 모두가 상대적인 인위의 흔적일 뿐이다. 무릇 이름을 붙여 일컫는 것들은 모두 언젠가는 변한다. 이는 "이름을

이름이라고 하면 영원한 이름이 아님(名可名 非常名: 『노자』 1장)을 뜻한다.

감산의 주석도 유와 무 그 자체가 영원불변의 이름이 아니고 일시적인 이름일 뿐, 즉 공이라는 얘기다. 유와 무는 선과 노장의 존재 근원에서 보면 공이지만 그 공의 작용으로 나타나는 현상에서는 각각 서로의 존재 근거가 되면서 실존한다. 그래서 유와 무는 대등한 등식의 관계이면서 도의 본체와 작용을 나타낸다. 본체계에서는 유가 무이고 무가 유이지만 현상계에서는 각각의 이름으로 분별된다. 이것이 산은 산이고 물은 물인 이치이기도 하다. 유와 무는 하나이면서 둘이고 둘이면서 하나인 하나도 아니고 둘도 아닌 불일불이(不一不二)의 관계다.

> 불이는 모두 같은 것으로 포용하지 못함이 없다. 유는 바로 무이다. 무는 바로 유이다… 일은 바로 일체이고 일체는 바로 일이다.(不二皆同 無不包容 有即是無 無即是有… 一即一切 一切即一)
>
> — 『전등록』 권30

돈오 남종선 제3대 조사인 승찬 대사의 『신심명』에 나온다. 유와 무는 같은 것일 뿐이고 하나가 많은 것이고 많은 것이 곧 하나라는 얘기다. 노장이 거듭 강조하는 유·무 통일론과 똑같다.

노장에서 도를 상징하는 '하나[一]'를 가장 잘 설명하고 있는 대목은 『장자』 「천지」편이다.

노장으로 읽는
선어록 (상)

태초에는 이름 없는 텅 빈 무(無)만 있었다. 이 무는 형체가 없는 하나였다. 이 무는 만물이 존재할 수 있는 기운을 얻는 생명[德]이다. 생명으로부터 형체 없고 나누어지지 않은 것[혼돈·命]이 나왔다. 이 형체 없는 것의 작용으로 만물이 생기고 각 사물은 스스로의 내적 원리를 따른다. 이것이 형체[有]다. 그 형체가 정신을 껴안고 품는다. 형체[有]와 정신[無]은 더불어 하나로서 일하며 서로의 성질을 섞어서 드러낸다. 이것이 자연이다.

기독교의 『구약성서』「창세기」에 해당하는 노장의 우주 창조론이다. 자연은 무언이고 침묵이며 "말 없는 가르침(不言之敎: 『노자』 2장)"을 행할 뿐이다. 선사들이 상당법어나 선문답 도중 잠시 동안 무언의 상태로 있는 '양구(良久)'는 이 같은 자연을 따르는 침묵이다. 자연을 따름은 새들이 지저귀다가 부리를 닫아 '시작하지도 않는 것(무·자연·침묵)'으로 들어가는 것이다.

무는 시작과 출발이라는 '동작이 없는 것', 즉 비어 있음을 뜻한다. 양구는 무언의 명상이다. 명상이란 스스로를 모은다는 말이다. 인간은 스스로를 모으면 점점 자기 자신으로부터 벗어나게 된다. 다시 말해 (육체적) 자아가 소멸된다. 급기야 한 가지 '무'밖에 남지 않는다. 그러나 이 무란 아무것도 없는 것이 아니라 꽉 차 있는 '충일'이다. 누구도 그것을 이름할 수 없다. 그러나 그것은 무(無)이자 모든 것, 즉 충족이다.

곽상은 『장자』「대종사」 주석에서 "비록 천지가 크고 만물이 많다고 하지만 그 종사(宗師: 스승)가 되는 것은 '무심'이다"라고 했다. 황벽희운 선사(?~850)가 거듭 강조한 "무심이 곧 도다(無心是道)"라는 선지도 이와 같은 맥락이다. 노자의 '무' 속에는 "아직 드러나지 않은 무한한 생기[道]의 가능태(potentiality), 즉 무한한 '유'가 있다"고 한다.(진고응 저, 『노장신론』 p.334)

장자는 "저것이 아닌 것이 없고 이것이 아닌 것이 없다. 저것은 이것과 상대되어 나오고 이것 또한 저것에 상대되어 나온다(物無非彼 物無非此 彼出於是 是亦因彼)"라고 했다.(『장자』 「제물론」) 세계에 존재하는 사물 가운데 상대적인 관계 속에서 형성되지 않은 것이 없다는 얘기다. 즉 이것이 있기에 저것이 있다는 것이다.

불교의 공(空)과 노장의 무(無)는 그 종교 철학적 의미와 지향하는 바가 같다고 볼 수 있다. 둘 다 구하는 바가 없고 어떠한 욕망도 없으며 어떤 의지하는 바도 없는 것을 뜻한다. 모든 것을 비워버리면 (성불하겠다는 욕망까지도 비워버리면) 성불하려고 하지 않아도 성불하게 된다는 것이다. 만약 부처가 앉아서 성불했음을 의식하면서 "중생을 제도해야지"라고 중얼거린다면 얼마나 피곤한 일인가! 부처는 절대로 그런 생각을 하지 않는다. 그저 모든 생각을 비울 뿐이다. 조주의 '무자' 화두는 부처의 진정한 이 같은 비움[空·無]을 가르친 종사의 법문이다. 곽상과 황벽 스님의 '무심'도 바로 이 같은 비움이고 노장이 말하는 '무위'도 역시 이 같은 비움을 말한다.

도가 자신을 드러내는 방식은 '무'다. 그 '무'는 아무 것도 없는 것이 아니라 너무 많은 것이 꽉 차 있어 오히려 보이지 않는 그 무엇이다.

"가장 큰 소리는 들리지 않는다.(大音希聲: 『노자』 41장) 천지 공간을 꽉 채우고 있는 자연의 소리인 천뢰(天籟)는 육신의 귀엔 들리지 않는다. 마음의 귀로 들어야 들린다. 공자가 나이 60세를 '이순(耳順)'이라 한 것도 60대가 되어야 비로소 천뢰를 들을 수 있는 귀가 열린다는 얘기다. 우리는 공기를 마시고 숨 쉬면서도 그 양이 천지 공간을 꽉 채우고 있어 그 크기와 양을 느끼지 못한다. 도도 인간의 눈과 귀로는 보고 듣고 측정할 수 없는 무한대의 크기이기 때문에 마치 천뢰나 공기처럼 무한의 '무'로 절대긍정한다.

노자의 '무'는 아무것도 없는 숫자상의 0이 아니다. 가능태(potentiality)로 있으면서 현실태(actuality)로 아직 나타나지 않고 숨어 있는 도의 특징을 지칭한 것으로 도의 다른 이름이다. 형상화되지 않은 도[無]는 우리의 감각으로는 인식할 수 없으므로 노자는 '무'자를 사용해서 그 모습을 아직 드러내지 않은 도의 특징을 드러냈을 뿐이다. 그래서 노자의 무에는 아직 드러나지 않은 무한한 생기, 즉 무한한 유가 들어 있는 것이다.

『장자』「천지」에서 말한 "태초에 무가 있었다(太初有無)"의 '무'도 노자가 말하는 이 같은 무다. 조주가 말하는 '무'도 노장이 말하는 이런 무와 전적으로 같은 무로서 곧 유라는 긍정의 의미를 가지고 있다. 조주의 '무'는 유와 무의 구별 없이 모든 것을 포용하는 무한을 뜻하는 장자사상의 초석인 만물제동(萬物齊同)의 입장인 무다. 세상 만물은 나와 더불어 하나일 뿐이라는 장자의 '만물제동'은 유·무의 분별을 넘어서 온갖 것을 무차별로 포용하는 '무한 경지'의 또 다른 이름이다. 그 무는 선 하나를 긋고 그 구획 속에 들어간 상대적인 무와는 다르다. 『노자』 41장은 이와 같이 아직 유로 현상화 되어 나타나지 않은 도를 "도는 숨어 있어 이름이 없다(道隱無名)"고 했다.

노자는 도가 만물을 창조하고 만물을 품고 있다는 의미를 나타내기 위해서 유를 또 하나의 다른 명칭으로 사용한 것이다. 요컨대 무와 유는 다 같이 도를 지칭한 것이다.

『장자』「제물론」이 설한 본체론은 "우주의 최초 형태에서는 유와 무가 같이 있다"고 했다. 그러나 장자는 노자가 '무'에 절대적 의미를 부여하는 것과는 달리 유의 근원은 무이며 그 무의 근원은 다시 '없음의 없음(無無)'이고 또 다시 없음의 없음의 없음으로… 끝없이 이어진다. 이 같은 무한 부정을 통해 무궁한 시간과 공간의 체계가 열린다. 이러한 무궁한 시공의 체계에서 내려다보면 장자가 「제물론」에서 설파한 바 "천하에 가을 털끝보다 더 큰 것이 없고 태산도 작다고 할 수 있으며 어린 아이였을 때 요절한 상자(殤子)보다 더 오래 산 존재도 없고 800세를 산 팽조(彭祖)는 오히려 단명한 사람(天下莫大於秋毫 而泰山爲小 莫壽於殤子 而彭祖爲夭)"이라 할 수 있다. 역설이다. 그러나 시공을 초월한 도의 관점에서는 하루살이의 하루가 팽조의 800년보다 더 긴 시간일 수 있다는 것이다.

> 천지 만물은 유에서 살고 유는 무에서 산다.
>
> (天地萬物生於有 有生於無)
>
> ─ 『노자』 40장

『노자』의 이 구절 해석에는 유·무의 관계를 무⇄유⇄천하 만물로 보는 수평적 해석과 무→유→천하 만물로 보는 수직적 해석 두 가지가 있다. 위 내용의 우리말 옮김은 최진석 교수의 수평적 해석이다. 그동안 주로 수직적 번역이 많았는데, 박종혁 교수의 경우 이 구절을 "천하 만물은 유에서 나오고 유는 무에서 나온다"고 옮겼다.

유와 무가 서로 상대방의 근거가 되는 노장철학의 '유무상생(有無相生)'을 "유와 무는 서로를 살게 해 준다"고 옮겨야 한다면 이 구절의 수평적 해석도 일리가 있다. 우선 최근 노장사상의 유무론 이해에 사용하는 하이데거의 용어 '탈근거(脫根據: abgrund)'와 데리다 등의 기호학·언어철학 용어인 '차연(差延: difference·unter-schied)'을 잠시 살펴보자.

무는 유의 '탈근거'이지 근원이 아니라는 것이다. 즉 유는 무에 근거해 존재하면서도 그 근거를 탈출한 다른 형태의 이름이지만 절대적으로 무에 의지하고 관계하면서 존재한다. 노장철학에서는 유와 무 같은 서로 반대되는 개념들이 각자의 위치를 이탈하여 반대편에 들어와 있다. 다시 말해 유 속에는 무가 있고 무 속에는 유가 존재한다. 하이데거는 노자사상의 이해에서 이 같은 상대적 개념들의 위치 이탈을 '탈근거'라고 했다. 이렇게 되면 상대적 개념들 간의 대립과 갈등이 해소되면서 하나로 통일될 수 있다.

조주의 '무'도 유와 양립하는 상대적 개념의 무가 아니다. 그 근거인 유를 이탈해 있는 무, 즉 유를 포함하고 있는 무이기 때문에 '없다'는 부정이 아니라 도의 또 다른 이름이기도 한 '유'라는 긍정이다. 유와 무는 각각 도의 다른 이름이기도 하다. 이렇게 유와 무를 초월한 무를 흔히 상대적인 무와 구별해 '절대무'라고 칭하기도 한다.

유와 무, 시와 비의 관계는 양립할 수 없는 대립이 아니다. 각각의 차이 속에 상대방의 것이 이미 상관적으로 들어와 있어 확연히 구별해서 이원화시킬 수 없다는 것이 노장의 존재론이다. 불교적 표현을 빌리면 하나이면서 둘이고 둘이면서 하나인 '불일불이(不一不二)의 관계'다. 유와 무가 근원적인 대도에서는 하나이지만 상대방의 것을 서로 내함한 하나이면서 둘인 상관적 관계를 가졌다고 보는 사유의 논리를 '차연'이라는 용어로 표현하기도 한다.

다시 말해 유와 무는 두 요소가 서로 하나의 개념 속에 이미 들어와 있어 서로의 존재 근거를 제공하면서 하나이면서 둘이고 둘이면서 하나인 상관적인 이중성, 즉 동일성과 차별성을 가지고 있다는 것이다. 그 차별성은 영원한 평행선을 달리는 상대적 고유성을 가지고 있다. 즉 차이와 연기(연장)라는 두 가지 요소가 하나의 단어 속에 이미 동시적으로 새겨져 있다는 것이다. 대와 소는 서로 차이성을 가지고 있으나 그 차이는 완전한 단절의 이원성(二元性)이 아니라 서로 상대방에게 자기의 것을 연기시키고 있어 이를 차연(差延)이라고 했다. 기호학에서 데리다와 라캉 등이 사용하는 unter-schied를 우리말로 옮긴 것이다.

『노자』의 "천하만물생어유(天下萬物生於有)…"를 수평적으로 해설하면 세계 만물은 유라는 범주의 테두리 안에서 산다. 그런데 그 유는 무라는 범주에다 자신의 존재 근거를 두면서 생명력을 유지하고 있다는 것이 "유생어무(有生於無)의 의미다. 유는 무 때문에 유가 됐으니 유는 무에 기대어 살고 있다는 것이다."(최진석 저, 『도덕경』 p.325)

수직적 해석에 따르면 노자는 우주의 생성 과정을 형체의 속성이 없는 것[無]으로부터 형체의 속성이 있는 것으로 하향하면서 변화한다고 보았다. 즉 무가 존재의 궁극적인 근거라는 것이다. 노자는 무에 절대적 의미를 부여했다는 얘기다.

감산 대사는 이 구절을 "사람들은 천하 만물이 유에서 생겨난 것은 알지만 그 유가 무에서 생기는 줄은 모른다. 참으로 유가 무에서 나온 것임을 알면 저절로 일을 도모하지 않게 되어(무위하여) 도를 체득함으로써 마음이 선정(禪定)에 들게 될 것"이라고 주해했다.

성현영의 주석도 유의 근원을 풀이하는 내용으로 "유는 절대무(無)인 도의 현상화로 생겨났다"는 것이다.

수평적 해석은 존재에 중점을 두고, 수직적 해석은 출생에 중점을 두고 있다. 감산·성현영의 주석은 도를 뜻하는 노자의 절대무에 입각한 유의 근원[出生]을 밝히는 데 초점을 맞추고 있다. 수직적 주해는 유·무의 관계를 '탈근거'나 '차연'이 보는 이해와는 상당한 차이점을 가지고 있다. 왜냐하면 '차연'의 입장은 유와 무가 서로 상대방의 요소를 가지고 있기 때문에 대등한 등가적 상관관계인데 수직적 해설은 무가 유에 우선하는 존재론으로 강하적이고 층차적인, 다시 말해 유와 무의 등가성이 없고 우선순위를 따라 배열되고 있다. 수평적·차연적 주해는 장자의 유무론에 가깝고, 수직적 주해는 노자의 절대무 우선의 유무론을 따른 것으로 보아도 될 것 같다.

선과 노장의 형이상학적 본체, 즉 절대적 힘을 가진 우주적 존재는 '무'다. 다시 말해 우주의 본체는 무라는 것이다. 노자는 만유가 종국적으로는 무로 돌아간다고 본다. 표현을 달리하면 유와 무, 시와 비를 가르는 절대적 표준이 없다는 이야기다.

오늘은 이 옷이 예쁘다고 유행하지만 내년에 유행이 바뀌면 예쁘지 않다고 생각된다. 이는 시공과 환경·사람의 심리가 계속 변화하기 때문이다. 모든 시비와 선악의 판단 역시 시공의 변화와 인위적 요소에 의해 정해진다는 것이다.

여기서 조주의 '무자' 화두를 노자의 문법으로 표현해 보면, 만물은 모두 무에서 나와 무로 돌아가니 사실인 즉 어떤 물건도 없었다는 것이 된다. 조주의 무는 6조 혜능 대사의 게송에 나오는 "본래 한 물건도 없다(本來無一物)"와 그의 제자 남악회양 선사의 선문답에 보이는 "설사 한 물건이라 해도 옳지 않다(說似一物卽不中)"와 같은 맥락이다. 조주 스님이 "개에게는 불성이 없다"고 한 무는 유·무 분별을 초월한 형이상학적 본체에서 본 절대긍정을 뜻하는 무다. 그러니까 개의 불성 유·무는 분별심의 상대적 개념으로 보면 유이고 상대적 개념을 초월한 진리 당체의 입장에서 보면 긍정의 의미를 갖는 모든 존재의 근원인 무이고 공이다.

노자의 경우 유와 무는 절대 모순 개념이 아니다. 그는 모든 것이 포괄적 존재인 무로부터 나온 것인데 이 무라는 존재는 형태와 이름에 한정된 존재가 아니다. 노자 철학에서 존재 그 자체[有]와 무는 동일한 내용의 다른 이름에 불과할 뿐이다. 우리는 우리의 인식 수준에서 감각적으로 지각할 수 있는 것, 또는 관념에 의해 존재한다고 믿어지는 것들만이 있는 것이고 그 밖의 것은 없다고 판단한다. 그러나 노자는 이러한 것들은 정말 실재하는 것이라기보다는 도에 의지해 나타나는 것일 뿐이라고 본다. 불교의 '제법실상(諸法實相)'은 이름이나 개념·관념에 한정되지 않는 공(空)에 의지해서만 체득할 수 있다. 제3자의 입장에서 보면 노자의 무는 유와 다름이 없고 불가의 '공'과 통한다.

조주의 '무자' 화두는 "개의 불성 유·무를 상대적 개념으로 구분해 묻는 분별심을 버려야 진정한 불법 진리, 즉 공을 체득할 수 있다"는 깊은 철학적 가르침이다.

『노자』의 "천하만물생어유 유생어무"는 불교 교학의 연기성공론(緣起性空論)과도 상통한다고 볼 수 있다. 보통사람들이 천하 만물을 살펴보면 끊임없이 생겨나는 것이 모두 '유'에서 생겨나는 것처럼 보인다. 그렇다면 유는 과연 어디에서 생겨날까? 유는 바로 무에서 생겨났다.

유는 텅 빈 것으로부터 왔고 이 '텅 빔[空]만이' 만유를 생겨나게 한다. 연기의 본성은 공이다. '천하만물생어유…'와 연기성공론은 이처럼 그 논리와 문법이 같은 맥락이다.

『장자』「제물론」이 설하는 유·무, 시비 초월을 보자.

> 옳은 것이 있기 때문에 그른 것이 있고 그른 것이 있기 때문에 옳은 것이 있다.(因是因非 因非因是)

유·무와 시비는 상대적이며 상호 의존적인 관계에 불과하다는 것이다.

> 그래서 성인은 시비라는 상대적 입장에 서지 않고 모든 대립을 넘어선 절대의 진리인 자연의 진리에 비추어 본다. 그리고 커다란 긍정에 의존한다.(是以聖人不由 而照之於天 亦因是也)

시비, 유·무의 분별이 없는 자연대도의 세계로 들어가 모든 대립과 분별을 넘어선 절대 진리의 자리에서 만유를 긍정하는 것이 유·무를 초월한 '밝은 지혜[明知]'라는 것이다.

과연 이것과 저것과의 구별이 존재하는 것일까? 과연 저것과 이것 간의 구별이 존재하지 않는 것일까? 이것과 저것과의 구별은 없는 셈이 된다. 저것과 이것이 서로의 대립 분별을 초월한 경지를 '도추(道樞)'라 한다.

장자가 분별심 초월의 비유로 제시한 유명한 '도추'가 여기서 나온다. 한없는 변화에 자유롭게 적응할 수 있는 수레바퀴와 같은 '도의 지도리'란 무엇인가? 도추는 상호 대립을 없애줄 수 있는 무차별 세계의 은유이기도 하다. 도추는 이것과 저것의 분별을 초월해 있다.

도추는 도를 지도리에 비유한 것이다. 지도리는 문 아래 위에 고착시켜 문을 열고 닫는 회전축을 꽂는 구멍이다. 문이 열고 닫히는 중요한 기능을 하는 것이 지도리다. 문이 안과 밖으로 열리고 닫히는 것을 시비, 유·무 등과 같은 분별상(分別相)의 변전(變轉)으로 보고, 그 무궁한 변전에 차별 없이 대응하는 도의 절대긍정적 입장을 회전하는 원의 중심[環中] 기능을 가진 원통형 지도리에 비유한 것이다. 모든 대립을 넘어선 마음, 이것과 저것의 분별을 넘어선 경지가 바로 '도추'다. 자연이나 불성에는 시비·유무가 없다. 크나큰 긍정이 있을 뿐이다. 이 같은 대긍정(장자의 도추)은 상호 차이를 인정함과 동시에 일체의 차별과 대립을 소멸시키고 서로 감응할 수 있는 경지다.

상대와 자기를 초월했을 때(버렸을 때) 가능한 밝은 진리의 입장(장자의 以明·불교의 見性)이 산은 산이고 대긍정의 '구자무불성(狗子無佛性)'의 문을 열어주는 열쇠다. 도가 자신을 드러낼 수 있는 방식은 '무'다.

크나큰 긍정은 사람을 즐겁게 한다. 자신의 삶을 크나큰 긍정으로 충분히 즐기는 것이 올바른 삶의 길이다. 즉 시비·유무의 분별을 초월한 제물(齊物: 만물 평등)의 세계에 자리해 상대적 차별을 극복하면서 살아가는 것이 '평등 속의 차별'을 수용하면서 세상과 함께하는 길이다.

조주 스님의 '무자' 화두는 바로 유·무 분별을 초월한 만물제동(萬物齊同)의 우주정신(universal mind)을 밝힌 세계관이며 인생관을 밝힌 등불이다. 조주 스님이 말한 '무자' 화두는 바로 장자의 없음조차도 없는 무무(無無)의 경계다.

> 나는 능히 유의 반대인 무는 알았지만 무조차도 없는 무무라는
> 절대 경지는 몰랐다. 무가 있다는 일체의 유까지를 무로 여기는
> 절대의 경지는 현묘한 덕을 지닌 사람만이 도달할 수 있다.
>
> (子能有無矣 而未能無無也 及爲無有矣)
>
> ─ 『장자』 「지북유」

노장에서 무는 도의 다른 이름이다. 그러나 무가 있다는 '없음의 존재'를 인정하게 되면 무도 역시 유가 되고 만다. 때문에 없음이라는 것도 없는 '무무'만이 선불교가 말하는 진짜로 아무것도 없는 '본

래무일물(本來無一物)'의 자리이고 '한 물건이라 해도 맞지 않는(說似一物卽不中)' 경계이고, 장자가 이상향으로 제시한 유라고 할 만한 어떤 것도 없는 '무하유지향(無何有之鄕)'이다.

선림에서도 깨달아 열반에 도달했다고 열반에 안주한 채 머물면 열반이 있다는 또 하나의 '유'를 인정하는 것이기 때문에 "열반에도 머물지 말라(不住涅槃)", "어설픈 가짜 공에 떨어지지 말라(不落空)"고 경책한다. 열반이라는 것조차도 없는 것이 참으로 공한 진공(眞空)이고 본래무일물의 자리다.

장자가 말한 무무의 경계가 바로 우주의 근원이고 존재의 본바탕이다. 위의 인용문은 「지북유」에 나오는 광요와 무유의 문답 중 일부다. 광요는 빛·지혜로 시간을 상징하는 가공인물이고 무유(無有)는 있음이 없음의 경계를 뜻하는 공간의 상징이다. 깨달음에 이른 광요의 고백이기도 한 위의 인용문은 유와 무의 초월을 밝힌 선림의 오도송과도 같은 감동을 준다.

그 내용을 좀 풀이해 보면, 시간이나 공간은 있다면 있고 없다면 없는 것이다. 불교적 문법으로 말하면 있는 것도 아니고 없는 것도 아닌 비유비무(非有非無)의 경계다. 이것이 선과 노장이 말하는 절대의 경지다. '있다'고 하면 유에 붙들리고 없다고 하면 '없는 것[無]'에 붙들린다. 아무것에도 걸림이 없어 무슨 일이든지 다할 수 있는 것이 아무 것도 하지 않는 무위이며, 해탈이고 곧 절대의 경계다. '무무'가 체험하는 절대의 시간과 공간이 진정한 마음의 휴식처다.

『장자』「경상초」편에서도 무무의 경계를 강조했다.

생사·출입 어디에나 있으면서 그 모양을 볼 수 없는 것을 천문(天門: 마음·대도)이라 한다. 천문은 '아무 것도 있음이 없음(無有)'이다. 그러나 만물은 이 무유에서 나온다. 유는 반드시 무에서 생겨나는 것이다. 그래서 하나도 없는 무유는 '무가 있다'는 긍정인데 이를 부정해 성인은 '무무'의 절대 경계에서 숨어 산다.

(入出而無見其形 是謂天門 天門者 無有也 萬物出乎無有 有不能以有爲有 必出乎無有 而無有一無有 聖人藏乎是)

– 『장자』「경상초」

'무유'는 유가 없는 무가 있다는 이야기다. 그렇다면 무유도 또 하나의 물건이고 하나의 존재가 있음이다. 그래서 무유도 없는 경지인 '무무'가 되어야 본래무일물의 절대 경지다. 여기서는 현상계의 두두물물이 있는 그대로 긍정된다. 바로 '산은 산일 뿐'인 것이 이런 무무의 경지다.

상망(象罔) 우화

|

『장자』「천지」편은 이와 같은 무무의 절대 경계를 상망(象罔)이라는 가상 인물을 내세운 '황제 현주(黃帝玄珠)' 우화를 통해 실감나게 설명하고 있다.

황제가 적수(赤水)의 북쪽에서 노닐고 곤륜산에 올라 남쪽을 관하다가 돌아왔는데 도중에서 현주를 잃어버렸다. 지(知)·이주(離珠)·끽후(喫詬)를 시켜서 찾아보았지만 찾지 못했다. 마침내 어눌한 상망을 시켰더니 현주를 찾아왔다.

등장인물인 지는 박식함, 이주는 시력이 뛰어남, 끽후는 언변이 뛰어남, 상망은 형상이 뚜렷하지 않은 칠푼이 같지만 무심함을 각각 의인화한 것이다. 그리고 현주는 도·진리를 상징한다.

결론은 간단하다. 사물을 있는 그대로 받아들이는 상망의 무심한 경지에서 오히려 참된 세계가 펼쳐진다는 것이다. 무심 속에 혼연일체의 도·진리가 있음을 설파한 우화다. 이 우화에 대한 주석들을 보면,

"유도 아니고 무도 아니며 밝지도 어둡지도 않은 것이 현주를 찾게 된 소이다."

– 초굉, 『장자 익』

"상망이란 무상(無相)과 같은 뜻이다. 무상은 형태와 모양을 초월한 것을 뜻하는데 이미 장자가 설파한 '형태와 모양을 넘어서 나가면 환중(環中)에 도달한다고 했다. 이러한 지식은 지(知)가 아닌 지혜[智]이며 가장 높은 종류의 것이다."

– 빙우란

황벽희운 선사가 "무심이 바로 불법진리다(無心是道)"라고 강조했던 법문도 상망 우화와 같은 맥락의 설법이다. 장자의 '무무'나 선림

노장으로 읽는
선어록 (상)

의 '부주열반(不住涅槃)'도 구체화하면 무심이다. 선과 노장에서 어눌함, 어리석은 듯한 순진함은 '도인'의 상징어다. 선사상의 저류를 이루는 치둔(癡鈍)의 철학과 노장에서 천진도인의 비유로 자주 등장하는 '갓난아이'는 노자가 말한 "참으로 달변인 웅변은 말더듬이처럼 어눌하다(大辯若訥)"는 겸손을 강조하는 반어법적인 '모자라는 듯함'의 미학(美學)이다.

조주 스님의 '무자' 화두도 궁극적으로는 안과 밖의 구별이 없는 무문관(無門關) 같은 초월한 무심에 닿아 있다. 참선수행의 상징인 '무문관 정진'도 그 종착점은 분별심을 떠난 무심이다. 무문관은 문이 없는 검문소다. 문이 없으니 안과 밖이 없다. 안(마음)과 밖(사물)이 없으니 유에도 무에도 걸림이 없이 국경의 검문소(출입국 관리사무소)를 자재롭게 넘나들 수 있다. 자타가 소멸한 무심의 무문관 정진도 바로 '무무'의 경계로 들어가는 관문이다.

장자는 무에 상대적인 의미를 부여, 유의 근원이 무이며 무의 근원은 무무→다시 무무의 없음…으로 끝없이 이어진다. 불교 교학의 『화엄경』·『열반경』·『금강경』 등의 연기법에서 중도를 설하는 무한 부정의 논리와 상통하는 논리다. 일본 선학자인 스즈끼 다이세쯔는 이러한 무한 부정을 '즉비(卽非)의 논리'라고 이름했다.

장자의 무무무…로 이어지는 절대무의 세계에서는 무궁한 시간과 공간의 체계가 열린다. 무궁한 시공의 세계에서 내려다보면 천하에 티끌보다 큰 것이 없고 요절한 아이보다 더 오래 산 존재도 없고 800세를 산 팽조가 오히려 요절한 단명이라고 할 수 있는 시공 초월의 해탈 법문이 가능하다.

5. 장자의 방생설과 허무주의

저것은 이것에서 나온 것이고 이것 또한 저것에서 말미암은 것
이다. 이것과 저것은 상호 의존적인 말이며 서로 나란히 아울
러 생긴 것이다. 보는 방식을 바꾸면 삶이 있으면 죽음이 있고
죽음이 있으면 삶이 있다. 된다가 있으면 안 된다가 있고 옳은
것이 있기 때문에 그른 것이 있다. 결국 시(是)와 비(非)는 상대
적이며 상호의존적인 관념에 불과하다.(彼出於是 是亦因彼 彼是方生
之說也 雖然 方生方死 方死方生 方可方不可 因是因非 因非因是)

－『장자』「제물론」

장자의 이 설법에 나온 '방(方)'자는 '상대적'이라는 뜻이다. 모든
대립자는 서로 의존함으로써 존재할 수 있고, 따라서 단독의 절대
자는 아니라는 주장을 '방생설(方生說)'이라고도 한다. 장자는 자신의

방생설을 다음과 같이 설명했다.

> 만물은 저것이 아닌 게 없고 이것이 아닌 게 없다. 저쪽에서 보
> 면 보이지 않으나 이쪽에서 보면 보인다. 따라서 저것은 이것에
> 서 나오고 이것 또한 저것의 원인이 된다. 그래서 성인은 이것
> 과 저것을 '하늘의 이치[天道]'에 비추어 보는데 성인의 경지에서
> 는 이것도 저것이고 저것 또한 이것이다.

역시 『장자』 「제물론」에 나오는 방생설의 설법이다. 성인은 일체의
유를 무로 여길 뿐만 아니라 그 무마저도 없는 '무무'의 절대 경계에
서 유와 무를 하나로 보고 만물을 포용한다.

거울 면과 같은 무, 노자가 말하는 빛과 먼지를 동시에 포용하는
'화광동진'의 무는 온갖 유를 자기 안에 끌어안고 있는 무한의 무이
고 긍정의 무다. 상식적인 유가 무를 배제하는 데 반해 이 '무한의
무'는 유를 배제하기는커녕 기꺼이 포용한다. 유를 배제하는 상식적
인 무는 무라는 물(物), 무라는 이름의 또 다른 일종에 지나지 않는
다. 이 같은 무를 고집하는 입장이 바로 니힐리즘(허무주의)이다.

> 가로 보면 산능선 옆에서 보면 산봉우리(橫看成嶺側成峰)
> 원근 고저 보는 데 따라 다르게 보이네.(遠近高低各不同)
> 여산의 참모습을 알 수 없는 까닭은(不識廬山眞面目)
> 다만 몸이 산 속에 있기 때문이네.(只緣身在此山中)
>
> — 소동파의 〈여산진면목〉

선림에 회자하는 '진면목'이라는 선어(禪語)를 탄생시킨 소동파의 유명한 선시다. '진면목'은 6조 혜능 대사가 말한 '본래면목'을 달리 표현한 것이다.

소식(蘇軾, 송나라 때 문인, 호는 동파)의 시 기구(제1구)와 승구(제2구)는 앞에 나온 "저쪽에서 보면 보이지 않으나 이쪽에서 보면 보인다"는 장자의 설법과 같은 맥락이다. 소식은 장자의 방생설과 선가의 공(空)을 돌파한 거사였다. 그래서 이런 선시를 읊조릴 수 있었던 것 같다.

> 유와 무 중 과연 어떤 것이 유이고 과연 어떤 것이 무인지 아직 모른다.(未知有無之果孰有孰無也)
>
> ―『장자』「제물론」

장자는 진리란 알 수 없는 것이라고 생각하며 어떠한 판단도 내리지 않는다. 이는 무엇을 긍정하지도 부정하지도 않는 회의주의다. 장자는 어떤 사물이든지 모두 대립면(對立面)이 있고 대립된 양면은 이것과 저것으로 나누어 분별하기 어렵다고 생각했다. 그는 생겨나자마자 죽어가고 죽자마자 생겨난다고 보았다. 방금 긍정된 것이 바로 부정되고 방금 부정된 것이 곧 긍정된다는 것이다.

장자의 방생설은 한계를 가지고 있는 인간의 감관을 통한 인식은 믿을 수 없다는 인식론이다. 선과 노장은 인간의 진리 인식에 대해 근본적으로 회의주의자다. 선사들과 장자는 감각 기관의 작용을 철저하게 버리고 총명함(알음알이)과 이목을 버려야 진리를 체인(體認)할 수 있다고 주장한다.

혼돈칠규(混沌七竅)

|

이를 뒷받침하는 『장자』 내편의 결론인 유명한 우화 '혼돈칠규(混沌七竅)'가 있다. 혼돈에게 인간의 이목구비와 같은 7개의 구멍(눈(2)+귀(2)+코(2)+입(1)=7)을 뚫다가 급기야 혼돈을 죽음에 이르게 하는 우화다.

> 남해의 제왕 숙과 북해의 제왕 홀이 중앙의 제왕 혼돈의 땅에
> 서 자주 만났는데 그 때마다 혼돈은 그들을 매우 잘 대접했다.
> 숙과 홀은 혼돈의 호의에 보답하고자 상의한 끝에 이목구비가
> 없는 두루뭉수리인 혼돈에게도 7개의 구멍을 뚫어 듣고 보고
> 먹고 숨 쉴 수 있도록 해 주기로 했다. 그리하여 하루에 한 구
> 멍씩 뚫어 나갔다. 7일째가 되어 구멍을 다 뚫는 순간 혼돈은
> 그만 죽어버렸다.
>
> ― 『장자』 「응제왕」

남해의 임금 '숙(儵)'과 북해의 임금 '홀(忽)'은 모두 '빠르다'는 뜻으로 시간적으로 유한한 인간의 작위성을 비유하고 있다. 중앙의 임금 혼돈은 일체의 분별심이 발생하지 않은 무위자연, 곧 도를 의인화한 것이다. 이목구비 7개의 구멍은 인간의 7정(七情), 즉 감각 작

「혼돈(渾敦) piterest.com」
—
산해경에 나오는 천산 영수 탕곡의 신
으로 신격화된 혼돈의 모습. 다리가 여
섯이고 날개가 넷이며 얼굴이 없다.

용을 의미한다. 이 우화에서 혼돈은 만물의 시작이면서 아직 분화되어 나오지 않은 채 무한한 가능성을 가진 가능태로서의 무, 즉 도를 상징한다. 다시 말해 일체의 분별적인 지식이 생기기 이전의 순수한 '무위자연의 도'를 상징한다.

장자는 이 우화를 통해 인간의 감각기관인 이목구비는 인식의 한계를 가지고 있기 때문에 진리 당체를 온전히 체감할 수 없음과 인위적인 교화의 확장은 사람의 타고난 자연적 본성을 죽일 뿐이라고 역설했다. 장자는 이 우화에서 이것인지 저것인지 알 수 없다는 '불가지론(不可知論)'의 회의주의를 분별 이전의 통합체인 '혼돈'을 통한 유·무 통합으로 극복한다. 장자는 「제물론」에서 우주의 무시무종(無始無終)을 제시한 후 진리 당체를 유·무로 나눌 수 없다고 했다.

유가 있다는 것과 무가 있다는 것, 아직 시작하지 않은 무가 있으며 그런 무의 무가 또 있어 갑자기 유와 무가 발생하지만 이 유와 무가 참다운 유와 무인지 누구도 알지 못한다.

(有有也者 有無也者 有未始有無也者 有未始有夫 未始有無也者 俄而有無矣 而未知有無之果孰有孰無也)

장자가 말하고 있는 요지는 우리가 말하는 상대적 유·무는 가유(假有)이고 부진공(不眞空[無])이며 우주 본체의 근원은 유·무라는 분별은 물론 그런 이름조차도 없는 진공(眞空)일 뿐이라는 것이다.

좀 더 풀이하면 유와 무가 발생하지만 그 유와 무가 진정한 유인지, 진정한 무인지 알 수 없다는 것이다. 장자는 여기서 두 가지 원칙을 유지한다.

하나는 우주의 무한성과 무궁성이고 다른 하나는 무궁하기 때문에 다다를 수 없다는 것이다. 다다를 수 없기 때문에 유·무의 문제를 실제로 나누기가 어렵고, 그래서 유라고 말할 수도, 무라고 말할 수도 있다는 것이다. 조주 스님이 개에게 불성이 없다고 말한 '무'도 바로 이런 무다. 따라서 조주 스님의 무는 곧 유이기도 한 긍정이지 상대적인 '없다'는 부정이 아니다.

> 공(功)으로 그것을 본다면 공이 있다고 하는 바를 따라 있는 것으로 만물은 있지 않을 수 없고, 공이 없다고 하는 바를 따르면 없는 것일 수밖에 없다.
>
> (以功觀之 因其所有而有之 則萬物莫不有 因其所無而無之 則萬物莫不無)
>
> ― 『장자』 「추수」

인간 사회는 공용(功用), 효용 가치상에서 필요함과 좋아함을 따라 이 사람에게는 유가 되기도 하고 저 사람에게는 무가 되기도 한다. 인간의 주관이 사물의 가치를 확실히 판단하지 못할 경우 절대적인 본체에 호소하여 모든 대상을 포용하는 것이 장자의 제물론

사상이다. 사용의 무궁성과 사물 변화의 부정성(不定性) 및 상대성의 측면에서 유·무에 대한 분별할 수 없음(不分別性)과 알 수 없음(不可知性)은 바로 유·무의 무차별성, 절대적 상통성이며 개괄해 말하면 유·무의 합일성이다.

　이것이 「제물론」의 핵심이다. 이로부터 장자는 유·무의 본체를 도로 귀결시킨다. 여기서 도[佛性]는 점차 유·무를 통섭하는 절대적 형이상자(者)가 된다. 이는 동아시아인, 특히 중국인의 사유 특색이기도 하다. 장자의 유·무 합일론은 시종(始終)·본말(本末)·체용(體用) 등등의 문제와도 연계된다.

　선의 유무관은 『장자』 주석의 고전적 제1인자인 곽상의 유무론과 상통한다. 곽상의 유무관은 수직 강하적인 '무' 우선과 다르다. 노자의 '유생어무(有生於無)'를 '유는 무에서 생겨났다'고 수직적으로 해석해 무에 절대 형이상자(者)로서의 우선순위를 부여하는 왕필과는 달리 곽상은 유와 무는 각각 스스로 생겨났다는 '독화론(獨化論)'을 주장한다.

　곽상의 유무관을 요약하면:

　　만물을 생겨나게 한 것은 무도 아니며 유도 아니다. 유와 무는 모두 사물 존재의 외적·내적 조건이 될 수 없다. 모든 것은 스스로의 자생(自生)·자조(自造)일 뿐이다.

　그래서 유와 무 둘 다를 포기하고 잊어야 진정한 초월에 이른 물아양망(物我兩忘)이라는 것이다. 선의 유무관도 유와 무를 다 버리는

'유무구기(有無俱棄)'이고 마음과 사물을 다 잊는 '광경구망(光境俱忘)'이다. 선불교의 해탈은 주체와 객체 둘 다를 버릴 것을 요구한다.

서소약 교수(남경대 철학과)는 "무와 유를 모두 버리는 곽상의 유무관은 중국 전통철학사상과 구별되는 홀로 우뚝 선 나무라고 하겠다. 곽상의 유무론은 선불교의 유무관과 같다"라고 했다.(서소약 저, 『선과 노장』 p.128)

불교 공사상 해석의 일인자로 손꼽히는 승조 대사(384~413)의 유명한 「부진공론(不眞空論)」도 장자의 유[色]·무[空]에 대한 회의주의와 상통하는 대목이 많다. '부진공'은 참으로 공한 것이 아니라는 뜻이다. 이를 풀이하면 진공도 진유(眞有)도 아니라는 것이다. '부진'은 바로 가유(假有)라는 의미다. 부진·가유는 한편으론 공·무라고 말할 수 있고 다른 한편으론 비록 가유라 할지라도 이 가유가 존재하지 않는 것이라고 말할 수 없다. 달리 말해 무·공을 '진무'·'진공'이라 말할 수 없다. 그래서 부진공이라 했다.

가유에 집착해선 안 된다면 진공[眞無]에도 집착해선 안 된다. 왜냐하면 부진공과 진공, 가유와 진유는 실제로는 둘이 아니고 통일된 하나이기 때문이다. 유와 무를 둘로 나눌 수 없고, 유에 떨어질 수도 무에 떨어질 수도 없으며, 유와 무를 딱 잘라 놓고서 서로 통하게 할 수도 없는 것이다. 개괄하면 비유비무(非有非無) 또한 유이고 무이며 유·무가 각기 다른 둘이 아니라 서로 떨어져 있다가 공에 모이는 것이 승조의 「부진공론」이 위치하는 자리다. 이것이 바로 선불교의 중도사상이며 유·무를 통일하는 방법이다.

6. 돈오 남종선의 유·무 해탈

남전참묘(南泉斬猫)-남전이 고양이 목을 베다

남전보원 선사가 어느 날 동당과 서당 학인들이 마당에서 고양
이 한 마리를 놓고 다투는 것을 봤다. 선사는 학인들을 법당에
모으고 고양이를 한 손으로 들어 올린 후 주머니에서 날카로운
칼을 꺼내든 채 학인들을 향해 말했다.
"만약 너희들이 옳게 이르면 이 고양이를 살려줄 테고 그렇지
못하면 목을 치리라." 학인들은 어리둥절한 채 서 있기만 했다.
마침내 선사가 칼을 내리쳐 고양이를 두 동강 내버렸고 피가 법
당에 낭자했다.

수제자인 조주 스님은 이날 하필 외출을 해 남전 선사가 고양

이 목을 치는 자리에 없었다. 저녁이 되어 조주가 돌아와 문안을 드리자 남전 선사는 낮에 고양이 목을 자른 얘기를 해 주었다. 조주는 선사의 얘기를 듣자마자 문을 열고 나가 짚신을 머리에 이고 걸어갔다. 이를 본 남전 선사는 껄껄 웃으면서 "그 때 네가 있었으면 그 고양이는 목숨을 건졌을 텐데"라며 못내 아쉬워했다.

선림에 회자하는 '남전참묘(南泉斬猫)' 라는 화두와 '조주정혜(趙州頂鞋)'라는 화두를 낳은 과격하고 단호한 선 법문이다. 선림의 일화이지만 그 속에는 유·무의 분별심을 초월하라는 선지(禪旨)가 천둥소리처럼 울리는 법문이 들어 있다.

남전보원 화상 도영(道影)

선 공부는 찻잎을 따고, 논밭 울력(승려들의 공동 노동)을 하는 등의 일상사 속에서 돌발적인 기봉(機鋒)을 휘둘러 가르치고 배우는 일문일답의 학습이 많다. 선불교는 원래 소농·농민계층을 기반으로 출발했기 때문에 논두렁·밭고랑·마당·산속·오솔길 등이 선을 가르치고 배우는 학습장이었다.

동당과 서당의 학인들이 고양이를 가지고 다툰 문제는 고양이의 불성 유·무에 대한 것인지, 고양이의 소유권(?)을 둘러싼 것인지 확실치 않다. 그러나 대체로 불성 유·무를 둘러싼 논쟁이었다고 보는 견해가 대세다. 두 단락으로 되어 있는 일화를 합쳐 '참묘정혜(斬猫

頂鞋)'라는 하나의 화두로 묶기도 한다.

이 화두의 포인트는 고양이의 불성 유·무를 따지는 '분별심'과 조주가 짚신을 머리에 인 '괴이한 행동'이다. 우선 너무 격렬하고 잔인하다. 대승불교의 제1 계율인 불살생을 따라 잔디 한포기의 생명도 중시하는 자비행을 행해야 할 큰스님이 법당에서 고양이 목을 쳐두 동강을 냈다니 말이다. 세속에서도 이런 경우 모두 끔찍하다고 눈살을 찌푸릴 터이다.

그러나 선사가 고양이 목을 친 것이 두 패로 갈려 다투고 있는 학인들의 쟁심(爭心)을 참해버린 상징으로서 꾸며낸 허구적인 이야기라면 모든 의문과 충격은 쉽게 풀린다. 남전 선사가 고양이 목을 치겠다면서 재촉한 "한마디를 일러보라"는 말은 학인들의 참선 공부가 유·무를 구분하는 분별심을 초월, 유와 무라는 양변(兩邊)을 모두 버리고 진공의 세계에 진입했는가를 알아보려는 점검이며 시험이었다. 그러나 학인들은 모두 불합격이었다.

고양이는 남전의 칼에 의해서가 아니라 고양이를 살리는 한마디, 즉 유와 무를 초월해야 하는 선지를 자득하지 못한 채 유·무를 분별해 따지는 학인들의 '다툼'이라는 칼에 의해서 목이 잘리고 말았던 것이다. 남전 선사의 날카로운 칼[機鋒]은 고양이 목을 친 것이 아니라 유와 무를 상대적으로 구분하는 학인들의 분별심을 친 것이었다.

학인들이 지식으로서 알고 있는 '공'은 남전이 제시한 것 같은 긴급한 상황을 만나면 허깨비가 되고 만다. 이러한 공은 진짜 공이 아니다. 진공은 자성(自性)을 뚫고 나가 자유자재하게 활동할 수 있어야 한다. 즉 고양이의 불성은 '절대적으로 있습니다'라고 하든지 '절대 없습니다'라고 하든지 즉각 입에서 튀어나왔어야 했다. 그런데 학인들은 활자화된 '죽어 있는 공'이나 달달 외울 뿐 진공의 세계를 체득하지 못했던 것이다. 학인들의 이러한 '사공(死空)'을 참한 남전의 살인검은 학인들을 깨우치는 '활인검(活人劍)'이 됐고 살활자재한 대선장(大禪匠)이 갖는 보검의 면모를 한 편의 멋진 무대극으로 보여 주었다.

돈오 남종선은 6조 혜능 조사가 설파한 본래 한 물건도 없는 '본래무일물(本來無一物)'의 진공에 이르러야 해탈이고 열반이다. 유와 무·마음과 사물·생과 사를 다 버리는 물아양망(物我兩忘)이 진공이다. 진공은 장자가 말한 유라고 할 만한 어떤 것도 없는 곳(無何有之鄉), 무라는 것도 없는 무무(無無)의 세계다. 텅 비어 있을 뿐인 세계다. 그렇다면 어떻게 했어야 고양이가 죽지 않고 살 수 있었을까? 그 답이 조주가 짚신을 머리에 인 괴이한 행동이다.

'조주정혜(趙州頂鞋)'에 대한 선림의 해설은 대충 다음 세 가지로 요약된다. 하나는 발에 신는 천한 짚신을 인간의 위엄을 상징하는 모자를 쓰는 고귀한 신체 부위인 머리에 인 것은 본체계의 진리와 현상계의 진리가 때로는 뒤바뀔 수 있다는 '전도(轉倒) 현상'을 나타내 보였다는 견해다. 세속적으로는 고양이를 살생하지 않는 게 자비행이지만 선리·진리의 세계에서는 학인들을 깨우치기 위해 고양이 목을 베는 것이 대자대비가 되는 것도 이와 같은 '전도'의 예가 될 수 있다. 조주가 머리에 짚신을 인 것은 가장 비천한 것이 곧 가장 고귀한 것이라는 장자의 만물제동(萬物齊同) 사상과도 같은 것이다.

만물여아동근(萬物與我同根)의 일체 평등에서는 가장 귀한 것이 가장 천한 것이고, 유가 무가 되고 무가 유가 되며, 삶이 곧 죽음이고 죽음이 곧 삶이 되는 전도 현상이 빚어진다.

본래면목의 세계, 진공의 절대 세계에서는 유와 무는 같은 것이고 둘로 나누어 분별할 수 없으며 있는 그대로의 존재 이유를 수용하는 절대긍정이 있을 뿐이다. 조주의 대답은 이 같은 진공의 참 면목을 언어 문자가 아니라 머리에 짚신을 이는 '행동언어(body language)'로 보여주었던 것이다. 인간의 최대 중대사인 생사의 문제도 이 같은 진공의 경계에서는 두려울 것이 없고 편안히 받아들일 수 있다. 여기에 이르러야 해탈이고 열반이다.

다른 두 개의 해설은 '남전, 당신께서 고양이를 참한 것이 나와 무슨 상관이냐'는 것과 '고양이를 머리에 인 것으로써 고양이를 보호 살생하지 않도록 하려는 상징'이라는 것이다. '나와 무슨 상관이냐'는 것은 자성을 깨친 나, 이 조주는 절대 자유를 누리기 때문에 외적인 현상계의 간섭이나 방해를 받지 않는 '진공'에 살고 있다는 뜻이다. '고양이의 생명 보호'는 고양이를 살생하지 않는 것이 남전화상이 응당 지켜야 할 도리였음을 상징한다는 것이다.

각기 나름의 일리가 있다. 조주가 머리에 짚신을 인 '전도'는 진여 당체를 철견한 깨친 자의 수기응변(隨機應變)이라는 높은 평가를 받는 선행위다. 조주가 보여준 괴이한 행동은 '만약 내가 그 자리에 있었다면 당신의 칼을 빼앗아 당신을 참하겠다고 달려들었을 것이고 그래서 화상께서는 살려달라고 목숨을 구걸했을 것'이라는 요사장부(了事丈夫)의 기개가 함축되어 있다. 다시 말해 발에 신는 짚신을 머리에 인 것은 고양이를 베는 대신 거꾸로 남전을 베겠다는 '전도'를 선언한 것이다.

이는 고양이의 불성 유·무 같은 관념적 유희보다는 실존하는 생명체인 고양이를 살리는 것이 더 시급한 일이고 선적인 행위고 중생제도의 보살행일 수 있다는 얘기다. 남전 화상이 고양이를 죽이고 사람을 살렸다면 조주는 사람을 죽이고 고양이를 살리는 거꾸로 뒤집힌 '살활자재'를 연출한 것이다. 견성한 선승들의 '살활자재'는 세속적인 살생과는 전혀 다른 학인들을 깨침으로 이끌기 위한 상징성을 가진 방편이다.

임제의현 선사도 깨닫고 나서는 스승인 황벽희운 화상의 옆구리를 주먹으로 마구 가격했고, 황벽은 비호같이 달려들어 스승 백장회해 화상의 빰을 올려치기도 했다. 선림의 이 같은 격렬한 행동 언어들은 패륜이 아니라 치열한 구도(求道)의 빛나는 단면들이다. 마조-백장-황벽-임제로 이어진 법맥의 선장들은 그 가풍과 종풍이 아주 과격했다. 임제와 동시대인인 덕산 선사도 학인들의 제접(提接)에 몽둥이와 주장자 세례를 퍼부어 임제의 할(喝: 고함)과 덕산의 방(棒: 몽둥이)은 지금까지도 선림에 회자하는 유명한 '덕산방 임제할'이라는 성어를 남겼다. 두 사람의 '방할' 가풍(家風)은 선림의 산골짜기를 고함과 몽둥이로 얻어맞은 학인들의 비명소리로 하루 종일 꽉 메웠고 기봉(機鋒)이 번뜩이는 문정설시(門庭設施: 교수법)로 선종사(史)의 한 페이지를 장식했다.

구인양단(蚯蚓兩斷)─지렁이를 두 토막 내다

밭일을 하는 중에서나 또는 마당의 지렁이를 두 토막 내서 불성 유·무를 거량한 선문답도 많다. 남전보원 화상의 법을 이은 자호이 종 선사(800~880)가 상좌 승광 스님과 함께 밭에서 대중 울력을 하다가 괭이에 찍힌 지렁이가 두 토막이 나 양쪽으로 갈라져 꿈틀거렸다. 이때 자호 선사가 승광에게 물었다.

> 자호: 지렁이가 두 토막 나도 양쪽이 다 살아 꿈틀대는데 이럴 때 불성이 어느 쪽에 있느냐?
> 승광: (아무 말 없이 곧바로 들고 있던 괭이를 번쩍 들어 올려 꿈틀대는 지렁이의 머리 쪽과 꼬리 쪽을 내리쳤다. 이어 지렁이가 양쪽으로 갈라져 꿈틀대는 가운데 공간을 꽝 내리치고는 괭이를 내던지고 절로 들어갔다.)

승광이 두 토막의 지렁이를 내리친 것은 유와 무 모두를 부정한 것이다. 이어 가운데 땅을 내리쳐 공(空)도 부정했다. 이는 유·무는 물론 공까지도 부정한 '절대무'·본래 한 물건도 없는 '본래무일물'의 선지(禪旨)를 밝힌 멋진 행동언어였다. 자호 선사는 승광이라는 매실이 푹 익어 숙매(熟梅)가 되었음을 보고는 빙그레 웃으며 내심 흔쾌히 인가(印可)했다. 역시 남전 화상의 법을 이은 장사경잠 선사 (?~868)에게도 학인과의 '구인양단' 선문답이 있다.

노장으로 읽는
선어록 (상)

설봉참사(雪峰斬蛇)―설봉이 뱀을 두 동강 내다

현사사비가 설봉의존 선사(822~908)의 문하에서 학인으로 공부할 때의 얘기다.

어느 날 밭을 일구는 보청(普請: 승려들의 공동 작업·울력) 중 지나가는 뱀 한 마리를 주장자로 꿰어 올리고는 대중들에게 "조심해라! 조심해라!" 하고는 낫으로 두 토막을 내버렸다. 이때 현사가 쏜살같이 달려 나가 설봉 선사의 주장자로 두 토막 난 뱀을 걷어 올려 뒤로 던지고는 다시 돌아보지도 않았다. 대중들이 모두 놀라 눈만 크게 뜨고 있는데 설봉이 "준수하구나!"라고 격찬했다.

설봉 선사는 뱀을 들어 올려 유(有)를 보였고 두 토막을 내는 살생을 통해 무(無)를 수시했다. 이는 유와 무, 생과 사를 수시하는 선기(禪機)였다. 현사가 달려 나가 뱀 토막을 걷어내버린 것은 유와 무를 다 부정한, 진일보한 절대 부정이며 유·무 어느 것에도 집착하지 않는 절대공의 중도를 드러내 보인 행동언어였다. 이에 설봉 선사는 현사의 깨달은 경계를 인가하는 찬사를 보냈다. 부처·견성의 본질은 유·무 어느 한 편에만 서지 않는 '중도'다. 경전과 선어록들은 '중도가 곧 부처'라는 법문을 거듭 되풀이해 강조한다.

남전보원 화상의 사형사제인 귀종지상 선사도 풀을 베다가 뱀 한마리가 지나가자 낫으로 두 토막을 냈고 조동종의 운거도응 선사(835~902)도 밭일 중 지렁이를 삽으로 두 동강 내버렸다.

조주 스님의 '무자' 화두는 사가(師家)인 남전 화상의 화두 '남전참묘'의 연장선상에 있다고 볼 수 있다. 조주의 '무'는 노자가 존재의 근원이며 도의 다른 이름으로 사용하는 무까지도 초월한 텅 빈 장자의 '무무'와 같은 어떤 것도 없는 '진공'을 뜻한다. 선불교는 이같이 유·무 양쪽을 다 버린 진공을 중도라고도 한다. 그래서 '중도가 곧 부처'라고 한다. 장자와 6조 혜능 대사는 "생각을 내고 들일 때 즉각 양변(유와 무)을 버리라(出沒卽離兩邊)"라고 한다.(『단경』 45절)

조주의 '무'는 본래 한 물건도 없는 자리, 무→무무→무무무…로 이어지는 무한 부정 속에 자리한 '공'이다. 남전 화상이 고양이 목을 쳐 없애버린 것은 유·무를 하나로 통합한 만유의 근원인 도로서의 무까지도 없앤 궁극의 경지를 보인 것이다. 즉 상대적인 유·무를 가지고 둘로 나누어 한쪽을 선택하는 분별심의 초월은 물론, 그 초월을 붙들고 안주하는 또 하나의 '유(집착)'까지도 던져버린 구경(究竟)의 경지다. 조주는 이 같은 스승의 선지와 가풍을 계승하여 시작도 끝도 없이 무한 부정으로 이어지는 '무'의 변화 속에서 각각의 존재[萬法]가 스스로 생겨난다는 대긍정의 자화(自化)를 '무'자 한 글자로 압축해 드러냈던 것이다.

이 같은 조주의 '무'는 장자가 노자의 '유생어무(有生於無: 유는 무에서 생겨난다.)'에서 한 걸음 더 나아가 유의 출생 근원인 무까지를 부정, 끝없이 이어지는 부정을 통해 시간과 공간을 초월한 진공에서 만법이 스스로 생겨난다고 본 '무일물'의 무다. 돈오 남종선의 선지가 말하는 무는 이 같은 장자의 '무'라고 보아야 한다.

유·무 해탈의 방법론은 선이 노장보다 훨씬 격렬하고 단호한 입장이다. 돈오 남종선은 유와 무, 시와 비, 마음과 사물을 다 버리고 진공, 중도의 자리에서 있는 그대로를 수용하는 광경구망(光境俱忘:

마음과 사물을 다 잊음)의 해탈인 데 비해 노장은 유와 무를 일원론적인 통합으로 모두 포용하는 해탈이다. 분명한 공통점은 선이나 노장 모두 자연의 섭리를 따르는 '무위'를 강조한다는 점이다.

조주의 '무자' 화두는 노장사상과 맥락을 같이하는 측면도 많지만 노장사상을 흡수해 나름의 독자적인 선사상을 정립한 돈오 남종선의 선지를 내함하고 있다. 그 깊이와 넓이가 어떤 화두보다도 군계일학일 뿐만 아니라 특히 노장사상과의 상호 삼투(滲透)를 살펴볼 수 있는 중요한 화두다. 종교적으로는 선가의 해탈과 열반 경계에 이르는 지름길, 곧 불법 진리의 근원을 가리키는 운수납자들의 나침반이다.

무는 시작과 끝이라는 동작이 없는 것, 또는 '텅 비어 있음'을 뜻한다. 그 뒤에는 만물제동의 절대 평등사상이 자리하고 있다. 장자는 북해약의 입을 빌어 "귀천의 차별로써 뜻을 얽매이면 도에 어긋날 것"이라고 경고했다. 그는 일체의 차별이 없는 절대 평등한 마음의 상태를 '무방(無方: 특정한 방향이 없다)'이라 했다. 무방에서는 만물이 가지런하고 어느 것은 짧고, 어느 것은 길다 하지 않는다.

『장자』「제물론」은 다음과 같이 세 가지 층차의 해탈 경계를 제시했다.

1. 사물의 존재가 의식되지 않는 경지
2. 사물의 존재를 의식하지만 사물에 대한 분별이 없는 경지
3. 사물에 대한 분별은 있지만 시비가 일어나지 않는 경지
    시비가 무성해짐은 도가 허물어지는 원인이다. 도가 허물어지

는 것은 사물에 대한 애착이 생길 때이다.

(是非之彰也 道之所以虧也 道之所以虧 愛之所以成)

- 『장자』「제물론」

우리의 마음에서 분별심을 제거하면 천지 만물과 유연하게 통할 수 있다. 천지 만물과 통하면 무한한 공간(우주)과 시간(영원)을 품에 안게 된다. 분별이 없는 세계란 흐릿한 혼돈의 세계, 곧 본래의 세계로 돌아간 것이다. 원래 부모미생전(父母未生前)의 본래면목은 이런 세계이고 우리 모두가 가지고 있는 것이다. 이런 자연의 세계로 돌아가는 것은 고향을 떠났다가 늙어서 고향으로 되돌아가는 것과 같다. 요컨대 분별심만 제거하면 바로 해탈 경계가 열린다는 것이다.

조주의 '무자' 화두 또한 유와 무를 둘로 나누어 구분하는 분별심을 버리고 해탈 경계로 진입하라는 간곡한 법문이다. 그래서 조주 스님은 어느 때는 개에게 불성이 '있다' 했다가 어느 때는 '없다'고 했다. 있다, 없다를 왔다 갔다 하는 조주 스님의 말을 혼란스러워하지 말지어다.

선의 귀착점은 깨달음이다. 깨달음은 수행을 통해 성취된다. 과연 깨달음과 수행이란 어떤 것인가? 돈오 남종선은 단박에 깊이 꿰뚫어 우주 만법을 투과하는 돈오, 바꿔 말해 현묘한 깨달음 묘오(妙悟)를 목표로 한다.

삼관사오(三關四悟)─세 개의 관문 통과와 네 가지의 깨달음

|

『장자』 「대종사」편에 여우(女偊)의 말을 빌어 깨달음의 7단계를 제시한 중언(重言: 권위 있는 옛 사람의 말을 빌어 자신의 뜻을 밝힘)이 나온다.

> 내가 도를 닦고자 하는 복량의에게 도[眞理]를 말해 주었습니다. 그는 3일이 지나자 천하를 잊어버렸습니다.
>
> 내가 그를 지켜보니 7일이 지난 뒤에는 모든 사물을 잊어버렸고 9일이 되어서는 자기의 삶을 잊어버렸습니다.
>
> 이미 삶을 잊어버린 후에는 아침 햇살이 어둠을 뚫는 것처럼 마음이 밝게 트이는 경지[朝徹]에 달했습니다.
>
> 마음이 확 트인 조철 후에는 만물이 하나가 된 도를 보았습니다.(見獨)
>
> 견독 후에는 시간의 흐름을 잊는 무고금(無古今)에 이르렀고, 무고금 후에는 생과 사가 하나인(生死一如) 도의 경지에 들어갔습니다.
>
> ─『장자』 「대종사」

여우라는 도인이 성인 남백자규에게 자신이 복량의를 깨우쳐 준 이야기를 해 준 내용이다. 우선 복량의가 깨달음에 이르는 7단계를 도표화해 보자.

단계	삼관사오		수행과 깨침의 내용
1	3일	삼 관	外天下(천하를 잊음)
2	7일		外物(모든 사물을 잊음)
3	9일		外生(삶을 잊음)
4		사 오	朝徹(마음이 열림)
5			見獨(도를 봄)
6			無古今(시간을 초월)
7			不生不死(묘오의 경계 진입)

삼관(三關)은 수행의 핵심 내용을, 사오(四悟)는 깨달음의 구체적 내용을 단계적으로 배열해 정리한 장자의 수행-해탈론이다.

가장 먼저 3일 만에 천하를 도외시한다. 천하를 도외시함은 천하를 다스리는 황제의 자리를 잊는다는 얘기다. 천하는 나의 몸에서 볼 때 가장 멀리 있기 때문에 천하를 잊는 것은 다른 단계에 비해 비교적 쉽다. '외천하(外天下)'는 시쳇말로 바꾸면 권력욕·명예욕을 버리는 것이다.

7일이 지난 뒤에는 사물을 도외시하게 됐다. 사물은 천하보다는 나에게 가까이 있지만 몸 밖에 있어 그래도 잊기가 쉽다. 그러나 자신의 삶을 잊는 것은 천하나 사물을 잊는 것보다 훨씬 어렵다. 자신의 삶이란 곧 자신의 육체적 자아를 말한다. 그래서 9일이 지난 뒤에야 삶(육체적 자아)을 도외시할 수 있었다. 자신의 삶을 잊는 단계에 이르면 수행은 대충 마무리된다. 애지중지하는 자신의 육신을 던져버릴 수 있어야 진아(眞我)의 마음 문이 열린다.

오상아(吾喪我)—육신을 잊다

남곽자기가 대답했다.

"안아, 너 역시 현명하구나, 네가 그것을 안단 말인가? 지금 나는 나 자신을 잊어버렸다.(吾喪我) 나는 나를 잊은 채 평소에 듣지 못했던 신비한 소리[天籟]를 듣고 있단다. 너는 사람의 통소 소리[人籟]는 들었어도 대지의 통소 소리[地籟]나 하늘의 통소 소리[天籟]는 아직 듣지 못했지.

―『장자』「제물론」

'오상아(吾喪我)'의 '오(吾)'는 진아, 즉 진정한 자아를 뜻하고 '아(我)'는 육체적 자아, 즉 육신을 가리킨 것이다. 장자는 선가와 노자가 흔히 말하는 육신을 잊는 망아(忘我)를 '상아(喪我)'로 표현 '죽어 장사를 치러 아주 없어진 것'으로 강조했다. 수행이 '상아'의 경계에 들어가야 도와의 합일, 즉 하늘의 통소 소리를 들을 수 있다는 것이다. 도인 남곽자기와 제자 안성자유와의 선문답이 말해 주는 수행의 마지막 관문도 역시 육신[육체적 자아]을 잊는 것이다.

다음 네 단계는 깨달음의 구체적 내용을 회화적(繪畫的)으로 설명하고 있다.

제4단계인 '조철(朝徹)'은 선림이 말하는 깨달음의 외마디 소리인 개오(開悟)·오도(悟道)를 말한다. 그 찬란한 깨달음을 한 폭의 그림처럼 보여준다. 아침 햇살이 새벽의 어둠을 뚫고 환하게 비춰오는 것처럼 마음이 밝게 확 트이는 경계가 바로 조철이고 깨달음이다. 시쳇말로 '열린 마음(open mind)'이다. '조'는 아침으로 잠에서 깨어나는 시간이고 '철'은 사물을 꿰뚫어 아는 것이다. 그러니까 조철은 꿈속에서 사물을 보듯이 무심한 상태로 사물을 있는 그대로 뚫어보는 것이다. 열린 마음이 아니면 이러한 순수 관조는 불가능하다.

제5단계인 '견독(見獨)'은 '견성(見性)'과 같은 뜻이다. 선불교 4대 종지의 마지막인 '견성성불'의 견성은 깨달음의 하이라이트이며 성불이 이루어지는 극적인 장면이다. '독(獨)'은 자성·본성·도를 뜻하는 홀로 우뚝 서 있는 그 무엇을 말한다. 나의 내면에 있는 자성을 보는 순간 나는 홀로임(천상천하 유아독존)을 깨닫는다. 나의 자성은 나만이 볼 수 있다. 다른 제3자나 스승이 보여줄 수 없다.

영원불멸하는 자성, 곧 도를 보는 즉시 생멸하는 육신은 잊어버리게 된다. 이 지점이 바로 '성불'이고 깨달음이다.

제6·7단계는 깨달음의 결과물로 얻는 해탈·열반의 구체적 내용이다. 무고금은 역사상의 시간을 잊는다는 것인데 깨친 자에게는 역사가 존재하지 않는다. 과거·미래를 모두 잊고 오직 이 시간, 현재의 순간순간을 살아갈 뿐이다. 이것이 곧 '찰나가 영원'인 깨친 자의 삶이다. 이른바 시간의 초월이다. 시간[天]과 공간[地]을 초월하면 곧 찰나가 영원인 불생불멸의 세계다.

불생불멸은 우주의 존재 근원이고 우리의 본래면목이다. 불생불멸은 새로 찾아서 얻는 것이 아니다. 원래부터 있는 우리가 태어나기 전의 본래면목이다. 깨달음이란 원래부터 있는 우리의 본래면목을 보고 되찾는 것이다. 모든 수행과 깨달음의 종착점은 이 불생불멸의 본래면목을 되찾아 '영원'을 살아가는 것이다. 깨달음의 핵심은 시간의 초월과 불생불멸의 본래면목을 되찾는 일이다.

부모미생전 본래면목이란 우리의 태어나기 전 얼굴이다. 쉽게 말하면 인간의 본성이다. 형이상학적으로 말하면 어떤 것이 공·무를 뛰어넘어 산출(産出)되고 발생하는 것을 나타내는 말이다. 산출로 발생하는 수천 현성(現成: 만법)들의 모체인 바로 지금 '이 순간'이 만법의 형상적 가치다. 선불교적 사유 체험은 자신의 사유, 자신의 의식을 넓혀주는 체험의 잠재 능력을 넓혀준다. 이 같은 선불교의 체험은 인류학적 근본 욕구에 큰 도움이 될 수 있다.

선학에도 깨달음을 위해 통과해야 하는 세 개의 관문, 즉 '삼관(三關)'이 있다. 초관·중관·뇌관이 그것이다.

초관(初關)은 '부정'을 통해 범부가 성의 세계로 들어가는 범입성(凡入聖)이고 중관(重關)은 '긍정'으로 무한 부정을 통해 다달은 절대 긍정의 무무(無無)로부터 속계로 돌아와 화광동진하는 '성입범(聖入凡)'이다. 마지막 관문인 뇌관(牢關)은 공인데 긍정[有]과 부정[無] 양변을 초월한 중도에서 열반에도 안주하지 않고 공에도 떨어지지 않는 불락공(不落空)의 고독자로서 순간순간 활발히 살아 움직이는 불생불멸의 영원을 살아간다.

선림에도 임제 사료간(四料簡)·조동 오위론(五位論)·운문 삼구(三句)·황룡 삼관(三關)·십우도송 등 많은 각 종문의 수행 지도법(교수법)과 깨달음을 해설한 체계가 있지만 장자만큼 치밀하질 못하다. 장자의 '삼관사오'는 흔히 조철(朝徹)의 깨침을 강조하는 데 인용되지만 선림의 수행과 깨달음을 구체적으로 설명할 수 있는 대목이기도 하다.

다시 한번 물을 수밖에 없다. 도대체 돈오니 묘오(妙悟)니 하며 한

없이 추상화해 놓은 선가의 깨달음이란 무엇인가?

볼 수도, 들을 수도, 만질 수도 없는 깨달음[道]을 그래도 문자로 나마 형상화한 것이 선취시(禪趣詩)들이다. 선리(禪理)가 담겨 있는, 쉽게 말해 선의 냄새를 짙게 풍기는 선취시들을 읽으면 조금은 손에 잡힐 듯한 야릇한 기분을 느낀다.

선적(禪的) 깨달음이란 사물에 부닥쳐서 앎이 찾아오거나 몸으로 겪어서 터득하는 창조적 앎이다. 깨달음을 뜻하는 '오(悟)'는 ①깨달아 정신 차리다 ②마음으로 깨닫다 ③훤히 깨닫다 ④깨우쳐 알다의 뜻이다. 깨달음[悟]은 일종의 직관이다. 즉 직관이 곧 깨달음이다. 그래서 직관사유 이론은 바로 깨침의 사유 이론이다.

선학의 공은 결코 생명력이 없는 말라비틀어진 완공(頑空)이 아니라 활발하게 움직이며 인생을 순수하고 깨끗한 지혜로 바라보며 원융한 자세로 어울리면서 깨닫는 공이다. 때문에 심미적으로는 형상을 초월하고 부류(部類)를 초월하며 허(虛)를 뛰어넘어 실(實)을 관조하는 특색을 지니고 있다.

> 형상 너머의 모양은 자취가 없고(象外形無迹)
> 세상의 그림자는 자리를 움직이네.(寰中影有遷)
> 　　　　　　　　　　　　　－ 유우석 〈奉和 中書人 八月十五日夜 玩月二十韻〉 중

> 고요하기 때문에 모든 움직임 이해할 수 있고(靜故了群動)
> 비어 있기 때문에 모든 경계 다 받아들일 수 있네.(空故納萬境)
> 　　　　　　　　　　　　　－ 소동파 〈送參寥師〉 중

노장으로 읽는
선어록 (상)

위 두 사람의 선취시는 선가의 해탈·심미 방식을 잘 드러내 보여 준다. 이들이 문자로 읊어낸 선가의 해탈 방식은 아집(我執)과 법집(法執)을 깨뜨리고 능소(能所: 주관과 객관·마음과 사물)를 끊어버리는 방식이다. 이는 도가의 물아일체·천인합일보다 공리(功利)를 초월하는 경계에 도달하기가 좀 더 수월하다.

선가와 도가가 모든 인생의 속박으로부터 벗어나서 만상을 순수하게 관조하는 가운데 심령의 초월을 성취하고자 하는 것은 주관유심주의에 속하지만 오히려 주관 정신의 고차원적 초월이므로 인생을 총체적으로 관조할 수가 있다. 생명은 불생불멸에 의지하며 세간은 출세간에 의지한다. 이러한 선의 사유방식은 원융성·다의성·모호성을 가지면서 대우주 생명을 고도로 자유롭게 깨닫도록 해 준다.

선은 정신의 진여 경계를 진실하다고 보고 객관 사물을 환상으로 보면서 주체와 객체의 관계를 '유심'으로 풀어낸다. 진여(眞如)는 범어 tathātā의 의역으로 궁극적인 진리인 만물의 본체를 뜻한다. '여여(如如)'·'여(如)'라고도 한다.

쫑바이화(宗白華)는 "선은 동적이면서 매우 정적이고 정적인 가운데 동적이어서 고요하면서도 항상 비추고 비추면서도 항상 고요하다. 때문에 정과 동은 둘이 아니고 생명의 본질을 곧바로 탐구하도록 한다"고 했다.(쫑바이화(宗白華), 『중국 예술의경의 탄생』)

선취를 깊게 드러낸 선취시들은 두 가지 유형, 즉 정적 형태의 작품과 동적 형태의 작품으로 나눌 수 있다.

정적 형태

색(色) 중에서 공의 본체를 탐구, 원융무애한 깨달음에 이르러 찰나와 영원을 둘러싼 인생의 깨달음을 성취한다.

> 나뭇가지 끝에 피어난 연꽃 닮은 신이화(木末芙蓉花)
>
> 산 속에 붉은 꽃을 피웠구나.(山中發紅萼)
>
> 산골 집은 고요하여 인적이 없고(澗戶寂無人)
>
> 꽃만 어지러이 피고 지네.(紛紛開且落)
>
> — 왕유 〈辛夷塢〉

> 이른 새벽 옛절 들렀더니,(清晨入古寺)
>
> 아침 햇살 숲 위를 비춘다.(初日照高林)
>
> 대숲 사이 샛길은 그윽한 곳으로 통하고,(竹經通幽處)
>
> 선방은 꽃과 나무 깊은 곳에 자리하네.(禪房花木深)
>
> 산은 햇살로 깨어나고 새소리 즐겁고,(山光悅鳥性)
>
> 연못에 비친 그림자 사람 마음을 비운다.(潭影空人心)
>
> 삼라만상이 다 고요한 지금(萬籟此俱寂)
>
> 오직 풍경 소리만 들려온다.(惟餘鐘磬聲)
>
> — 상건 〈題破山寺後禪院〉

이들 선시는 정(靜)을 통해 적(寂)과 공의 깨달음을 불러 일으킨다. 상건의 시는 발걸음을 옮기면 옮길수록 더욱 더 고요해진다. 고요한 샛길 따라 선방에 이르면 오직 새소리와 연못에 비친 그림자만 남아 있다. 그윽한 곳의 새소리와 풍경소리는 '정중동'이다.

당나라 시가 중에는 선의 정취가 물씬한 작품이 적지 않다.

> 강산은 날 기다리듯 하고(江山如有待)
> 꽃과 버드나무는 더욱 사심 없이 반기네.(花柳更無私)
>
> — 두보 〈後遊〉 중

> 물이 흘러도 마음 초조하지 않고,(水流心不競)
> 구름 따라 마음 한결같이 한가롭다.(雲在意俱遲)
>
> — 두보 〈江亭〉 중

> 거닐다 어느새 물길 다하는 곳 이르러(行到水窮處)
> 앉아서 구름 이는 것을 바라본다.(坐看雲起時)
>
> — 왕유 〈終南別業〉 중

> 솔바람이 풀어놓은 허리띠를 날리고(松風吹解帶)
> 산의 달빛이 거문고를 비추네.(山月照彈琴)
>
> — 왕유 〈酬張少府〉 중

> 독경소리 대나무 숲에 남아 있는데(經聲在深竹)
> 높은 서재는 사립문 닫혀 있어 쓸쓸하네.(高齋空掩扉)
>
> — 위응물 〈神靜師院〉 중

온 산에 새 한 마리 날지 않고(千山鳥飛絶)

모든 길에는 사람 발자취 끊겼네.(萬徑人踪灰)

외로운 배 위에 도롱이 입고 삿갓 쓴 늙은이,(孤舟蓑笠翁)

눈 내리는 강에서 홀로 낚시하네.(獨釣寒江雪)

　　　　　　　　　　　　　　　　　- 유종원〈江雪〉

　이러한 선취시들은 심경을 사물의 형상에 의탁해 나타내는 특징이 있다. 상건의 시 "연못에 비친 그림자 사람의 마음을 비운다"는 구절은 형상이 있는 것으로 사람을 정화시킬 수 있고 형상이 없는 것이 본래 비어 있음이라는 것을 드러낸 것이다. 선의 정신 경계는 말로 다할 수 없지만 또한 말을 벗어날 수도 없다. 왜냐하면 인간의 소통은 언어 문자를 빌릴 수밖에 없기 때문이다. 그래서 수많은 선어록과 염송·고칙(古則)·송고(頌古) 등의 게송과 공안(화두) 해설이 있는 것이다.

동적 형태

낙엽은 모였다 다시 흩어지고(落葉取還散)

까마귀는 둥지에 들다가 다시 놀래네.(寒鴉棲復驚)

　　　　　　　　　　　　　　　　　- 이백〈三五七言〉중

　"낙엽이 모였다 흩어지고…"는 어지러운 세태를 나타내는데 이러한 상황에서 생활의 단면을 멈추고 정관(靜觀)할 수 있다면 공(空)을 뛰어넘는 선의 경지에 도달할 수 있다. 이것이 '동중정(動中靜)'이다.

떠도는 인생살이 무엇을 닮았는지 아는가?

날아가는 기러기 눈밭에 발자국 남기는 것 같구나.

우연히 눈 위에 몇 개 발자국 남기고

기러기 날아가면 동쪽인지 서쪽인지 어찌 알겠는가.

　　　　　 - 소동파 〈민지에서 옛일 생각하며 자유(동파의 동생)에게 화답함〉

　이백과 소식의 선취시는 같은 맥락의 인생에 대한 심층적 관조다. 선가의 색과 공으로 관조한 인생 한탄이며 체험이다. 이들은 시의 의경(意境)에서 선경(禪境)과 일체가 되어 있다.

　깨달음이란 일종의 직관이다. 선가의 직관은 서구 학자들이 말하는 감성 직관과 이성 직관을 모두 포함하고 추상 사유·형상 사유·영감의 특징을 그 안에 총괄하고 있다. 깨달음은 사람의 본성에 근원하고 있기 때문에 정상적인 사고를 할 수 있어야만 오성(悟性)을 지닐 수 있다. 깨달음은 또한 일반적인 경험을 초월하는 돈오, 즉 직관적 툭 트임을 말한다. 직관(깨달음) 사유는 형상을 기초로 하고 정감을 매개로 하면서 이취(理趣)를 귀결점으로 하는 사유다.

　직관은 합리적이진 않지만 오묘하다. 허(虛)를 뛰어넘어 실(實)을 관조하여 드넓은 형상 너머의 형상(象外之象), 맛 너머의 맛(味外之旨)으로 이어지는 연상(聯想)을 펼치고 더 나아가 도가 만상을 하나로 꿰뚫는 원만함에 다다른다.

　대저 선의 길은 오묘한 깨침에 있고 시의 길 역시 오묘한 깨달음에 달려 있다. 깨달음에는 투철한 깨달음이 있고 하나쯤 알고 반쯤 이해하는 깨달음도 있다.

(大抵禪道惟在妙悟 詩道亦在妙悟 有透徹之悟 有但得一知半解之悟)

– 엄우 『창랑시화』

이른바 엄우의 '묘오론'이다. 사실 '묘(妙)'는 형용사이므로 오(悟)면 충분하다. 진공묘유(眞空妙有)도 형용사인 '진'과 '묘'를 빼도 근본적인 뜻에는 변함이 없다. 즉 공이 유라는 '공즉시색(空卽是色)'이 되는데 진공묘유도 이 같은 뜻이다. 따라서 '깨달음'에 굳이 '묘'자를 붙이지 않아도 선가의 깨달음은 그 자체로 오묘하다. 일단 오와 묘오를 같은 것이라 보고 선가의 '묘오'를 정리해 본다.

선가의 묘오는 바로 시간의 속박을 벗어나 시간이 없는 경계로 진입하는 것이다. 깨달아 들어간 법계(法界)는 시간이 없는 경계다. 송나라 임제종 승려 도찬은 시간의 돌파 후 느낀 놀라운 깨달음을 만고절창인 도연명의 시구 "채국동리하 유연견남산(探菊東籬下 悠然見南山: 동쪽 울타리 밑에서 국화를 따다가 무심한 가운데 눈에 들어온 남산을 본다)"을 각색해 "천지가 하나의 담장이고 만고가 중양절(重陽節. 음력 9월 9일)이다"라고 술회했다. 무한한 시간은 모두 현재의 중양절 속에 뭉쳐 있고 넓고 넓은 우주는 여기의 동쪽 울타리로 되돌아와 있다. 영원과 무한은 여기서 끝내 소멸되고 만다.

오묘한 깨달음 속의 찰나와 일반적인 시간은 근본적으로 다르다. 오묘한 깨달음의 시간 속에서는 찰나도 없고 영원도 없다. 왜냐하면 시간이 사라지고 없기 때문이다. 찰나 속에서 영원을 본다는 것은 바로 시간을 초월했다는 얘기다. 오묘한 깨달음 속에서는 찰나와 영원의 구별이 없어지고 하나로 통일된다. 이것이 바로 찰나와 영원이 하나 되는 불이법문이다.

찰나가 영원인 경계에서는 세계가 절로 흥겹게 드러난다. 오직 있는 그대로의 대자연뿐이다. 깨달은 후 드러난 세계는 감각과 사고 (思考)를 통과하지 않으며 의식 중에 나타나지도 않는다. 물은 절로 흐르고 꽃은 절로 바람에 흩날린다.

나 역시 감각·의식·사량(思量)에 얽매이지 않으니 무한 자유롭다. 이 때의 세계는 결코 '공'이 아니며 단지 나의 생각이 공이다. 나는 내 생각(의식)으로 세계를 걸러내지 않고 공으로 세계를 비춘다. 이 것이 바로 공간상으로는 눈앞[目前]이며 시간상으로는 지금 당장[當下]이다. 이러한 순수 체험과 이해를 바탕으로 시간과 공간의 얽매임을 끊어버리고 지금 살아 움직이는 감각으로 닭 우는 소리를 듣고, 들꽃 향기를 맡고, 푸른 산을 감상한다. 새롭게 정립된 나는 정신적으로 한 번 크게 죽었다 부활한 깨친 사람이고 마르틴 하이데거가 말하는 '현존재(Da-sein: 깨친 자)'다. 자연의 눈으로 보는 산과 물은 그저 산일 뿐이고 물일 뿐이다.

　　문: 도는 어디에 있는지요?
　　답: 눈앞에 있을 뿐이다.

홍선유관 선사와 한 학인의 선문답이다. 순간은 영원하며 지금 당장이 전부다. 과거와 미래의 문을 통과하지도 않는다. '당하(當下)'는 시간을 잘라낸 것이다. 그래서 지금 당장이 전부인 것이다.

장자는 "태어나 바로 죽은 아이 상자(殤子)보다 오래 산 자가 없다면 800살까지 살았다는 팽조도 일찍 요절한 것이다(莫壽於殤子 而彭祖爲夭)"라고 했다. 사물 그 자체의 입장에서 보면 순간과 영원을 구분할 수 있는 근거나 표준이 없다. 왜냐하면 모든 것은 상대적으로 구성되어 있기 때문이다. 주관적 독단에서 벗어난 경지에서 보면 시간의 길고 짧음이라는 본질적 차이가 인정되지 않기 때문에 그저 모두를 '하나'라고 말할 수 있다. 그런데도 우리는 온갖 구분과 분별이 난무하는 허상 속에서 온갖 희로애락을 만들어내는 우스꽝스러운 불행한 존재로 살고 있다. 그래서 깨달아야 한다.

우뚝 선 푸른 산 숨었다 드러나고
흰구름 스스로 들이마셨다 토한다.
텅 빈 산 만날 사람 없어
마음 고요하니 절로 태고로다.

                                              – 명대(明代) 심주의 시

산이 고요하고 해가 긴 경계다. 이것이 바로 순간이 곧 영원인 정신적 초월이다. 눈앞이라는 공간은 눈으로 보는 것이 아니라 마음으로 직접 참여해야 한다. 깨달음이란 구체적으론 시간의 초월이다.

萬古長空 一朝風月
(만고의 변함없는 창공에 불다 그치고 떴다 지는 하루아침의 바람과 달이다.)

노장으로 읽는
선어록 (상)

노장으로 읽는 선어록 (상)

초판 1쇄 인쇄 | 2019년 7월 18일
초판 1쇄 발행 | 2019년 7월 25일

지은이 | 이은윤

펴낸이 | 윤재승
펴낸곳 | 민족사

주간 | 사기순
기획편집팀 | 사기순, 최윤영
영업관리팀 | 김세정

출판등록 | 1980년 5월 9일 제1-149호
주소 | 서울 종로구 삼봉로 81 두산위브파빌리온 1131호
전화 | 02)732-2403, 2404 팩스 | 02)739-7565
홈페이지 | www.minjoksa.org
페이스북 | www.facebook.com/minjoksa
이메일 | minjoksabook@naver.com

ⓒ 이은윤 2019

ISBN 979-11-89269-37-1 04220
ISBN 979-11-89269-36-4 (전2권) 세트